本书得到以下基金项目资助：

吉林省社会科学基金项目"大学生马克思主义宗教观教育的内容及方法研究"
（项目编号：2018S1）

吉林大学基本科研业务费科学前沿与交叉学科创新项目（项目批准号：2018QY032）

吉林大学马克思主义理论研究专项项目"论当代中国特色宗教理论的学术路径、理论内涵和话语价值"（项目编号：MKSLL40）

西方现代性的文化起源

The
Cultural Origins
of
Western
Modernity

程波◎著

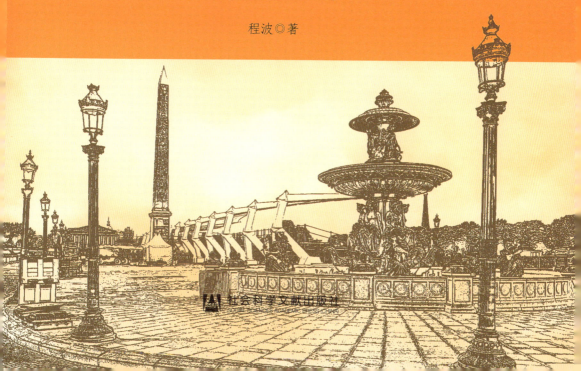

社会科学文献出版社
SOCIAL SCIENCES ACADEMIC PRESS(CHINA)

基督教文化逻辑的危机与人类
未来的历史趋向
（代序）

　　程波博士的专著《西方现代性的文化起源》是在其博士学位论文的基础上，经过进一步的资料积累和深入研究，不断修改、完善而成的，现在将由社会科学文献出版社出版发行。这本专著很有意义。当前人类社会面临着重大变革——"百年未有之大变局"，即以中国和印度为代表的东方国家的崛起，打破了西方文化一统天下的旧有格局。这个百年变局导致了西方文化和东方文化的"位变"，这个时候出版西方基督教文化和西方现代性起源问题的研究著作，对于从最深层次来理解西方文化和当代文化的变局有重要意义。

　　第一，宗教观念的变迁是西方文化的进化方式。任何一种文化的进步，除了表层的变化以外，归根结底必须在文化的深层次发生变化，由此才能推动整个社会的进步，西方文化和中国文化在这点上是一样的。13～15 世纪，西方经院哲学"唯名论"的风靡，以及自然科学思潮的勃兴，都是从"科学"这种文化的表层开始的，并通过表层的缺口，深入文化系统的核心观念。这种现象与中国近代社会的思想状况相类似，中国近代以来的整个文化选择过程，也是先从文化表层开始的，从"器物"（坚船利炮、科学教育）往深层走，于是走到了"制度"（变法和革命），当"器物"和"制度"都解决了以后，中国社会仍然是一个落后的社会，原因就是其深层文化没有改变。于是走到第三步，开始

1

反思中国文化的内核，最终走向了对传统的价值观、信仰体系的否定，并由此提出了"打倒孔家店"的口号。中国人这种文化反思的过程也是从表层进入深层的过程，这个过程最后演化成中国人极其焦急、迫切地探求使国家发展起来的路径、方法。急到什么程度？急到几乎对自己的文化传统予以全盘否定。比如，"中国无科学"这种说法似乎有一定的道理，但是这样提本身是有问题的。中国在近代理论科学体系的创立中没有发挥作用，但是自古以来中国应用技术在世界上是比较先进的。在这种情况下，否定自己在应用技术上取得的具有一定世界意义的成就，而仅仅局限于理论科学这一层面，就得出中国无科学的结论。这就说明了当时我们对自身文化的反思是矫枉过正的。再比如，今天我们知道的那些新文化运动的名家，几乎众口一词地提出了中国的落后在于文字的落后，于是要取消方块字，代之以拉丁字母，我们现在听起来仍旧感到异常震惊、诧异。这就说明了一个问题，中国人特别希望能够发展起来，在反思自己文化深层的时候，有点饥不择食。从这两个例子中可以得出结论：民族文化要进步，整个社会要进步，必须是从表层逐渐发展到深层的。西方文化也是如此，区别只在于西方文化的核心结构不是儒家文化那种哲学和伦理的信仰，而是基督教信仰。程波的专著对这个问题的阐述是非常深刻的，即在西方文化背景下，整个社会若要进步，就必须使基督教观念发生变化。该书对西方文化传统内在结构的分析、思辨过程就阐释了这个问题。西方文化的总体演变过程从培根、笛卡尔开始，整个过程的内在逻辑本质恰如吉林大学邹化政教授所指出的，在世界观上是通过上帝自然化的方式实现的。用费尔巴哈的话说就是，西方所有的近代哲学家严格说来都在趋向于一个目标，那就是要把上帝化解。古代社会是从自然中异化出一个上帝，近代社会则是把这个异化出来的上帝重新还原为自然和人。西方近代社会的哲学演变过程说明了一个问题，即西方社会的进步必须通过宗教观念的变迁来实现，此即程波博士的著作所阐释的道理，同时这部著作也说明了把宗教改革运动和马丁·路德思想作为西方现代性之源的原因。

　　第二，西方基督教文化的本质特征。我们对西方文化的研究有很多成果，比如西方文化是宗教文化和求知求真的文化、中国文化是求善的伦理文化等。这些提法都有其合理性，但是人类社会发展到今天，我们要提出另外一点，那就是西方文化的本质特征和最核心的特征是什么。其实，西方文化是以"力"为文化核心的，这个"力"包括了智力、经济力和军事力。如《旧约》中的耶和华要说服人的时候，很大程度上是靠力的。又如，以色列人要出埃及，埃及法老不让走，那要怎么办呢？于是，耶和华用了十种灾害，包括虫灾、雪灾、河水变成血、埃及人各家长子的死亡等，最终用暴力使埃及人不得不屈从于神的旨意，放犹太人走。这种文化特征体现在基督教《新约》中，并结合了古希腊哲学。古希腊哲学无论在赫拉克利特、柏拉图，还是亚里士多德那里，最高的德性都是智慧，也就是说，古希腊文化是推崇智力的，而犹太教的传统文化是靠神力的，智力和神力就形成了西方文化最本质的特征——"力"。这与中国文化是有本质区别的，中国文化不是靠"力"，而是畏惧神，最终畏惧的是天道，我们每个人都不能自绝于天道人伦。因此，在这一点上，中国文化是依据"德"来说服人的。中西文化本质特征的差异源于两种文化所依存的生产方式，西方文化根植于山地游牧的生活方式，中国文化根植于平原农耕的生活方式，农耕文化中的土地是不能动的，种地的人也不能走，大家会永远在这个地方一起生活，于是导致人与人之间讲天道伦理，而西方游牧民族是用暴力来占领土地，要走的时候也没有什么可留恋的，因而可以对当地人斩尽杀绝。这种由地理环境决定的生产方式导致西方文化是靠智、力来实现目标的，从而使中西方形成了完全不同的思路。当人类的发展还不足以实现全人类统一整合的时候，大家仅仅是在各自的文化圈里发展。孔子深知自己是商人的后代，周人灭商并未绝其祀，而是把商人安顿在宋地，孔子一生推崇周礼，重视社会的德性与秩序。从人类发展史来看，西方智与力的文化应该说是有优势的，尤其进入现代社会以后，西方文化用智、力来推动社会历史进程的文化模式获得了成功，这就形成了以"力"为依托的西方"列强"。

第三，基督教文化主导世界带来的当代危机。当人类社会发展到科学可以毁灭人类的地步时，整个人类社会已经不再像过去那样互相隔绝在不同的文化区域里发展，人与人之间已经到了密不可分的程度，人类越来越成为一个整体，在这种情况下，如果人类文化的基本观念仍然以"力"为自己的行为根据，那就会导致人类的毁灭。根据当前西方的很多表现可知，纯粹"力"的文化是会毁灭人类的，人类需要找到一种新的文化模式，否则各种偶然事件在今天都可能带来毁灭性后果。所有这一切都根源于西方基督教文化。因此，当代人类所面临的危机，包括经济、政治、军事、外交等各种危机，但归根结底都是文化危机。人类必须找到一种新的价值观，这样才能指导人类走出当前的困境。如果人类困囿于当前占据主导地位的西方模式，将是非常危险的。战争的触角已经延伸至太空，生物工程、细菌、基因都可以成为武器，人类拥有强大的核武器，还在发展超音速武器、激光武器、高能武器，所有这一切都不是冷兵器时代的长矛和大刀，也不是热兵器时代的子弹，而是变成了大规模的足以摧毁人类的武器。在这种情况下，如果我们的价值观和哲学不发生变化，人类是没有前途的。人类是一个整体，没有任何一个民族可以脱离整个人类而单独发展，数千年来各民族相对独立的发展已经成为历史，这就是我们所讲的基督教文化主导世界所导致的当代危机。

第四，人类文化的互补性。我们所说的"百年未有之大变局"，是指工业革命以来，在西方"力"文化的影响下，以东方人受奴役为前提的西方崛起。时至今日，东方人及其文化已经开始崛起，于是出现了东西方文化的对立，如若不能实现文化互补的话，对立和冲突将越来越严重。中国人当前提出的人类命运共同体理念同西方人在思维路径上是不同的：美国人在经济上的思路是零和游戏，你赚了我就赔了，而中国人的思路是大家一起发展，彼此是互利的。在当前的西方社会，我们的主张总体上是不被接受的。当前随着本国经济的崛起，中国的基本思路是构建人类命运共同体，无论在经济上还是军事上都应该从全人类的利益出发，超越种族，最终实现全人类的繁荣发展。中国人的这种思想主要有两个来源：一是源于马克思的人类解放思想以及自由人联合体的思想；二是源于中国"己所不欲，勿施于人""天下大同"的思想。按照这个思路来看程波博士的这部著作，就可以认清西方基督教文化的核心观念，同时也可以看到基督教文化所具有的根深蒂固的缺陷，而这种缺陷只有通过东西方文化的融合以实现人类文化的互补，才能创造人类的美好未来。人类已经发展到一个非常关键的阶段，人类的任何活动很快便可以产生全球效应，在这种情况下，地球村的居民们如果不能实现文化的互补将是非常危险的。

高文新

2019 年 6 月

吉林大学东朝阳路宿舍

目　录

导　论……………………………………………………………… 1

第一章　西方传统文化的文明要素和结构类型、政治架构
　　　　和观念价值 ……………………………………………… 20
　　第一节　宗教文化作为西方传统社会统治性的文化形式 ……… 21
　　第二节　宗教文化作为西方传统社会支配性的意识形态 ……… 54

第二章　西方现代性的宗教源头：宗教改革运动思想的变革
　　　　实质和多元趋向 ………………………………………… 64
　　第一节　路德改教思想的范式转换、结构变革与观念革新
　　　　　　 …………………………………………………………… 65
　　第二节　宗教改革运动思潮多元化的发展路径………………… 117

第三章　西方现代文化的源头意义和深远影响、发展趋向
　　　　和结构症结………………………………………………… 149
　　第一节　社会层面：世俗文化取代宗教文化………………… 150
　　第二节　思想层面：理智文化与信仰文化的交锋…………… 173

第四章　从理论的解放到现实的解放：马克思主义无神论的
　　　　变革实质和理论内涵……………………………………… 205
　　第一节　"理论的解放"之宗教开端和哲学革命…………… 205

第二节 无神论的哲学立场与现实的解放的革命转向………… 210

结　语………………………………………………… 217

参考文献 ………………………………………… 223

导　论

当前，中国特色社会主义已进入新时代，面临着"百年未有之大变局"的世界形势，从战略角度来看，这是我国自 19 世纪中叶被迫卷入现代化的历史进程以来最好的发展时期，是我国百年难遇的重要战略机遇期。而处于历史关口的，还有人类发展史上率先完成现代化转型并以所谓普世主义的衡量标准著称的西方。"9·11"事件之后以宗教为介质和名目的冲突形式进一步引起了全球化时代异质文明传统对西方现代性的质疑和抵制。可以说，文艺复兴运动以来，人类在六七百年的现代化历史进程中进行了不懈的革命探索与伟大尝试，各国民众在不同的历史背景、文化传统和实际国情面前有着对"现代"不同的理论阐释和实践探索。在世界多极化、文化多样化的现实面前，现代性理论有着多样化和独特性的理论方案和实践模式。因而，在人类整体站在十字路口的关键时刻，回顾和反思现代文明的首个范例抑或与此相对应的西方模式和西方现代性理论，是当前中国学术界亟须思考的一个根本性、基础性的理论问题。

第一，立足于中国现代性的学术视域和主体立场是开展西方现代性研究的根本原则和基本方法。

中国现代性的出场，是中国现代知识分子在遭遇西方现代性的强势话语和霸权作风时对中华文明一脉相承的文化心理的守护和诉求，是以改革抑或革命的勇气和决心在中国现代文明秩序的安排与建制中创造性地赋予中华文化以现代的理论形态及精神生命的使命和担当。19 世纪中叶开启的中国现代化进程中，无论是从"制度（技术）批判"、"制度批判"到"文化批判"的现代化方案的纵深践履,还是从资本主义现代化道路到社会主义现代化道路的革命探索,在历史的选择和人民的选择中,马克思主义中国化成为中国现代性的实践形式和理论基础。因而,中国现代性有着独特的历史轨迹和发展道路,有着自我性的理论创新和实践创新,有着开创性的理念创造和价值诉求,这是中国特色社会主义"四个自信"的学术根基,是与西方现代性有着本质区别的。"当代中国的伟大社会变革,不是简单延续我国历史文化的母版,不是简单套用马克思主义经典作家设想的模板,不是其他国家社会主义实践的再版,也不是国外现代化发展的翻版,不可能找到现成的教科书。我国哲学社会科学应该以我们正在做的事情为中心,从我国改革发展的实践中挖掘新材料、发现新问题、提出新观点、构建新理论。"①

作为后起之秀,中国现代性从萌发时便直面西方现代性的欧风美雨,遭遇的首要问题从一般意义上传统文化的现代转型和现代创生问题转变为古今中西之争的问题。传统与现代、中国与西方之间的关系问题便成为近现代中国知识分子必须面对的一个基本问题,而这一问题进一步转变为与"向西方学习"相关的"学什么"、"怎么学"及"怎么用"的关键性历史主题。马克思主义传入中国,并逐步中国化,最终以实事求是的思维方式的哲学变革形塑了马克思主义中国化的基本类别和文化形态,同时以理论与实际相结合的哲学原则提供了一条解决古今中西之争的路径。中国的现代性,尤其是作为学术支撑的中国哲学社会科学,从自觉克服教条主义的思维方式出发应当是古今中西各种理论资源互相融通的结果,而不是某种理论资源的简单复制或单一延续。从这点来看,中国现代性相较于西方现代性,要更为曲折繁复。所以,既要改革开放,也需守正创新。因而,对中国现代性而言,要学深悟透并盘活用好这三方面的理论资源:一是作为主体内容和发展增量的马克思主

---

① 《习近平谈治国理政》第 2 卷,外文出版社,2017,第 344 页。

义资源，特别是坚持和完善在当代中国现实层面真实地发挥理论作用的当代中国的马克思主义；二是作为文化命脉的中华优秀传统文化资源，尤其重视对中华传统文化的创造性转化和继承性发展，并赋予中华文化以反映当代中国时代精神的新思想和新形态；三是有益的国外哲学社会科学资源，要积极借鉴世界各族人民创造的一切优秀的学术思想和文明成果。中国的现代性，基于古今中西对话和融通的历史处境，正是这三重理论资源的理论表达和思想表征。

由此，鉴于中国现代性之基本性质及理论特征，立足于中国现代性的学术视域和主体立场是当代中国学术界开展西方现代性研究的根本原则和基本方法。中国现代性的理论方案和实践模式，为当代中国的西方现代性研究提供了一个普遍的方法论意义上的思想工具，即立足于中国现代性的学术视域和主体立场。对西方现代性研究这类西学研究而言，方法论与建构这种"清扫地基的工作"是一项基础性的理论工作，是当代中国学术界建构西方现代性研究理论大厦的基石。缺乏自我性的方法论的摸索、创新和自觉，使中国的西方现代性研究只不过是对西方学术成果的复制和整理，不能获得更多的实质性内容，最终仍旧是目前大家所热议的"在中国"与"中国的"之间的差别。无源之水、无本之木，是缺乏方法论自觉观照的学术研究的真实写照。当然，对当代中国学术界而言，这种无根的西方现代性的学术研究，造成的最大问题便是陷入照抄照搬的本本主义和拿来主义的思维窠臼之中而浑然不觉，缺乏中国现代性这一自我性的学术视域和主体立场，也缺乏对西方现代性的学术成果和思想观念的客观性的对比、批判性的甄别和有益性的汲取。这种无根的西方现代性的学术研究，面临的最大困境是在分析和理解西方现代性的起源问题（尤其是宗教起源）时，不加批判地接受了西方基督教保守主义的思想结论和信仰前提，由此从理性的学术研究转向了信仰的神学护教，恰恰这种从理性到信仰的转向是宗教信仰途径的异数，绝大多数学术研究者经历的是从信仰到理性的革命性转向，这在有宗教文化传统的国度里比比皆是。

那么，作为具有普遍的、一般的方法论意义的思想工具，在中国现代性的学术视域和主体立场上是一个相当复杂而又尚在发展中的方法论体系，对西方现代性的学术研究而言，有如下几种具体方法。

一是实事求是的思维方式，这是当代中国学术界开展西方现代性研究应当遵循和使用的根本原则和基本方法。首先，实事求是的思维方式，作为马克思主义中国化的哲学理念和指导原则，体现了一种理论与实际相统一的哲学原则。这就启发我们，在西方现代性的学术研究中，应当坚持从实际出发来思考文本的客观研究态度，始终坚持西方现代性理论与西方实际（即西方文化、历史、发展状况、国情等）相联系、相统一的思考路径。尤其在西方现代性的宗教起源问题上，涉及宗教文化与西方现代性关系的问题，应当从实际出发辩证地看待两者的关系：既要看到宗教（基督教文化）是西方传统文化的根基和内核，西方传统文明是一种宗教性的文明类型（基督教文明），宗教文化在西方历史、文化和社会中有着举足轻重的作用和地位，宗教改革是西方现代化进程中不可或缺而又至关重要的一个逻辑开端，因而宗教文化与西方现代性（自由主义）之间的确存在紧密的内在关联；又要看到中国传统文化是一种哲学性的文明类型（儒家文明），对中国现代性而言，核心议题是中西文化的哲学会通，宗教改革仅仅是宗教（信仰）领域的历史任务，宗教文化与中国现代性（无神论立场）之间反而是"世界观上对立"的关系。其次，实事求是的思维方式，作为马克思主义中国化的哲学理念和指导原则，体现了一种有的放矢的实用学风和学术精神，与无的放矢的教条学风相对立。这就启发我们，在西方现代性的学术研究中，应当坚持一种"有的"的学风和学术精神，从中国现代性的"的"出发有目的地研究西方现代性理论，即以积极的态度去辩证看待西方现代性理论。这样就能避免陷入从无的放矢的教条学风出发而导致的本本主义、教条主义的应用陷阱和逻辑怪圈，从本本主义出发的应用思维会在西方现代性的学术研究中出现信仰化、西方化和自由化的倾向。最后，实事求是的思维方式，作为马克思主义中国化的哲学理念和指导原则，体现了一种中国主体性的理论创新和实践创新，与照抄照搬的做法是相对立的。这就启发我们，在西方现代性的学术研究中，应当坚持一种思想创新的研究心态，不能把西方的现成结论作为既定观点，而不假思索地学习、引用和论证。

二是以马克思主义为指导，这是中国学术界开展西方现代性研究应当确立的指导原则和思想方法。"坚持以马克思主义为指导，是当代中国哲学社会科学区别于其他哲学社会科学的根本标志，必须旗帜鲜明加以坚持。"① "我国广大哲学社会科学工作者要自觉坚持以马克思主义为指导，自觉把中国特色社会主义理论体系贯穿研究和教学全过程，转化为清醒的理论自觉、坚定的政治信念、科学的思维方法。"② 在当代中国的西方现代性研究中，马克思主义不应当缺席，也不应仅仅局限于在马言马，以学科划分和专业壁垒为由把马克思主义局限于某一固定的专业领域，这是极其不利于马克思主义和当代中国哲学社会科学的理论创新和学术发展的。马克思主义以及当代中国哲学社会科学的发展根基，正是以马克思主义为指导对整个哲学社会科学的研究对象和所涉领域的科学认识和学术阐释，这是"马克思主义的立场、观点和方法"的深层内涵和真实效力。马克思主义的生机活力应当在整个当代中国的哲学社会科学中得以彰显和激发，这已不是一个学术性的理论问题，而要上升为意识形态话语权和国家文化安全等实践问题。具体地讲，即面对西方现代性理论的多样阐释和不同倾向，要以马克思主义的立场、观点和方法来加以分析和整理、甄别和批判、借鉴和转化，从而汲取西方有益的理论成果来丰富和完善中国现代性的理论体系。

第二，西方现代性起源问题（尤其是宗教起源）的研究领域和理

---

① 习近平：《在哲学社会科学工作座谈会上的讲话》，人民出版社，2016，第 8 页。
② 《习近平谈治国理政》第 2 卷，外文出版社，2017，第 329 页。

论视角是推进当前中国学术界研究西方现代性的独特视域。

现代性理论研究主要涵括有关现代性的起源、性质和趋势，是相互影响、相互制约的基本问题和研究领域。有关这三个基本问题的不同见解和多元阐释，对现代性理论的基本概念——"现代性"有着不同的研判和态度，西方现代性理论的不同流派如此，中西现代性之差异亦是如此。因而，当代中国学术界应当从西方现代性的起源、性质和趋势这三个基本问题出发，进一步推进和深化西方现代性研究。而西方现代性起源问题（尤其是宗教起源）的复杂性和多歧性，决定了这一研究领域和理论视角的独特价值。

首先，现代性基本概念的澄清和界定，尤其是关于现代的分期问题和现代性的起源问题。一是现代性和现代化的区分问题。从学理上来说，两者分属两个不同范畴；从因果范畴来说，现代化属原因范畴而现代性属结果范畴；从是（事实）与应然（价值）的划分来说，现代化属实证范畴而现代性属规范范畴。"现代化主要是一个在经济学与社会学层面上谈论的范畴，表明社会从农业文明进入工业文明，表明社会在这一文明变化过程中在生产力、生产方式、经济增长、社会发展上与传统农业社会相比的根本变化，以及社会在城市化、信息化、教育普及、知识程度提高等方面的巨大进步。'现代性'则主要是一个哲学范畴，从哲学的高度审视与批判文明变迁的现代结果，着眼于从传统与现代的对比上，抽象出现代化过程的本质特征，着眼于从思想观念与行为方式上把握现代化社会的属性，反思'现代'的时代意识与精神。"① 二是现代性（modernity）与古代性（antiquity）的对立问题。"现代"一词最早源于公元5世纪末西哥特帝国取代古罗马帝国时期，表明了基督教世界新时代的到来。从此，"从生存性的时间意义上说，每一世代都可能发生'现代现象'，'现代'因此是不断发生的生存性事件：现代与

① 陈嘉明：《现代性与后现代性十五讲》，北京大学出版社，2006，第37页。

古代的对比，是每一个时代都会有的结构与演化之间的自然张力"①，在这种生存性的张力和冲动下，西方每一个历史关头都被赋予了"现代"色彩。但生产力的提高和生产方式的变革使西方从农业社会走向了工业社会，并出现了社会结构、政治制度、文化体系的变革和人的价值观念、生活方式、生存体验的彻底变迁，从而使西方两百多年来在生存性的冲动下面对"现代现象"或"现代结构"而频繁提出了各种现代性理论乃至后现代性理论。由此，面对现代与古代这一对立范畴，西方理论界一致认为现代的时间划定于18世纪，"现代结构"表现为以启蒙运动为思想标志、以法国大革命为政治标志及以工业市场和资本主义为经济标志，同时习惯把16～17世纪划定为西方从中世纪过渡到现代的近代阶段，把16世纪之前划定为西方的中世纪或者古代时期。三是现代性的起源和近代的性质问题。现代性的真正开端和基本观念来自启蒙运动，这是不存在争议的。而在现代性的发生学上，即有关现代性的起源追溯问题却存在争议，从中世纪的教会改革、政教二元和多元的政治格局、城市发展、晚期经院神学的知识论到文艺复兴和近代的宗教改革都曾被作为历史的定位。从某种角度来说，现代性起源的难题是与对近代性质的理解密不可分的，西方学者要么注重近代与古代性的关联而以追本溯源的精神把现代性的源头定位为中世纪的鼎盛时期或者晚期，要么看重近代与现代性的关系而把现代性的起源确定为近代的文艺复兴或者宗教改革运动。其实，作为从古代到现代的过渡阶段的近代是具有双重性的——一方面仍旧具备中世纪文化的一些基本特性，另一方面已经具有了现代性特征的革命性因素，并作为准备阶段促进了现代性文化的产生及发展，同时作为古代世界的瓦解力量和现代世界的准备力量的近代时期是部分化的历史，即从教会权威式的统一文化类型到分离和独立的现代文化类型，宗教改革运动和新教思想在其中起了重要的推

---

① 刘小枫：《现代性社会理论绪论——现代性与现代中国》，上海三联书店，1998，第63页。

动作用并成为决定性因素。因而，作为西方现代性的起源必然是多元的和复杂的，囿于单一学科的理论视野或研究方法得出的有关现代性起源的偶然性因素是难以被普遍接受的，但16世纪的宗教改革运动由于具备资本主义的经济因素（工场手工业的兴起、独立的城市和市民阶级的出现），提出了具有资本主义性质和适应资产阶级的宗教意识形态，引发了一场整体性和结构性变革的历史事件并在近代文化中占据主动地位而被普遍认为是西方现代性的起源之一。四是现代性的基本内涵和特征问题。西方现代性总的趋势和基本进程具有"世俗化"特征，即政治、经济、科学、哲学、宗教等纷纷从国家—教会权威式的统一性文化中分离出来而建构各自独立的领域，因而是一个宗教文化权逐渐衰落以及相应的世俗文化权逐渐独立和兴起的时代。总之，现代性的基本观念和精神品质来自启蒙运动，即启蒙的理性主义哲学、科学观念和自由主义的政治思想，因而现代性的基本特征和构成要素是以理性权威来取代启示权威，以自由和自律原则来取代他律原则。

其次，西方现代性之自我理解的问题。一是西方现代性起源问题的极端复杂性。现代性源于对唯名论革命所引发的危机的回应，在唯名论对神的新理解（神的全能）以及对人的新理解（个体主义和人的意志）的形而上学基础上重新思考人、神、自然三者的存在层次上的优先性问题并进一步重构世界的理论尝试。在存在者层次的优先性问题上，人文主义和宗教改革存在根本分歧并由此形成了西方现代性之来源的两端。"人文主义把人放在第一位，并且在此基础上解释神和自然。而宗教改革则从神开始，而且只从这个角度来看待人与自然。"[1] 17世纪的哲学思想正是为了解决这一内在冲突而从自然的存在者层次上的优先性出发，却引发了自然与自由之间内在分裂的西方现代性之危机。人文主义精神与神本主义精神，作为西方现代性文化的两种内在精神及张力，是

---

[1] 〔美〕吉莱斯皮：《现代性的神学起源》，张卜天译，湖南科学技术出版社，2012，第24页。

西方现代性之自我理解出现分歧的根源。二是对待西方现代性的基本特性和内在结构的态度和看法。起源问题的复杂性和多元性，导致了不同的学者从各自异质的起源出发来看待西方现代性的基本特征和内在结构，并由此形成了不同的学术见解。"世俗化"作为西方现代性总的趋势和基本进程，表现为现代的理性主义文化类型取代了传统意义上的信仰主义文化类型，理性权威取代了启示权威、哲学根基取代了宗教根基以及此世性原则取代了彼岸性原则。西方文化在现代转型之际提出了两种相互冲突而又难以共融的思维方式与价值取向，一种是宗教文化传统的革新议题下神本主义的理论视角与精神实质（宗教改革的独特之处），另一种是宗教文化传统的解放和独立议题下人文主义的思想视域与文化诉求（文艺复兴与启蒙哲学的一致之处），两者在一致的时代精神的影响下共同促成了西方文化世俗化的现代转向，又在迥异的精神走向下造成了分离性甚至是脱离性的西方现代文化的理论困境和危机实质。因此，在西方现代性的内在结构上，哲学、政治等世俗理论与宗教的关系并不能在简单化理解世俗化进程中狭隘地认定两者的对立与内在的否定，实际上在不同的历史时期，双方以不同的形式表现出一种时代精神上的一致性以及文化功能上的统一性关系，作为西方现代文化之两端，双方在各自独立的功能范围内共同承担着西方现代性的文化重任，缺一不可，不可偏废。就其实质而言，由哲学等世俗概念主导的西方自由主义在理论上指哲学的自由与宗教的自由的并存和共促，在实践上指政治的自由与信仰的自由的兼容和共处。所以，对西方现代性之内在结构的不同看待，存在片面的、全面的以及贬低的、夸大的各种观点。三是宗教在西方现代性之内在结构上的要素比重和分配比例问题。与第二个子问题密切相关，正是对西方现代性的内在结构的不同看法，导致了对宗教在西方现代文化中的比重、地位和作用的不同理解，并由此形成了不同的学术观点。"世俗化"的最终结果是否意味着宗教的否定、衰微乃至消亡呢？很显然，对这一实质性问题的回答是存在差异的。从宗教批判来看，世俗化不能简单地等同于宗教的自我否定。启蒙哲学和自然科学都曾经激进地批判了基督教宗教文化形式和启示真理的相关问题，也都提出了各式各样的建立在理性基础上或者人的情感、心理等非理性根基上的宗教形式，包括对隐匿的神的各种玄思。对基督教的批判或对宗教的批判并不意味着彻底的无神论，更多的是对以往的宗教表达形式的不赞同，目的是在基督教批判的基础上确立新的宗教形式，而保留宗教在西方现代性结构中的文化位置是多数的理论选择。从世俗化的现代世界来看，世俗领域与属灵领域是权限独立而又功能分离的，也不能将世俗化简单地等同于宗教的衰微或消亡。"世俗化的基本含义是，此世的事务不再由一种超世的意义理念来提供正当性，世俗知识获得了自主的正当性以及公民身份的非宗教化。从宗教方面来看，世俗化亦指宗教的社会化形式的位移，即不再以教会的组织形式为宗教的唯一样式。"[①] "世俗化因此最终并不等于彻底的非宗教化，而是划清宗教世界与尘世领域的界限，再求得两者之间的平衡和互动。这是基督教在世俗的现代社会中葆有宗教功能的前提。"[②] 世俗化首先导致了宗教自身的分化，从传统社会的综合性功能分解为现代社会的自足性功能；世俗化还导致了宗教内部的分化，传统建制宗教、现代建制宗教以及非建制宗教都是世俗化社会的产物；世俗化从根本上来说意味着宗教现代性是一种宗教的私人化和多元化趋向。因此，在大众无神论和"上帝之死"的现代，世俗化在宗教领域表现为宗教的私人化和多元化的发展趋势。

最后，宗教尤其是新教的自我规定问题。宗教的多元性和复杂性使对这一理论问题的研究存在一定的困难。受研究者的信仰以及所隶属的宗教传统的限制和影响，西方研究者在对待宗教问题上很难有十分客观的看法，尤其是对天主教与新教的看法。要么突出和强调天主教与新教

[①] 刘小枫：《现代性社会理论绪论——现代性与现代中国》，上海三联书店，1998，第497页。
[②] 刘小枫：《现代性社会理论绪论——现代性与现代中国》，上海三联书店，1998，第481页。

之间质的区分，夸大新教而贬低或忽视天主教，只看到新教与西方现代性之间的内在关系；要么从天主教的防卫战出发，主要是从传统天主教那里寻找基督教与西方现代性之间的可能性联系，而抹杀了新教作为过渡形式的理论贡献和历史作用；要么简单理解天主教与新教之间的差异，造成了对这一问题的简单化理解。总之，对宗教特别是新教的不同认识，直接形成了西方现代性起源问题的不同结论。

第三，新教文化与西方现代性的关系问题作为研究宗教改革运动的一个重要问题域，是当前中国学术界研究西方现代性时亟待建设的理论阵地。

理解和回答西方现代性的起源问题的关键在于对宗教改革运动这一历史事件的理论阐释和历史解读，而理解和回答宗教改革运动的关键在于新教文化与西方现代性的关系问题。因而，新教文化与西方现代性的关系问题，是研究宗教改革运动的一个重要问题域，也是当前中国学术界研究西方现代性时亟须建设的理论阵地。新教文化与西方现代性之关系问题是研究现代性问题的一个重要议题，这不是一个局部问题，而是涉及整体的大问题。对这个问题的回答，关系到对西方现代性的理论定性以及对宗教文化形式抑或作为对立面的哲学文化形式的功能定位，这不单单是个历史问题，更是个理论问题。所以，从历史的理论视角和研究旨趣出发去探究西方现代性的初始渊源、发展脉络和生成机制，既是西方现代性理论的研究方向，又是西方现代性理论的热点议题。

从结构上来讲，新教文化与西方现代性之关系问题可以进一步分解为以下几个子问题：新教观念与西方近代科学的关系、新教伦理与西方资本主义精神的关系、新教神学与西方近现代哲学的关系，以及新教的政治神学与西方现代政治思想的关系。随着马克斯·韦伯在 20 世纪初提出了新教与西方现代性问题之关系，并在《新教伦理与资本主义精神》一书中回答了新教伦理与西方资本主义精神之关系，前两个子问题在 20 世纪得到了西方理论界的广泛关注和持续热议，无论是肯定并论证其中的内在关系，还是质疑其中的逻辑关系，可以说，一定程度上，其在西方理论界基本得到了解决。但后两个子问题，因牵涉甚广而又涉及较深，西方理论界的相关回答并不一致，而是多种多样的。究其根本，仍然是哲学和政治层面的几重障碍：一是尚未真正完成现代性的议题，彻底实现世俗化的理论目标，无论是后现代哲学思潮对神学形而上学的理论旨趣，还是后现代政治思潮对政治神学的历史回归；二是哲学和政治在世俗化转向过程中朝多元化发展，在民族化形式的发展特性下形成了不同的现代文化基因，这实际上触及了哲学和政治的自我理解这一前提性问题；三是后两个子问题所涉及的关系更为复杂和多元，这就造成了理解和研究的困难。因而，从这些问题来看，新教文化与西方现代性之关系问题涉及跨学科的知识整合和思想贯通，既存有微观层面上不同学科间的概念解析和知识分析，也存有宏观层面上作为"思想的思想"的哲学思维的整体把握和思想悟觉，这都是当前中国学术界亟待建设的理论阵地。

第四，宗教改革运动的哲学解读是当前中国学术界有关宗教改革运动及基督教文化研究的一个基础性和开创性的理论视域和研究视角，亦是全面理解西方文明的一把关键的钥匙。

宗教改革运动的研究难题一部分体现在宗教的学术研究上，如何进行科学的宗教研究实际上是宗教学的方法论问题。也就是说，当代中国宗教学的主体意识和方法自觉，应当是我们从事宗教改革运动研究的一个前提。正如中西宗教文化的发展状态有着很大的差别，当代中国宗教学区别于西方宗教学，并有着自我性的理论方法和立场态度。"以马克思主义为指导"作为当代中国哲学社会科学的根本标志，亦是当代中国宗教学的鲜明特征和最大增量。从建立世界宗教研究专业之时起，"研究宗教、批判神学"便是当代中国宗教学的研究宗旨，亦是当代中国宗教研究工作中的旨趣和衡量标尺。由此，宗教学被置于哲学一级学科下，便是在这种指导原则下的中国哲学社会科学的一大创新。以马克思主义为指导，批判性地研究宗教和神学，是当代中国宗教学区别于西方宗教学的主体内容。那么，如何实事求是地遵从以马克思主义为指导的基本原则呢？以马克思主义的立场、观点、方法来研究宗教，尤其是马克思主义无神论的立场、观点和方法，这是马克思主义科学真理性的伟力所在，也是马克思主义哲学思想性的魅力所在。这启发我们，面对宗教改革这一研究对象，在遵从哲学指导宗教的基本原则之下，最根本的是要对宗教改革运动进行哲学解读，特别是从马克思主义（及其无神论）的立场、观点和方法来阐释宗教改革运动。具体地讲，作为西方现代化进程中的一个关键性的历史事件，宗教改革运动的哲学解读需要研究者坚持辩证唯物主义和历史唯物主义的世界观和方法论，具体运用唯物史观和意识形态等相关理论对宗教改革运动进行定性的历史解读，并在反形而上学的思维方法中甄别及借鉴在西方唯心史观立场上提出的现代性理论，作为唯物主义历史解读的补充。因此，宗教改革运动的哲学解读是当前中国学术界有关宗教改革运动及其基督教文化研究的一个基础性和开创性的理论视域和研究视角。

宗教改革运动的哲学解读，也应当是全面、整体理解西方文明的一把关键的钥匙。这源于宗教改革运动的关键性和复杂性。一是西方文化传统的异质性成分和两极性基因。西方文化的传统成分主要包含两种意识形式——古希腊哲学和中世纪基督教，前者是由希腊人提供的理性文化，后者是由犹太人提供的信仰文化。这两种文化基因在西方历史上逐步被西方各个民族汲取和传承下来，共同构成并奠定了西方文化的精神内核与深层根基。但是哲学与宗教、理性与信仰、人本与神本在本质上是互相冲突和对峙的，这在西方传统社会主要以一种神学综合体系的形式调和并保存起来，从而造就了西方传统文化的二元性特征。希伯来的启示宗教文化传统与希腊的理性哲学文化传统，体现了西方文化传统的二元性与异质性，这种文化处境和精神遗产决定了西方文化首要和基本的理论问题是理性与信仰、哲学与宗教之间的关系问题。无论是宗教神学，还是哲学理论，处于西方文化土壤中，都在不同程度上回答了这一西方文化的基本问题。因而，在西方宗教文化的背景下，宗教是理解西方文化的一把独特的钥匙，宗教文化（基督教）在西方文化的形成、演化与变革中扮演了重要角色，"甚至一种很明显地属于彼岸世界、似乎是否定人类社会的所有价值和标准的宗教，仍然会对文化产生刺激作用，并在社会变革运动中提供推动力"①。因而，在西方这种宗教性的文化背景下，宗教改革运动不仅是一种宗教革新、理论变革和文化转型，更是一种社会转型、政治变革和民族革新，是"资产阶级的第一次革命"。二是西方现代化进程之三部曲的连续性和异质性。文艺复兴、宗教改革和启蒙运动三大思潮是西方现代化进程中的三部曲，而西方现代化进程的这种连续性和异质性问题直接造成了西方现代性来源问题的多元性和复杂性。如前文所述，西方文化在现代转型之际形成了两种相互冲突而又难以共融的思维方式与价值取向，一种是宗教文化传统的革新议题下神本主义的理论视角与精神实质（宗教改革的独特之处），另一种是宗教文化传统的解放和独立议题下人文主义的思想视域与文化诉求（文艺复兴与启蒙哲学的一致之处），两者在一致的时代精神的影响下共同促成了西方文化世俗化的现代转向，又在迥异的精神走向下造成了分离性甚至是脱离性的西方现代文化的理论困境。因而，就文化传统的现代转型而言，宗教改革运动在西方现代化的历史进程中有着相对独立的性质、作用和地位。在一定程度上，唯有充分理解了宗教改革运动的全部内涵和历史作用，才能全面地理解西方现代文明。三是宗教改革运动自身的高度分化性。宗教改革运动并不是统一的，而是高度分化的，既有建制性的三大改革宗派，又有激进的福音教派，还有天主教的自身革新。在一定程度上，正是宗教改革运动的分化性和多样性，造就了启蒙运动的民族性和多样性，以及现代西方文明的民族性和多样性。因此，对宗教改革运动的哲学解读，作为一个基础性和开创性的理论视域和研究视角，亦是全面理解西方文明的一把关键的钥匙。

① 〔英〕克里斯托弗·道森：《宗教与西方文化的兴起》，长川某译，四川人民出版社，1989，第5页。

第五，宗教改革运动的研究难点在于基督教神学思想的哲学阐释，研究关键在于作为宗教改革运动的理论起点的马丁·路德神学思想的哲学分析，以及对路德神学与加尔文神学、路德主义与加尔文主义的一致性与差异性的分析。

作为西方现代化进程中的一个关键性的历史事件，宗教改革运动的哲学解读需要研究者坚持辩证唯物主义和历史唯物主义的世界观和方法论，具体运用唯物史观和意识形态等相关理论对宗教改革运动进行定性的历史解读，并在反形而上学的思维方法中甄别及借鉴在西方唯心史观立场上得出的现代性理论，作为唯物主义的历史解读的补充和完善。然而，宗教改革运动哲学解读的研究难点在于对基督教神学思想的哲学阐释，我们制定哲学指导宗教的基本原则，坚持以马克思主义为指导，要求以马克思主义（及其无神论）的立场、观点和方法来研究宗教和批判神学，就是要对宗教信仰体系中的神学思想和教义体系进行哲学分析。以哲学之目来审视神学，说到底，便是在神学的批判性研究中擅长使用哲学的学科属性和精神禀赋、思维方式和价值旨归、论证风格和言说方式，从而使神学思想研究得以突破信仰的樊篱以及学科的限制，在统一性视域、关系性维度和多学科视角中把握神学思想的概念系统并梳理其知识体系，从而消除神学理论的一切神秘性和奥义性，提供一种通俗化、世俗性和融通性的哲学阐释和理性解答，让神学的学术研究真正回到哲学—宗教学—宗教理论的学科划分的正位上。

具体地讲，神学思想的哲学阐释可以归纳为如下几条原则和方法。一是不在自身的研究目的。神学思想的哲学阐释的实质和核心是不在自身的研究目的。研究神学不是为了神学，不是为了论证和阐释神学知识的真理性和合理性，而是为了神学的对立面和老对手的哲学，是助力哲学学科的学术繁荣以及哲学文化的推广普及，这是当代中国哲学社会科学中神学研究的鲜明特征，也可看作中国普通高校与宗教院校之间在神学研究的职能划分上的差距和分野。当然，对各大宗教系统内的宗教院校和研究机构而言，研究神学是为了宗教信仰和神学发展，这是无可厚非的。二是看似被动的研究心态。当代中国的神学研究实际上呈现一种看似被动和矛盾的研究心态。就一般的学术研究而言，对研究对象的专注和执着可以视为一种积极正向的研究心态，但这不适用于神学研究，当代中国的神学研究对宗教、神学的研究对象采取批判和否定的态度，这是一种看似被动而非主动的研究心态。而恰恰是这种被动的研究心态，为当代中国的神学研究开辟了一条独特的理性化和祛魅化的研究路向。三是极尽曲折的研究路径。神学思想的哲学阐释表明了当代中国神学研究的出发点和落脚点在哲学，而不在神学或宗教，这实际上勾勒出一条哲学—神学—哲学的极尽曲折的研究路径。当代中国的哲学—神学—哲学的研究路径与西方哲学—神学的研究路径是有区别的。两者都需要哲学和神学这两种学科的知识储备和概念体系、思维方式和研究方法，但前者对宗教和神学持批判和否定的态度，在当代哲学的理论建构中未给宗教留有任何理论位置，对神学的研究旨趣和价值诉求是"哲学世界化"及"世界哲学化"的世俗目的，而后者除非明确的无神论，大多在哲学的理论建构中就宗教的本质及功能而言会给神学及宗教留有一席之地，无论是某种类型的理性神学，还是某种类型的宗教形式。如若对这条极尽曲折的研究路径缺乏应有的理论自觉，当代中国的神学研究则极有可能误入歧途。四是关系维度的研究视角。当代中国神学研究首要和基本的问题是哲学与宗教的关系问题，这一关系视角是当代中国神学研究的前提和基础。与西方不同，当代中国神学研究的最大优势，便是把哲学与宗教的关系问题置于神学研究始末，以一种关系性的研究视角来审视和研究神学问题，神学没有绝对独立的学科地位。某种程度上，在跨学科的研究视角下，神学研究本身包含宗教与社会的关系、宗教与政治的关系、宗教与科学的关系、宗教与文化的关系等问题，这些关系问题都应当置于宗教与哲学的关系这一首要和基本问题之下来研究和思考。在当代中国，割裂哲学与宗教之内在关系而只分析宗教及神学，就本质而言是一种理论与实际相脱离的思维方式和哲学方法，是一种把宗教与其共在共生的哲学与文化割裂开来的思想认识和研究途径，在具体研究中会造成同情或倾向于宗教立场、美化宗教形象、夸大宗教的文化功能和社会作用等理论后果和认识误区。五是唯物主义的理论指导。作为对神学思想的哲学阐释，其中一项基础性工作无非是哲学的理论指导，也就是马克思主义的理论指导。何谓马克思主义的理论指导？从根本上来说，就是坚持从马克思主义的立场、观点和方法来看待与观察、理解与解决宗教问题，就是从两大唯物主义（辩证唯物主义和历史唯物主义）的世界观和方法论出发去分析和判断宗教的性质、位置和功能等基本理论问题。因而，站在哲学的立场上，整体把握"什么是宗教"这一基本问题，即将宗教作为一种统治阶级的意识形态、一种文化形式以及文化母体。任何孤立而片面地理解宗教本性的行为，如把意识形态与文化形式分离或割裂开来，都是对哲学（特别是马克思主义）的背离。

而就宗教改革运动的思想而言，研究关键在于对作为宗教改革运动理论起点的马丁·路德神学思想的哲学分析，以及路德神学与加尔文神学、路德主义与加尔文主义的比较分析。唯有如此，才能客观且真实地反映宗教改革运动思想的全貌及分支。

第一，宗教改革运动思想的研究关键在于马丁·路德神学思想。宗教改革运动这一具有世界历史意义的历史事件由于自身的矛盾性而造成了迄今学术研究上的困难。宗教改革运动的矛盾吊诡之处在于一方面是纯洁基督教精神、更新神学基础及改革教会实践的宗教动机，另一方面是西方教会分裂、西方文化和社会整体变革以及西方现代性发轫的世俗效果。为了解释宗教改革运动和西方现代化历史进程的这个逻辑悖论，研究宗教改革运动的理论起点（即马丁·路德神学思想）就显得非常迫切了。因为正是路德的神学突破——以一种新的福音范式的基督教解释模式批判、对抗并取代了传统基督教的罗马天主教模式，直接导致了西方第一次具有现代性特征的早期资产阶级革命（宗教改革运动），西方在全面而又深入的变革影响下自发地建构起具有从传统社会向现代社会过渡特点的文化类型和社会政治秩序，并且在新教观念的影响下以启蒙思想为理论武器、以法国大革命为代表性的历史事件、以现代性为基本性状的文化与社会建构实现了世界历史的转变并改变了世界历史的进程，福音范式则在现代性的哲学话语和社会理论的反思处境中以源头的价值滋养着现代基督教的理论建构并在"世俗化"的现代社会强化了现代基督教的实践影响。无疑，路德神学作为西方现代性的源头和开端对西方文化和社会有着十分重要的研究价值。从研究路德神学的二手资料来分析，西方学术界从宗教学、神学思想史、哲学、历史学、社会学、政治学、文化学、心理学等各个领域出发对马丁·路德的思想展开研究，有关马丁·路德各方面的理论研究浩如烟海，"马丁·路德在历史上有着如此重大的意义，据统计，宗教史上研究马丁·路德的书籍已经超过了任何其他的历史人物，当然，除了耶稣基督"[1]。因而，从现代性的问题意识和理论视域出发去理解和诠释路德神学的文化价值和历史意义，并以路德神学及其宗教改革运动思潮为切入点去挖掘和剖析西方文化的基本类型，以及西方社会的核心价值与政治结构从传统形态到现代形态的转型、变革之义，对宗教改革运动思想的研究是具有奠基意义的。

第二，研究宗教改革运动思想的关键还在于路德神学与加尔文神学、路德主义与加尔文主义的比较分析，即一致性与差异性的关系分析。囿于某一宗教或教派的信仰立场、基督教合一的信仰情结、保守主义的政治立场、国家情感或民族情结的文化立场等诸多因素，西方对宗教改革运动的各派思想众说纷纭、褒贬不一，有的偏向路德宗，有的倒向加尔文宗，还有的强调天主教的改良运动。可以说，西方对宗教改革运动思想的分析和评判中，夹杂着信仰主义、民族主义等各种主观性、情感性的因素及内容，这是西方学者难以割舍的宗教情结和文化包袱，是可以理解和想象的。但对中国当代的学者而言，站在马克思主义的理

---

① 〔英〕乔纳森·希尔：《兴奋时代的欧洲：1600—1800 年》，李红译，北京大学出版社，2007，第 14 页。

论高度，恰恰可以在零包袱和零情结的前提下展开客观和全面的学术研究。一是看到了宗教改革运动思想的改革一致性、新教内部的共同之处及其与天主教的差别。本书从范式范畴入手，认为新教与天主教之间存在解释范式的差异，即新教的福音范式与天主教的律法范式之间的区别，也正是新教的福音范式作为最适应西方现代性的一种神学表达形式，与西方现代性存在内在的契合关系。但从基督教合一的信仰情结出发，西方学者会自觉或不自觉地回避抗议实质和划分界限的问题，对新教与天主教进行简单的划分可能会伤害或分裂基督教的合一信仰和西方文化的整体意识。二是看到了宗教改革运动思想的高度分化性，以及新教内部（特别是建制性宗教）路德神学与加尔文神学、路德主义与加尔文主义之间的差别与区分。这种细致的区分是极其必要的，对天主教的抗议和改革派别都是福音范式的神学类别和宗教实践，但对福音范式的神学解释和践行方式却各有传统，宗教改革运动从一开始便是分裂的，在发展中也是建立在各自改革传统之上的综合和调和。

总之，本书的导论做了方法论探究的理论工作，对于研究西方现代性、基督教宗教文化是十分关键的。在笔者看来，方法论的谈及与建构这种"清扫地基的工作"是一项基础性和实质性的理论工作，是当代中国学术界建构西方现代性及基督教宗教文化研究的理论大厦的基石。在当代中国，缺乏自我性的方法论的摸索、创新和自觉，使我们的西学研究缺乏更多创新性的内容和自我性的反思，而这样的知识积累和学术发展很可能会误入歧途。坚持以马克思主义为理论指导，坚持以马克思主义的立场、观点和方法来开展学术研究，依旧是一项任重道远而又生机盎然的学术事业。限于笔者的理论功力，本书只是一部浅尝辄止的粗鄙之作，存在一些尚待解决的问题，敬请专家批评指正。

第一章 西方传统文化的文明要素 和结构类型、政治 架构和观念价值

西方传统文化主要是一种宗教文化，基督教既在西方中世纪占有绝对的文化统治地位，又是西方社会支配性的意识形态。从思想文化层面来看，西方文化由古希腊哲学和基督教两种文化基因构成，两者共同构成了西方文化的精神内核。宗教和哲学的关系问题成为西方文化的思考起点、逻辑前提和变革动因。西方传统文化的二元性特征形成于希腊化时期：一方面，古希腊哲学从自然神到理性神的发展过程构成了西方文化从宗教神到理性神再到宗教神这一圆圈式发展过程的中间环节和重要阶段，古希腊哲学从理智主义到神秘主义及怀疑主义的发展理路是西方文化实现从理性主义到信仰主义的文化类型转换的关键所在；另一方面，基督教神学利用并改造古希腊哲学从而实现了哲学和宗教的合流与统一。基督教的理性化特征和逻各斯传统内在地决定了基督教神学的形而上学体系的特征，在中世纪基督教的统一性范式主要是从具有神秘主义倾向的奥古斯丁主义转变为具有理智主义倾向的托马斯主义。经院哲学内部的逻辑发展终结了这种统一性范式，哲学与宗教的分离趋向和分离性的文化类型构成了近代过渡文化的本质特征，统一性根基退缩至教会权威和启示权威，自律原则成为世俗领域从宗教中解放出来并

寻求独立的内在驱动力。从政治社会层面来看，中世纪基督教与蛮族的世俗统治者的历史性结合保留了宗教与世俗二元性的内在张力，西方通过"教皇革命"形成了独特的政教二元的政治结构，以及依赖于神权政治的多元性世俗格局，其中罗马教会以教阶体制、僧侣阶层和教皇至上为基础发展为集精神、政治、法律等于一体的普世性组织形式，教会世俗化的发展方向是罗马教会悖论式存在的症结所在。从观念体系来看，农业文明的封建依附关系塑造了反映人与人之间的等级观念、体现人与神关系的神的观念以及维持封建统治秩序的专制观念的价值排序。因此，西方传统文化的内在结构既内在地决定了路德神学及其宗教改革运动的改革议题，又直接成为这场革命的变革对象，路德神学及其宗教改革运动在全面性结构变革的意义上深刻地改变了西方的历史进程，成为西方现代性文化的源头。

第一节　宗教文化作为西方传统社会统治性的文化形式

西方文化的传统成分主要包含两种意识形式——古希腊哲学和中世纪基督教，前者是由希腊人提供的理性文化，后者是由犹太人提供的信仰文化。这两种文化基因在西方历史上逐步被西方各个民族吸收和传承下来，并共同构成了西方文化的精神内核与深层根基。但是哲学与宗教、理性与信仰、人本与神本在本质上是互相冲突和对峙的，这在西方传统社会主要以一种综合体系的形式被调和并保存起来，从而造就了西方传统文化的二元性特征。正是二元文化的特质，造就了西方文化的内在生命力与无限创造力，使其在两极的激荡与游走中从自身理论资源中走出去，开创了改变世界的现代性文化并把整个世界纳入现代化的进程中。因而，在西方传统社会，农业文明所形成的依附性的社会关系必然需要宗教信仰的支撑，宗教文化作为一种具有支配性与决定性的意识形态是西方历史的必然选择。这样，一方面由希腊人创造的希腊哲学在信仰社会作为一种理性文化的曙光，在希腊化时期最终在三个文化圈①内得到接受、保存、培育和发展；另一方面基督教作为一种普世性和一神论的信仰文化最终战胜了其他民族宗教，在西方得到普及，并在利用和改造希腊哲学的意义上形成了中世纪的基督教神学和基督教哲学。这种历史的合一（宗教与哲学的合流）深刻地影响了西方文化的演变进程与内在气质，从而使宗教与哲学的关系问题成为西方文化的思考起点与逻辑前提，成为推动西方文化转型的关节点。

一 古希腊哲学——理性文化的曙光

西方哲学作为一种实现独立的文化形式，作为一种区别于宗教的理论与逻辑思维方式，作为一种始终与宗教相互渗透、相互关联的理论形式，最初诞生于古希腊社会，并给西方原始朴素的信仰主义文化带来了新的理性主义文化的曙光。古希腊哲学经历了一个从神话到哲学的分化及独立的学科建制过程，脱胎于原始宗教与神话思维的哲学在观念演化方面仍旧保留着母体痕迹和神话关联，但是作为一种理论的意识形式的哲学与作为一种象征、形象或隐喻的思维方式的神话有着本质区别。在独立性与自主性的前提下，古希腊哲学在古代认识水平和思维能力的有限范围内呈现出不断演化的哲学流派和发展阶段。因而，哲学作为抽象性、普遍性的理论形态，构成了西方文化的理论核心与活的灵魂。"一提到希腊这个名字，在有教养的欧洲人心中，尤其在我们德国人心中，自然会引起一种家园之感。"② 即便希腊文化对德国人而言一开始是以基督教的形式被接受的，黑格尔仍旧视古希腊哲学为"家园之感"的

---

① 三个文化圈主要指犹太教、基督教与伊斯兰教。希腊化时期，古希腊哲学思想在古罗马帝国的广泛传播，有助于使犹太教、基督教与伊斯兰教在不同程度上接受、保存和发展古希腊哲学，虽然在宗教的前提下哲学发展有所变异。
② 〔德〕黑格尔：《哲学史讲演录》第 1 卷，贺麟、王太庆译，商务印书馆，1959，第157 页。

精神源流。而哲学与神学的分化、理性文化的出现意味着西方文化出现了一种基本而内在的张力，从而使哲学与宗教、理性与信仰的关系问题成为西方文化的题中应有之义，成为西方哲学与宗教以截然不同的立场与态度共同应对和思考的理论问题。

（一）从神话到哲学

公元前5世纪，人类各民族进入文明社会之后，相继在各自的社会文化条件下相对独立地创造了几大文明体系，形成了各自具有独特性和代表性的哲学系统与理论形态，由此人类文化实现了从神话到哲学的理论突破与思维跃迁。相比印度哲学与宗教的共处、中国哲学与伦理思想的融通，古希腊哲学在区分与独立的学科意识下得到了全面的发展，充分反映了古代人可能达到的认识水平和思维能力。古希腊哲学作为最典型的理论发展形态，鲜明地凸显了其与原始宗教、神话思维之间的文化关联与本质差异，并在对爱智慧与真理之路的寻求中展现了自身无限的生命力。

1. 古希腊哲学的产生条件

古希腊哲学得以产生与发展的原因在于它与其他文明体系相比有着得天独厚的自然、社会与人文环境。古希腊在克里特文明、迈锡尼文明和荷马时代以后，到公元前8世纪至公元前6世纪大致形成了以城邦制为原则的奴隶社会。在欧亚两洲交界处的爱琴海地区，在部落迁徙、部落组织瓦解的过程中，古希腊人逐渐以城邦为组织形式形成了统一的民族、国家、宗教与语言的意识和文化。囿于希腊地区多山的地理环境难以实现军事上的统一，进入文明时代以后古希腊从城邦国家过渡到中央集权的帝国要比东方缓慢得多，这就使"古希腊的城邦制度，由于它存在时间很长，和其他地方相比，它发展得最典型、最充分"①。古希腊在从氏族血亲制度的瓦解到国家政治制度的确立过程中形成了经历充分、成熟的发展阶段的城邦奴隶制，宗教也没有与政权联合成为一

---

① 汪子嵩等：《希腊哲学史》第1卷，人民出版社，1997，第31页。

股压制、破坏思想文化的专制势力，这种相对宽松的宗教氛围使希腊人在思想文化领域有着自由的发展空间，为科学和哲学的发展提供了历史舞台。由于殖民城邦在宗教、文化传统与政治经济制度上与母邦保持一致，但在政治、经济地位上保持独立，又由于殖民城邦有利于与东方文化（西亚与埃及文化）交流沟通而保守势力相对较少，因此这些活跃的殖民城邦是早期希腊哲学的诞生地，并在小亚细亚和南意大利塑造了两种不同的哲学传统。随着生产的发展、不断的分工和新的阶级的出现，这种相对复杂的阶级成分（奴隶、平民、氏族贵族和商人）与利益纠葛通过改革、立法及僭主政治所实现的城邦制的革新为哲学发展提供了政治背景，并直接为哲学的产生提供了专门从事脑力劳动的哲学家。马克思认为："分工只是从物质劳动和精神劳动分离的时候起才真正成为分工。……从这时候起，意识才能摆脱世界而去构造'纯粹的'理论、神学、哲学、道德等等。"[1] 亚里士多德也意识到，"闲暇"是产生哲学的必要条件，即不把实用作为知识的目的，而把"阐释事物的原因与原理的所谓智慧"[2] 作为理论知识。于是，在东方文化的影响下，作为一种理论性的意识形式的古希腊哲学便在殖民城邦诞生了。

2. 神话与哲学的文化关联

在神话与哲学的分化过程中，作为文化母体的神话为哲学与其他文化形式的产生与发展提供了文化背景及一些观念要素，而囿于民族神话与语言，哲学作为一门人文学科在一定程度上又表现为民族性的。因此，古希腊哲学与希腊宗教之间紧密的文化关联就表现为希腊式的理论形态。一方面，由荷马史诗和赫西俄德《神谱》谱系化的奥林匹斯宗教作为希腊民族国家的宗教具有神人同形同性的神学体系及自然崇拜与感觉主义的基本特性；另一方面，在东方宗教的影响下由狄奥尼索斯崇

---

① 《马克思恩格斯选集》第 1 卷，人民出版社，1995，第 82 页。
② 〔古希腊〕亚里士多德：《形而上学》，吴寿彭译，商务印书馆，1959，第 3 页。

拜改造而来的奥菲斯教作为民间流传的宗教强调灵肉分离与灵魂轮回转世的教义以及"净化"的神秘祭。这两种宗教在观念演化方面影响了早期希腊哲学的演变进程，从而使早期希腊哲学有着潜在的唯物主义与唯心主义两条发展路线。"从泰勒斯到恩培多克勒的哲学都打上了明显的自然神论的烙印，与感性明朗的奥林匹斯宗教之间存在着显而易见的渊源关系；从毕达哥拉斯到柏拉图的哲学则越来越清晰地具有唯灵主义的色彩，显然是受到了晦涩阴郁的奥尔弗斯宗教的影响。"[①] 具体来说，主要在万物本原论、宇宙演化观与灵魂观上体现了神话对哲学的具体影响。首先是本原的概念。古希腊神话确立了自然人格化的神的形象，通过追溯神谱的方式来探求世界的起源并确立了一个依赖于神的世界秩序，海洋之神俄刻阿诺、黑夜之神尼克斯及时间之神克罗诺斯等都对早期希腊哲学产生了影响，使希腊哲学最初的理论兴趣集中到对世界本原的自然探求中并最早形成了一种本原的思维方式。其次是演化的概念。古希腊神话在构思从混沌到秩序的世界演化过程中以神谱的方式对世界的起源与生成、人类历史进程进行了朴素的猜测和形象的幻想，这些对立的思想和退化的历史观影响了希腊哲学对世界和人类历史动因的思考方向。最后是灵魂的概念。"古希腊人使用的'灵魂'（psyche）一词有双重含义。一是神话中所说的和肉体相对立的东西，基尔克、拉文解释它是'肉体的一种非实体性的影像，它给肉体以生命，当离开肉体以后，它苍白无力地存在于冥府之中'。这种灵魂后来在希腊罗马哲学中发展为不朽的精神实体。灵魂的另一种意义是指生命与呼吸，指人的感觉、情感、理智等意识活动的主体或活动本身。后来希腊罗马的许多哲学家也在这种意义上研究灵魂，发展了认识论的学说。"[②] 奥菲斯教改变了奥林匹斯教对灵魂的看法（灵魂不再是荷马所设想的人自身的双重化，而是以灵肉分离为基础的一个沦落在世并在事物中轮回

---

① 赵林：《西方宗教文化》，武汉大学出版社，2005，第36页。
② 叶秀山、王树人主编《西方哲学史》（学术版），江苏人民出版社，2005，第51页。

转世的神或精灵,通过净化和秘密崇拜使寄寓在肉体中的灵魂回到神中),使这种不朽并高踞于肉体之上的灵魂观念与轮回转世思想对西方宗教和哲学产生了深远的影响。①

3. 哲学与神话的本质差异

哲学与神话之间虽然有着紧密的文化关联和很深的观念渊源,但是哲学与神话作为两种不同的意识形式和文化形式在本质上是有差异的,其本质差异主要体现在思维方式与解释方法上。从神话到哲学,在根本上是人类思维的一次跃迁。神话思维作为人类最初形成的理解方式和思维能力,在当今人类祛魅而理智的认知模式下不能仅仅用非理性或理性这种非此即彼的方式来研究,而应该放置在前理性的视野中进行合理的考察。在感官知觉和科学概念的认识能力下,人最初形成了一种观相经验的神话形式。这种神话思维由于缺乏基本的观念范畴体系以及其本身笼统的、浑然一体而尚未分化的思维架构,因而应该从仪式和神话活动入手,表现为一种综合统一的生命观和交感形式的自然观。例如,在图腾崇拜中,人和动植物之间、人的世代之间均处在一个平面上,无界限的生命观点扩展至人的时空、延展到整个自然、贯穿于人的历史。这种以人的生命一体化的感情与交感形式为基础形成的神话与宗教文化,在本质上与以观念范畴为载体、以逻辑推演为原则、以理论体系为形式的哲学文化有着根本区别。虽然哲学作为人类意识的第一次分化,最初不过是科学意识和人文思想等理论科学的总体,但是哲学作为"爱智慧"(philosophia)的希腊文原意,是以追求智慧与真理为目的的理论和知识形态,是对神话的总体超越。"哲学作为人类对世界总体的认识,是最普遍、最抽象的知识。"② 在根本上,宗教神话的基本逻辑是用超自然和超人间的神秘力量(神)来说明与解释一切自然现象和社

---

① 汪子嵩等:《希腊哲学史》第 1 卷,人民出版社,1997,第 72~83 页。
② 高文新:《论古希腊哲学范畴的形成》,《吉林大学社会科学学报》1988 年第 3 期,第 77 页。

会事实，以神圣与世俗的分化逻辑来确立一个有神的世界观和历史观，通过巫术、禁忌和献祭等宗教仪式把作为氏族部落与民族国家的共同体自发地凝聚在一起。在宗教文化的影响下，"神原被认为是万物的原因，也被认为是世间第一原理"①。而哲学的基本逻辑是从自然或人本身出发去寻求一个唯物或者唯心的世界观，以从自然或人到神的解释进路来改造或批判神的观念。所以，哲学与宗教之间存在世界观上的对峙，哲学世界观总是努力克服宗教世界观所具有的神圣性和神秘性，并试图从理论上说明宗教现象和神灵观念的本质、起源等理论问题。

（二）哲学与宗教的互动关系

从神话到哲学的意识分化，一方面表明了神话与哲学之间的连续性与差异性，另一方面显示了哲学作为一种新的理智文化在古代所具有的生命力。在古希腊罗马时期，哲学与宗教在自主性和独立性的前提下表现为一种相互渗透、相互促进的互动关系。"但在希腊与罗马的文明中，宗教作为一种普遍性的精神文化，对哲学仍有特殊的影响，两者处在互动、互渗的复杂的演进关系中，哲学处在宗教的影响之下，或者它自身也表现为宗教的理想化的思想形式。"② 马克思就认为："哲学最初在意识的宗教形式中形成，从而一方面它消灭宗教本身，另一方面从它的积极内容说来，它自己还只在这个理想化的、化为思想的宗教领域内活动。"③ 在相互交织的过程中，哲学的发展理路和宗教观念的演变具有一致性和关联性，即"几乎每一哲学都有与自己相应的神的观念，哲学家们的神的观念同其哲学理论之间有着内在的逻辑联系"④。具体来说，面对自然宗教的多神教出现的拟人的、朴素的

① 〔古希腊〕亚里士多德：《形而上学》，吴寿彭译，商务印书馆，1959，第6页。
② 叶秀山、王树人主编《西方哲学史》（学术版），江苏人民出版社，2005，第52页。
③ 《资本论》第4卷，载《马克思恩格斯全集》第26卷（I），人民出版社，1972，第26页。
④ 高文新：《欧洲哲学史上神的观念的演变——兼论这种演变同两条哲学路线发展的联系》，《吉林大学社会科学学报》1985年第1期，第78页。

神性观念，小亚细亚和南意大利哲学传统在其相互交融的发展中一直秉持着处理宗教的两种态度：一方面从"自然"概念出发构建自然世界观来取代宗教世界观，另一方面从"理性"概念出发建立理性的形而上学体系，进而构建一个创世的理性神概念。而从宗教的角度来说，古希腊哲学对神人同形同性说的批判和对理性神学的建设构成了从多神教到一神教的理论中介，推动了宗教演化史上从神话到宗教的理论发展，从而使以哲学来论证宗教的神学学问得以产生。因此，单就宗教而言，古希腊哲学主要集中在从理性视角对神的观念的批判与建设上，并在一定程度上形塑了一种哲学化、理性化的宗教理解模式。

1. 自然哲学和自然的神

由米利都学派开创的伊奥尼亚哲学传统主要确立了自然哲学的理论形式。自然哲学的中心内容是探究世界的本原或原理以及宇宙的生成演化过程，并就本原的解释形成了两种不同风格的解释进路。伊奥尼亚哲学凭借观察和经验把万物的本原归结为某种具体物质或物质性元素，如水、火、气等；而南意大利哲学以抽象思辨的形式把世界的本原归结为某种原理或抽象性原则，如数、存在等，进而通过两种哲学传统的结合并以探索物质结构的新途径来解决万物本原问题，如种子、四根，最终以原子论的理论猜测获得了自然哲学的最高成就。"自然"（physis）的本义是"呈现""生成"，早期希腊哲学家所理解的"自然"是指世界或者宇宙全体，包括世界变化、生成的本性，也涵括人自身及其行为和活动，是一个笼统而没有分化的概念。一开始自然哲学对宗教的革命批判之处就在于以"万物由它产生，最后又复归于它"的思维方式所形成的自然世界观来取代宗教世界观，在解释世界与宇宙的始基、结构和演化规律的时候往往排斥任何超自然的神性力量的解释，进而从物质性的始基或本原概念出发把世界的生成和演化还原为自然物的物理变化过程。古希腊自然哲学的唯物主义是朴素、直观的唯物主义形式，将原子论作为素朴实在论的最高成就实现了世界的物质统一性。原子论者以原子和虚空的本原来解释世界、人的认识与社会等，进而用世界的物质统一性原则来解释神和灵魂观念，对传统的自然宗教进行激进的批判与启蒙。德谟克里特认为，神是一种自然现象，是一些"影象"，是由某些精微的原子构成的，与构成灵魂的原子一样像火的原子——精微、球形、富有活动力，这些"影象"作用于人的灵魂而产生了神的观念。德谟克里特把宗教的起源解释为风俗习惯的维护和法律的强制，把神灵观念的起源解释为人对自然力的恐惧，有助于消除人们对神灵和地狱的恐惧心理。原子论的继承者伊壁鸠鲁和卢克莱修彻底地否认神灵对世界和人间的干预以及灵魂不死说，但在解释作为人心中的肖像的神灵观念起源这一认识论问题时却处于两难境地，贯彻肖像感觉论这一朴素反映论路线就会承认神灵的存在，并将此作为神灵观念的起源。总之，原子论以卢克莱修的《物性论》为标志代表了古代哲学在朴素唯物论的思维能力下所能达到的有关无神论的最高成就，而"原子论的根本局限又正在于它以具体的物质形态作为本原"①，没有出现物质与精神的分化而使以本原来解释的神的观念停留于某种自然实物的状态，自然哲学所得出的自然神的观念与希腊的自然宗教是相适应的。其中，埃利亚派的色诺芬尼对传统神的观念的批判和变革实现了从多神论到一神论的过渡。他否定了传统的拟人化的多神论，认为神是唯一性的、非人的，是"全视、全知、全听""精神、智慧和永恒性"，通过"一"是神、神是宇宙的公式达到了泛神论的理论高度。

2. 唯心主义哲学和精神本体的神

雅典城邦的经济繁荣和政治民主推动了智者学派的产生，哲学领域出现了主体意识的初步觉醒，哲学的中心实现了从天上到人间的转变，普罗泰戈拉以"人是万物的尺度"的感觉论表现出相对主义、怀疑主义和个人主义的哲学态度，破坏了传统宗教和传统道德。苏格拉底的哲学思想是希腊哲学和宗教的转折点。"苏格拉底对传统的奥林匹斯教的

---

① 高文新：《欧洲哲学史专题研究》，吉林人民出版社，1994，第40页。

宗教观念进行了变革，这是欧洲宗教进化的重要转折点。"① 苏格拉底所说的神是智慧的、至善的，完美和谐的世界是神有目的的创造物，作为精神实体的神只与人的灵魂相交。"苏格拉底的神，不仅是宗教观念的改变，而且是哲学观念的转变，这种神作为哲学理论的假设，使希腊哲学发生了分裂，产生了与素朴唯物主义相对立的古代唯心主义哲学。"② 哲学的中心由本原的探索转向了对本质的寻求，苏格拉底认为事物的真正原因不是某一自然实物，而是具体事物背后的共同本性，是个别事物的一般定义，这个本体论的工作由柏拉图和亚里士多德完成了。由此，本体论的唯心主义哲学体系和与之相适应的理性神论成为古希腊哲学的主流趋势，作为独立存在的精神本体的神的观念成为古希腊哲学的理论假设，而不是宗教信仰的对象。"希腊哲学家普遍相信的一个前提是，自然和人的存在与本质需要用一个最高的超越原则来解释，这个超越原则具有最高的完满性，包括存在的完满性。但它的存在是不可感知的，只能用理智去理解它、说明它。'神'就是这个最高原则的代名词，就其内涵而言，神必然是非人格的。"③ 理性神论的哲学立场把神的观点作为理论的起点和归宿，将神的观念等同于纯粹精神、最高原则或被看作自然的本原和运动的终极原因。但是，古希腊哲学直观的、客体的思维方式一直存有两个理论困境。一是从神的观念来看，"希腊哲学的唯心主义带有二元论因素，因为神也不能无中生有，这是古代素朴实在论的基本观念"④。理性神一直存有原始物质成分，柏拉图所说的创世神的两个基本要素是理念和原始物质，亚里士多德的"四因说"把实体的基本要素归结为质料因和形式因，两者的创世神都具有工匠神的性质。二是由于古代哲学思维的具体性，在处理一般与个

① 高文新：《欧洲哲学史专题研究》，吉林人民出版社，1994，第58页。
② 高文新：《欧洲哲学史专题研究》，吉林人民出版社，1994，第60页。
③ 赵敦华：《基督教哲学1500年》，人民出版社，1994，第63页。
④ 高文新：《欧洲哲学史上神的观念的演变——兼论这种演变同两条哲学路线发展的联系》，《吉林大学社会科学学报》1985年第1期，第81页。

别的关系问题上把一般作为个别事物的本质的同时也将其理解为脱离个别而单独存在的共相，并赋予它思想。柏拉图的理念论所造成的理念与事物相分离的理论缺陷是西方古代哲学的基本缺陷。因此，古希腊哲学的唯心论导致了世界的分裂和二重化——自然物质世界和超自然精神世界的对立。

从基督教的理论渊源来看，基督教神学家们基本上利用和改造了古希腊哲学中的唯心主义哲学和精神本体的神的观点，基督教哲学继承的古代遗产主要是柏拉图哲学（柏拉图主义）、亚里士多德哲学（亚里士多德主义）、新柏拉图主义和斯多葛学派的观点。一是柏拉图的理念论所奠定的可见世界（现象世界）和可知世界（理念世界）二元对立的哲学基础造就了西方基督教哲学二元论的理论格局和神秘主义的理论倾向。柏拉图认为，不同等级的存在秩序与人的"心理状态"（认识能力）是相互对应的，与感觉相对应的对象是可感事物的影像和自然事物，是个别的、变化的和相对的现象，感性认识得到的是意见；而与理智相对应的是理念世界和最高理念（本原理念），是永恒的、真实的和绝对的存在，理性认识得到的是知识。他把理念与现象分离开来，又用分有说来解释两者之间的原型与模本、本原与派生、绝对与相对的关系，用"最普遍的种"和灵魂辩证法得出理念世界的等级秩序和统一关系来解决理念之间的分离问题。但理念与现象的分离、最高理念（与之相对应的灵魂辩证法的认识方法摆脱了感性事物而单凭从理念到理念的上升过程去认识神，善是最高理念又被作为安排理念秩序的最高原则）的理论难题成为古希腊哲学发展的瓶颈，亚里士多德的实体范畴只在相对本体上解决了本质与现象的分离问题，但在最高实体上仍存在分离事实，于是通过把柏拉图哲学神秘化的新柏拉图主义的中间环节，柏拉图哲学成为建构基督教神学体系的哲学基础之一。基督教神学从以下几个方面直接借鉴了柏拉图哲学的基本观点。首先，作为最高理念的神的观念被用来说明基督教的上帝观念，善就是神，神既是整个世界的最高精神本体，又是世界万物追求的目的。其次，灵魂学说被用来说明灵肉二元的基督教人类学，在实践中形成了基督教禁欲主义和修道主义的发展方向，二元世界造成了灵魂（属于理念世界）和肉体（属于感性世界）的区分与相互关系，灵魂又分为理性、激情和欲望，其中理性支配灵魂而情感和欲望支配肉体，灵魂和肉体的结合是理念堕落的结果。因肉体的污染，灵魂遗忘了观照理念的先天知识，通过"学习就是回忆"的训练过程，从灵魂观照到理念最终达至与理念重新融合的迷狂境界。在此，柏拉图的灵魂学说深受奥尔弗斯教的影响并提出了灵魂不朽说和灵魂转世说的神学观点。最后，在基督教"无中生有"的创世结构中，"柏拉图的宇宙观包含的创世说、灵魂学说和原型论都对中世纪哲学产生深远影响"[①]。

二是亚里士多德哲学作为基督教神学体系的哲学基础造就了基督教哲学理智主义的理论倾向。首先，亚里士多德哲学中形式逻辑的分析方法和论辩推理的辩证法直接推动了中世纪经院哲学的诞生与发展。其次，以柏拉图哲学为基础的奥古斯丁主义和以亚里士多德哲学为基础的托马斯主义成为中世纪基督教的两大理论体系，并在经院哲学内部根据对亚里士多德哲学方法的不同理解而形成了唯名论与唯实论的两大哲学派别。亚里士多德形而上学体系中的哲学定义、实体与属性范畴的关系、本质与存在的关系、形式与质料的关系、潜能与活动的关系以及人是灵魂与身体的完满结合和统一、主动理智与被动理智的关系等基本观点都被作为论证方法和工具纳入基督教神学体系之中。最后，亚里士多德的第一哲学以神为最高对象，神是没有质料的，是纯形式、完满的，是永恒不动的，是世界的第一推动者，这些有关理性神的新思想都被运用到对上帝观念的论证中。

三是斯多葛学派的基本观点对基督教思想具有至关重要的作用。首先是其对希腊哲学的基本概念逻各斯（logos）的理解，"逻各斯是呈现

---

① 赵敦华：《基督教哲学1500年》，人民出版社，1994，第31页。

于存在的任何事物之中的神的力量"①，是自然规律、道德规律，也是人认识实在的理性能力。其次是把"'人的基本的平等'的概念"② 作为理解人的全新方式，每个人分有普遍的逻各斯而得出的平等观点，与基督教将每个人作为上帝的子民而得出的平等观点是一致的，所以基督教的政治思想发展了斯多葛学派的国家学说。

四是新柏拉图主义的神秘主义直接影响了基督教神学的禁欲主义走向以及神秘主义流派。普罗提诺认为，最高本原是"太一"，太一是超越一切的本体，是不可定义的，其内涵是绝对的完满性。完满的、自足的太一通过流溢创造世界，流溢的阶段性构成了世界的等级——从太一流溢出理智，从理智流溢出灵魂。理智是纯粹的，而灵魂成为理智世界与分离的可感世界的中介。与太一流溢相反的是灵魂归复，"灵魂的中介性也是善恶双重性，善在于归复高于灵魂的理智，乃至太一，恶在于留恋低于它的肉体、物质"③。灵魂归复的最高境界就是从肉体中解脱出来而与神圣太一相融合的神秘的迷狂状态。

希腊化世界提供了宗教与哲学相互影响、相互转化的时代场所，希腊化世界文化的双向性最终实现了从哲学到宗教的文化类型的转换。一方面，希腊化世界意味着西方哲学向东方的传播，古希腊哲学在这一阶段获得了世界性意义，同时东方的宗教（如犹太教）则利用古希腊的唯心主义哲学来改造直观的宗教文化而实现了宗教的哲学化和理性化。另一方面，希腊化世界又意味着东方的宗教向西方的渗透和传播，多种宗教对哲学的渗透和影响导致古典时期理性主义哲学朝神秘化方向发展，使哲学最终成为理性和信仰的混合物。与哲学竞争的是多种东方宗教在地中海世界的流行，最终基督教战胜了其他宗教并取代哲学成为中世纪西方文化的起点。从神话到哲学，从哲学到宗教，古希腊哲学在奴

---

① 〔美〕保罗·蒂利希:《基督教思想史——从其犹太和希腊发端到存在主义》，尹大贻译，东方出版社，2008，第15页。
② 〔德〕恩斯特·卡西尔:《国家的神话》，范进等译，华夏出版社，1999，第124页。
③ 赵敦华:《基督教哲学1500年》，人民出版社，1994，第41页。

隶制度下出现并伴随奴隶制经历了千年的发展。在奴隶制末期，哲学自身也丧失了创造力与生命力，"哲学从追求真理蜕变为慰藉人生，宇宙论、本体论等退居从属地位，伦理学跃居中心"①，哲学伦理化的发展趋势是从禁欲主义到怀疑主义，"怀疑主义预定了古希腊哲学的否定的终结"②，最后从确定性出发走向启示真理、信仰主义从而否定了哲学自身。同时，"从宗教神变为理性神，又由理性神恢复到宗教神。这也是人类认识史上一个圆圈式的发展。但是后一个宗教神却是带着哲学理论色彩的，从宗教来说，这是一种进步，所以到中世纪，宗教哲学能够成为当时时代思潮的主流"③。因此，在政教合一的古代社会，神的存在和崇拜是古代文化的基本特征，"古代哲学与宗教的区别不在于是否相信神的存在，而在于两者赋予神不同的意义，具有不同的关于神的观念"④。在神的观念上，哲学与宗教具有内在的一致性，"从原则上说，希腊哲学里非人格的、理性化的神并不排斥被人格化的可能，基督教信奉的人格神也不排斥被抽象为最高理性原则的可能"⑤。在希腊化时期，理性神与人格神的结合、哲学与宗教的合流最终使西方中世纪文化实现了从希腊哲学到基督教的转化，这一文化变革对西方文化的发展具有决定性作用。

二 中世纪基督教——信仰文化的普照

西方文化的连续性与同一性不仅仅指某一民族文化基因的单纯发展，更是几种民族文化基因（希腊哲学、犹太教和罗马法）在民族融合过程中的互动与糅合，最终在接受基督教的基础上实现了西方的观念认同和文化统一。哲学与宗教同为西方文化的精神内核和深层根

---

① 高文新：《欧洲哲学史专题研究》，吉林人民出版社，1994，第100页。
② 〔美〕保罗·蒂利希：《基督教思想史——从其犹太和希腊发端到存在主义》，尹大贻译，东方出版社，2008，第103页。
③ 汪子嵩等：《希腊哲学史》第1卷，人民出版社，1997，第89页。
④ 赵敦华：《基督教哲学1500年》，人民出版社，1994，第62页。
⑤ 赵敦华：《基督教哲学1500年》，人民出版社，1994，第64~65页。

基，二者关系模式的差异构成了西方文化的阶段性特点。"哲学在文化中地位和作用的差别，形成了不同的文化特质，体现了不同的文化模式，使欧洲文化的发展表现出阶段性的差异，表现为文化类型的转换。"① 中世纪基督教的绝对统治地位以及神学家的文化巨匠身份，表明西方文化经历了从理性主义文化到信仰主义文化的转变。这是因为，"古代哲学同宗教的合流，哲学蜕化为宗教的附庸的过程，同时就是理性主义文化转变为信仰主义文化的过程"②。在古罗马时期，从一个民族宗教（犹太教）的小教派演变而来的世界宗教（基督教）逐渐摆脱了宗教迫害并获得了国教的政治地位，进而战胜了当时盛行的各种宗教流派和哲学宗派，并从中世纪开始成为西方文化新的起点。在一定意义上，基督教构成了西方文化的实质性内容，西方文化是基督教的表现形式，因此基督教的发展演变和内在机制是考察西方传统文化的重要方面，而其中哲学与宗教的互动关系又是考察的重点。由于基督教的理性化特征和逻各斯传统，基督教神学实现了希腊哲学与基督教文化的合流与统一，宗教和哲学、信仰和理性的关系成为建构基督教神学体系的逻辑前提与理论起点。从此，宗教和哲学关系模式的调整与更新成为西方文化发展的逻辑动因。"基督教不仅在事实上继承和维护了古希腊罗马的文化遗产，而且在原则上承认补充的必要性。所以，欧洲历史的所有重要环节，关键便在于重新确定这两个基本成分的相互位置。"③ 因而，在中世纪，罗马教会的神学体系主要经历了从奥古斯丁主义的变革到托马斯主义的发展，最后走向了教会权威的综合体系的解体。

（一）早期基督教：宗教与哲学的历史合一

希腊化罗马时期的社会环境和时代精神对基督教的产生具有决

---

① 高文新：《欧洲哲学史专题研究》，吉林人民出版社，1994，第95页。
② 高文新：《欧洲哲学史专题研究》，吉林人民出版社，1994，第102页。
③ 〔德〕特洛尔奇：《基督教理论与现代》，刘小枫编，朱雁冰等译，华夏出版社，2004，第43页。

定性作用，这一阶段犹太教的观念演变和教派分化成为发端于其内部改革的基督教诞生的直接原因。从希腊化世界来看，哲学与宗教的碰撞和融合推动犹太教以原始、直观的宗教形式走向了理性化、理论化的发展道路。裴洛开创了寓意解经法从而提供了一条以哲学理论为工具建构神学形而上学体系的宗教哲学化道路，为早期基督教形成宗教和哲学的合一态势奠定了方法论基础。裴洛相信犹太教经典（圣经）和希腊哲学（柏拉图哲学和斯多葛学派）的精神实质是和谐统一的，经文的隐喻性语言可以翻译成哲学语言，从而找到一条以哲学概念来说明上帝观念和创世说的犹太教希腊化道路。裴洛所说的上帝是绝对超越和普遍的，上帝与世界、上帝与人之间是没有直接性的，需要中介性的存在——逻各斯。逻各斯（道）作为上帝创世之前的创造物，分为内在之道和外在之道（表述之道）两种形式，内在之道是理念世界，而外在之道是构成物质世界之形式的理性。裴洛的逻各斯思想成为基督教核心教义"道成肉身"的重要来源。裴洛认为，人的理性分有逻各斯，人"得见上帝"的最终目的是通过摆脱情欲、净化灵魂的道德生活方式达到灵魂和逻各斯相通的神秘的"入定"境界，这一思想通过新柏拉图主义的发挥对基督教的神秘主义流派产生了影响。因此，希腊化的犹太教出现了一些新的变化：上帝的观念从具体的、人格化的民族神转变为抽象的、超越的普世神，上帝与人之间的关系从先知的直接启示转向中介性存在（天使、救世主、逻各斯和魔鬼世界等）的理论建设，宗教实践从圣殿崇拜、祭祀和仪式形式转向律法主义。而对希腊罗马世界来说，异族入侵和压迫的政治现实以及相应的起义反抗活动导致了犹太教的教派分裂，分为撒玛利亚人（被犹太人视为外族的混合宗教）、撒都该人（坚持摩西五经律法书的权威性的保守立场）、法利赛人（提倡成文律法和口传律法的发展态度和分离主义）、奋锐党（信奉现世弥赛亚主义的政治激进派）、艾塞尼人（遁世于旷野的宗教纯粹主义）等教派，耶稣的犹太教革新思想正是在与诸多犹太教派的批判、斗争中形成的。这一时期犹太教基本的思想信念是伦理一神论和对弥赛亚的末世论的期盼，共同的宗教实践方式是以律法和圣殿为中心，这些都构成了基督教革新的宗教背景。其中基督教对艾塞尼人启示论的理论承继造成了与犹太教的根本区别，启示论起源于琐罗亚斯德教善恶二元的宇宙论，认为善恶势力的斗争以现世为开端一直持续到末世，恶的势力统治着现世，但上帝将战胜恶而进入一个新的时代——由上帝在预定的选民中亲临掌权的末世，由此启示观念从犹太教历史的、此岸的先知性质转变为基督教宿命的、悲观的宇宙论性质，末世观念具有了更多的来世的宗教色彩，天国从现世搬到来世，从保罗神学开始"具有现实革命意义的弥撒亚主义被基督教改造成为一种灵魂获救的福音"①。

耶稣对犹太教革新的宗教思想和传教活动已经超出了正统犹太教的范围，耶稣有关"上帝之国"的观点和"登山宝训"伦理规诫的教导使其成为基督教的创始人，内心的信仰和虔诚而不是律法主义是耶稣对宗教革新努力的方向。耶稣受难和复活的神迹成为基督教发展的转折点，相信耶稣是救世主、弥赛亚和基督，作为见证人的使徒们开始向整个希腊化世界传播福音和救世信息，从此基督教成为在地中海地区宣讲救赎的神秘宗教之一。耶稣的身份和耶稣事件的意义是使徒们创建基督教神学的理论中心，而对基督的神学解释的分歧导致了使徒时期保罗派（混合希腊哲学的圣灵神学）和彼得派（依从犹太教的弥赛亚观念）的纷争，表现为外邦基督徒与犹太基督徒之间关于犹太律法的论战。保罗神学的基本观点和形态奠定了普世性、综合性和希腊化的基督教神学的基础。保罗认为，神学的中心是被钉十字架并复活的耶稣基督，"通过耶稣基督的上帝"是基督中心论的基本公式，对基督的神学理解不应该以肉身的方式（即"自然主义的、人的、非信仰的"② 方式）来看

---

① 赵林：《基督教思想文化的演进》，人民出版社，2007，第12页。
② 〔德〕汉斯·昆：《基督教大思想家》，包利民译，社会科学文献出版社，2001，第8页。

待作为历史人物的耶稣，而应该以属灵的方式（即"灵性、信仰、超现世的方式"①）来认识作为信仰对象的基督，因而耶稣基督是神，是上帝的儿子，是世界的创造者（创造的动因），与神性的智慧（逻各斯）是同一的，是先在的和从属于上帝的。同时，耶稣降临于世和死而复活被解释为救赎的根据，上帝与人的关系从疏离向和好转变。保罗的圣灵神学依赖于"在基督里"的神秘体验，人靠信仰实现了与基督的融合一致，通过受洗和领圣餐的仪式获得与基督同在的永恒生命，以"因信称义"的救赎论反对犹太教的律法主义，并以启示论的末世论救赎取代了犹太教的弥赛亚主义。所以，保罗神学的意义在于"为非犹太人打开了通向犹太人的上帝信仰的通道，从而发动了基督教史上第一次典范转变——从犹太基督教向希腊化外邦人基督教的转变"②。由此，从保罗神学开始，基督教神学具备了如下发展特征。一是基督是主的神学解释成为基督教的主流和正统，早期基督教围绕上帝和基督的关系问题所展开的神学争论使上帝论和基督论处于神学论述的中心。二是混合神秘宗教和希腊哲学的神学形态成为早期基督教发展的主流，在希腊化世界，"这种宗教上的调和主义和哲学上的折衷主义是并行不悖、相辅相成的"③，希腊化世界的文化精神造就了基督教综合性、调和性和混合性的特点。从此，基督教的希腊化（综合古希腊文化和希伯来文化）是基督教以统一性力量实现文明融合的第一步，宗教的理性化成为基督教的典型特征和发展动力。三是"因信称义"的救赎论既使基督教突破了犹太教的律法范围而成为一个普世性和个体性的宗教，与罗马帝国个体主义和普世主义的时代精神相一致并最终上升为罗马帝国的国教，又以新约文本的保存形式成为宗教

---

① 〔德〕汉斯·昆：《基督教大思想家》，包利民译，社会科学文献出版社，2001，第9页。

② 〔德〕汉斯·昆：《基督教大思想家》，包利民译，社会科学文献出版社，2001，第6页。

③ 〔美〕冈察雷斯：《基督教思想史》第1卷，陈泽民等译，译林出版社，2008，第51页。

改革运动的理论根源和改革动力。四是其圣灵神学是强调圣灵主义的现代基督教的理论源泉。

首先，基督教与哲学、启示与理性的关系问题是基督教护教阶段和教父时期基督教神学家维护启示真理的首要问题。希腊化世界的基督教在基督教神学的诞生时期（2～3世纪）有三种不同的立场：一种是诺斯替派，有着哲学立场的希腊二元论的世界观和各种宗教思想的混合形态，以"因理解而信仰"为原则抹杀了希腊哲学、基督教与宗教的区别而招致了早期教父的一致反对；一种是原教旨主义和信仰至上主义，以圣经弃绝希腊哲学；还有一种是两个极端之间的中间路线——理性辩护主义，利用和改造希腊哲学的合理成分并把哲学作为基督教理性化的工具，使之与基督教相调和。"在宗教与哲学、信仰与理性关系问题上形成的三种立场作为一种理论模式从一开始就被植入基督教哲学之中。……在基督教哲学发生转折的关头，这三种立场都会以不同的方式被表达出来。"① 理性辩护主义的中间路线成为教会神学的正统，以基督教是真正哲学的信仰方式把基督教和希腊哲学统一起来，以"信仰，然后理解"的基本立场把信仰与理性调和在一起，这种基督教和哲学的统一形态构成了中世纪神学和天主教神学的第一种基本模式。奥利金首先提供了基督教和哲学调和的神学体系和基本范式，开创了一套完整的解经方法作为旧约和新约、圣经和哲学之间沟通的桥梁并塑造了基督教希腊化的典型范式。② 这种基督教

---

① 赵敦华：《基督教哲学1500年》，人民出版社，1994，第118页。
② 奥利金开创了一套完整的解经方法：一是字面的或者文学上的意义，二是道德的或者心理的意义，三是理智的或者灵性的意义。奥利金以多元的解经法来坚持圣经的多重意义说，主张以寓意解经法寻找圣经经文背后隐藏的灵性意义，从而建构了圣经权威和哲学综合的神学形而上学体系。不同的解经方法和哲学基础也促成了基督教神学的多元性和变化性特征。在中世纪，以奥利金的解经法为基础所建构的四重解经法是中世纪神学的权威方法，西方中世纪文化是宗教与哲学合流和统一的宗教性文化形态。对中世纪权威的解经法的怀疑和修改成为西方综合性、统一性的宗教文化形态解体的理论起点，路德的宗教改革正是在文艺复兴的基础上从解经法的修改开始来质疑、批判和取代整个中世纪教会权威的神学体系和基本范式的。

和哲学的统一模式具有重要的历史意义。一是利用希腊哲学，基督教从
原始自发的混乱不一的状态逐渐发展到自觉建立神学理论体系和统一教
义的阶段，反过来，希腊哲学的基本精神被纳入宗教并转化为宗教观
念，"希腊哲学通俗化"和"哲学观念宗教化"① 有利于希腊文化的传
播、保存和发展。二是统一模式一直是天主教神学的基本模式，"信仰
寻求理解是一切中世思想的基本原则"②。"信仰的真理，努力自行转换
为理解的真理，这才真正是基督徒智慧的生命。从这种努力所产生的理
性真理体系，就是天主教哲学。"③ 与此相反，批判天主教思维的新教
思维努力发展的方向正是从神学与哲学的分离开始的，新教在一定意
义上试图建立一种神学与哲学学科分离或者反哲学的解释模式。三是
基督教的哲学化致使基督教呈现出一种彻底的宗教理性化的发展趋
向。"宗教的理性化指对巫术式世界图景的知性调校，在巫术宗教的
浑然世界图景（一元性）中分离事实世界与意义世界，造成具有张力
的二元世界，摧毁现世与超越现世之间原始的素朴的浑然关系。"④ 与
哲学相结合的基督教神学在哲学根基的转换下彻底地发展了二元界分
的理性化方向，与其他宗教不同，基督教的理性化使西方文化一直存
在二元世界的紧张张力，二元张力隐含了现代性的根本起源问题以及
现代性问题。

其次，"神的统一性"问题是早期基督教神学的核心问题，最终以
"三位一体"和"基督二性论"的正统教义结束了早期基督教神学的混
乱局面。沿着保罗基督是主的神学路子，《约翰福音》利用希腊的逻各
斯理论形成了道成肉身的基本教义来说明基督的神性问题。基督等同于
神性的逻各斯，耶稣基督是道成肉身的显示，基督的神性是第二位的、

① 高文新：《欧洲哲学史专题研究》，吉林人民出版社，1994，第105页。
② 〔法〕吉尔松：《中世纪哲学精神》，沈清松译，上海人民出版社，2008，第22页。
③ 〔法〕吉尔松：《中世纪哲学精神》，沈清松译，上海人民出版社，2008，第44页。
④ 刘小枫：《现代性社会理论绪论——现代性与现代中国》，上海三联书店，1998，第
78页。

是圣父的独生子，得救的途径是认识到上帝（灵智）得到了永生，圣灵作为保惠师是基督之后上帝与人沟通的中介。这样，基督教是三神论还是一神论，基督是神性、人性还是二元性的神学问题就成为早期基督教正统或异端神学的斗争领域，"解决'神的统一性'问题不仅是个思想和信仰的问题，而且也牵涉复杂的政治和利益问题，……任何一个教会的说法被接受或受到谴责，都直接关系到这个教会在整个帝国的地位，也关系到与教会相关联的政治斗争"①。为驳斥基督教内部兴起的伊便尼派的嗣子论、诺斯替派和马西昂的二神论及幻影论、孟他努的圣灵论、神格唯一论（动力和形相唯一论）等各种异端思想，基督教教父们在不同阶段合乎逻辑地展开了对基督与上帝关系的理论探讨：根据道成肉身的基本教义，作为护教士的查士丁把逻各斯的希腊概念与先在的基督合并，哲学和理性认识的只是"道的局部"和不完善的知识，唯有道的亲自行动（"道"成肉身）才能使人认识全部的真理并达到完善的境界；强调基督的神性必然会使基督与上帝的关系问题凸显出来，爱任纽由此"从上帝的救赎活动中梳理出一个神人关系的'三一结构'：圣父通过圣子、透过圣灵来救赎人类，与此相对应的是，人在圣灵的光照下，通过圣子归回圣父"②，通过上帝的救赎来揭示上帝的奥秘，来认识在整个救赎计划（oikonomia）中上帝的三个神圣位格所扮演的不同角色，这与"在基督里"的信仰体验是一致的；"三一神学由'救赎三一'发展至'本质三一'是理所当然的"③，从本体论上解决三位格与独一神的关系以及三位格的同一本质和平等神圣性是三一神学的逻辑必然。德尔图良通过扩充"oikonomia"（意指上帝本身内部的计划和组织）的含义从哲学意义上论证了上帝内在多元而又有机独一的特性，引入法律意义上的

---

① 高文新：《欧洲哲学史专题研究》，吉林人民出版社，1994，第109页。
② 许志伟：《基督教神学思想导论》，中国社会科学出版社，2001，第77页。
③ 许志伟：《基督教神学思想导论》，中国社会科学出版社，2001，第78页。

实质（substance）和位格（person）① 来说明圣父、圣子和圣灵之间相互区别而又不可分离的实质关系，拉丁教父一直在德尔图良的解释框架中沿革和扩充三位一体思想；而亚历山大学派的奥利金给予逻各斯理论以形而上的形式和基础，从新柏拉图主义的流溢说来解释圣父、圣子和圣灵的同一关系，但流溢的等级秩序形塑了圣子从属于圣父、圣灵从属于圣子的从属关系，东方神学在奥利金的解释框架下一直存在从属主义的困扰。为解决阿里乌主义和阿塔纳修之间的争论，尼西亚公会议（325 年）的召开引发了持续一个世纪之久的三位一体争论，这时的神学争论因掺入政治因素而变得反复无常②，最终东西方教会都接纳了尼西亚信经，但是东方的卡帕多西亚神学家从"本质三一"推进到"内在三一"的层次，并从三位一体教义中发展出对基督论的争论。有关三位一体教义的不同表述方式和哲学概念造成了东西方教会的理论分裂，为中世纪政治上的分裂埋下了伏笔。面对尼西亚信经的"与父同质"（homoousios），西方教会以奥古斯丁的三一神学为典范，用拉丁文实体（substantia）来取代希腊文本体（hypostasis）和本质（ousia）的争论并用位格（persona）来说明一个本体和三个位格的统一性关系，体现了奥古斯丁和拉丁神学传统重视三一神的合一性以及

① 德尔图良是以拉丁语和罗马文化来解释三位一体思想的，在法律意义上"实质"是一个人所享用的财产和使用的权力，"位格"是法人的意思，以实质和位格等概念来说明圣父、圣子和圣灵既是不可分的实质又是有区别的三位。"然而，所谓三位，不是指其身份，而是指其等级；不是有关其实质，而是有关其形态；不在其权能，而在其表现；就其同一实质，同一身份，并同一权能，那就是一位上帝；但就其等级、形式和表现，那就被称为圣父、圣子、圣灵。"参见〔美〕冈察雷斯《基督教思想史》第 1 卷，陈泽民等译，译林出版社，2008，第 170 页。德尔图良的基本解释奠定了拉丁教父"三位一体"教义的方法基础，西方神学重视实践性领域而一直沿用德尔图良的基本解释并最早坚持了三位一体的上帝论，这个解释只能满足拉丁语地区而得不到希腊语地区的支持，东方神学在三位一体教义上一直处于抽象和思辨的理论层面而得不到统一的解释。在此意义上，三位一体的哲学解释是东方神学的一大特色。

② 4 世纪，君士坦丁的归信是基督教的历史转折点，从遭受政治迫害转变为合法的宗教，乃至最终成为罗马帝国的国教。从此，基督教神学的发展不再是纯粹的神学争辩，政治因素也是一个重要的构成因素，三位一体教义的争辩标志着政治领导神学的新阶段。

三位格在关系上的区别，"使得位格与位格间的关系有的仅是逻辑识别的认知功能而没有本体的意义"①，而东方神学以三个 "hypostasis" 和一个 "ousia" 的公式来建立 "一体三位" 的 "本体关系"。因此，以正统和异端的区分来统一教义是早期基督教神学的主要目标，通过三位一体和基督二性论的基本教义的确立，基督教会实现了信条明确和信仰同一。

最后，早期基督教也造成了东西方神学的独特性和分裂性。东西方神学的分歧首先体现在救赎概念上，东方教会强调基督的位格和道成肉身，认为得救就是获得永恒生命，从有罪必死的生命转变为快乐的永生，而西方教会强调上帝的恩典、基督之死和赎罪，认为救赎是与上帝建立一种正确的关系和罪得赦免。在教父时期，东西方神学的差异进一步表现为 "西方基督教的实践性与亚历山大教会的思辨性的对立；西方教会中斯多葛派的影响与希腊世界的柏拉图主义色彩的对立；亚历山大教会强调寓意解经法与罗马教会中律法主义倾向的对立"②。"帝国西部，像德尔图良那样，倾向于从法学角度来看待基督教；而东方，则倾向于用哲学观点来看待它。"③ 因此，西方的神学人类学提出了更强烈的罪恶感恩典观念，从而提出罪是遗传的人类本性的堕落之原罪说。这些对立在中世纪东西方神学的单线发展中得到了进一步的体现，西方神学作为基督教的拉丁化朝着实践性、律法主义和仪式主义的方向发展，而东方神学作为基督教的希腊化朝着思辨性和灵智主义的方向发展。这正表明基督教作为统一性的文化形式综合了其他文化形式（希腊哲学和罗马法），从而使 "基督教神学代替希腊哲学，决不是欧洲文化的中断，而是欧洲文化发展过程中一个有独特意义的历史阶

---

① 许志伟：《基督教神学思想导论》，中国社会科学出版社，2001，第 94 页。
② 〔美〕冈察雷斯：《基督教思想史》第 1 卷，陈泽民等译，译林出版社，2008，第 217 页。
③ 〔美〕威利斯顿·沃尔克：《基督教会史》，孙善玲等译，中国社会科学出版社，1991，第 199 页。

段或历史模式"①。由此，西方文化从理性主义类型转变为信仰主义类型，基督教在中世纪是一种占绝对统治地位的文化形式和支配性的意识形态。

（二）中世纪基督教：哲学和宗教的统一体系

5 世纪，日耳曼蛮族入侵导致了西罗马帝国的崩溃和奴隶制度的衰败，西方由此进入中世纪封建主义时代。蛮族皈依成为西方文化发展的转折点，标志着西方基督教进入了发展的新阶段，作为被征服者的原始部落的统治者及其原始文明被征服地区的高级文明所征服已是文化学上的一个普遍现象，基督教与蛮族的世俗统治者实现了历史性结合——在西方封建世俗贵族的皈依和支持下，基督教信仰的疆域版图扩展至整个欧洲大陆，而新的封建统治者通过基督教来强化封建贵族专制统治的神圣性、权威性和合法性。在中世纪的"黑暗时代"，在"文明废墟"中仅存的基督教文化和罗马教会以绝对性的文化统治地位获得了空前的发展。在与日耳曼原始宗教的对撞和融合中，西方基督教进一步表现出蛮族化、修道主义和教会权威统一性的发展特征，这一时期西方基督教神学和哲学以具有神秘主义倾向的奥古斯丁主义为权威范式。"奥古斯丁标志着一个时代的结束和另一个时代的开始。"② 奥古斯丁神学既是西方教父神学的集大成者和综合体系，又是中世纪西方基督教神学的权威典范和思想传统，在一定意义上也是宗教改革思想、近现代哲学和现代神学（西方现代性文化）的理论源泉。奥古斯丁提供了一个被称为"基督教学说"的概念和基督教的理性主义基础，"基督教学说""目的在于吸收和采纳古代文化遗产，特别是哲学，建立基督教神学理论"③，也是"对以往教父关于理性与信仰关系思想的一个总结"④。在信仰属

① 高文新：《欧洲哲学史专题研究》，吉林人民出版社，1994，第 116 页。
② 〔美〕冈察雷斯：《基督教思想史》第 2 卷，陈泽民等译，译林出版社，2008，第 9 页。
③ 赵敦华：《基督教哲学 1500 年》，人民出版社，1994，第 142 页。
④ 赵敦华：《基督教哲学 1500 年》，人民出版社，1994，第 143 页。

于思想范畴的前提下，理性为信仰做准备，信仰为理性开辟新的思想领域。他从认识论着手，根据柏拉图主义的认识对象、感性认识、理性认识和真理，提供了一个从低等级到高等级的认识图式，以"光照论"来说明一切真理都在上帝那里。真理是上帝之光"注入"人心中的痕迹，是天赋的，是上帝的恩典，信仰上帝的人才能对上帝有完整的认识并获得真理。"在奥古斯丁的传统中，一切宗教哲学的来源是上帝呈现在灵魂中的直接性。"① 在上帝论中，三位一体教义的理论解释是奥古斯丁的理论重心，也成为西方三一神学的解释范本，克服希腊的二元论而在"无中生有"的创造结构中建构创世理论是其哲学的最大成就。奥古斯丁以三位一体痕迹论来说明创造主和被创造物之间的关系，从受造物可见三位一体的痕迹或者标志，特别是在人的灵魂里，三位一体的痕迹表现为记忆、理解和意志，其中人的决定性功能是意志。奥古斯丁的人学讲究"双重人格论"，即肉体和灵魂是"不相混合的联合"的关系，并作为独立的实体结合为人，在两者的主从关系中，人的本质在于灵魂。奥古斯丁的人性论受柏拉图灵肉二元的影响并表现在伦理观上，推崇灵魂纯洁而贬低肉体的理论倾向在实践中就变成了中世纪否定肉体和世界的修道主义。西方基督教强调罪与恩典这对概念，奥古斯丁进一步发展了原罪说、神恩独作说和预定论，以反对佩拉纠主义的自由意志论。"奥古斯丁的整体救恩论，从两个主要的信念出发；在始祖堕落之后，人类绝对且完全败坏，以及神绝对、完全的大能与至高无上的主权。"② 原罪是遗传和继承给后代的，由于亚当原始的罪，亚当的后代继承了堕落败坏的本性，人的自由意志只能趋向于恶而不能趋向于善，人有犯罪的自由而没有不犯罪的自由，只有神的恩典介入，并赐给人信心，才能使人行善。因此，在救赎问题上，神至高无上的主权预定了所

---

① 〔美〕保罗·蒂利希：《基督教思想史——从其犹太和希腊发端到存在主义》，尹大贻译，东方出版社，2008，第107页。

② 〔美〕奥尔森：《基督教神学思想史》，吴瑞诚、徐成德译，北京大学出版社，2003，第286页。

有的事情，神从堕落的人类中拣选出一部分人，接受恩典和信心的恩赐，并让其他人处在诅咒中。面对多纳徒派运动的分离与蛮族入侵，奥古斯丁发展完善了因功生效的圣礼观、教会与国家的关系、有形的教会与无形的教会的区分以及上帝之城与世俗之城的区分。宗教改革和新教神学在一定程度上回到了奥古斯丁神学，预定论、无形的教会和上帝之城等观点直接被运用到新教理论之中。奥古斯丁神学对中世纪的影响是通过大格列高利实现的，大格列高利冲淡的奥古斯丁主义成为中世纪对奥古斯丁神学的权威解释，并占据了中世纪神学的主流地位。中世纪"黑暗时代"的神学大部分是修道神学，修道院成为西方文化的承载者。

　　从教父哲学到经院哲学的转变，从柏拉图主义哲学基础到亚里士多德主义哲学基础的转变，从神秘主义倾向到理智主义倾向的神学形而上学体系的转变，以及奥古斯丁主义与托马斯主义的神学范式的对立，方济各修会与多明我修会的对立，成为中世纪神学最基本的发展趋势。对天主教神学来说，基督教的哲学化主要发展了两种基本范式和综合体系。首先，经院哲学的产生迎合了理性论证信仰的真理性的神学需要，经院哲学的兴起促成了自然神学和上帝的存在证明的新理论形态。"经院哲学家进一步的努力在于：第一，把基督教会的教义建筑在形而上学的基础上；第二，对教会的全部教义加以系统的研究。"① 出于对基督教神学的系统化和证明神学内在合理性的需要，经院哲学"特别强调宗教信仰的理性证明，以及那些信仰的系统阐述。故此，'经院哲学'不是指一套特定的信仰系统，而是指一种整理神学的独特方式——那是一套高度发展的方法，包括材料表述，提出精良的定义，而且试图达致一个神学的综合观点"②。因而，经院哲学表现出一种理性乐观主义态

---

① 〔德〕黑格尔：《哲学史讲演录》第3卷，贺麟、王太庆译，商务印书馆，1959，第289页。
② 〔英〕阿利斯特·麦格拉思：《宗教改革运动思潮》，蔡锦图、陈佐人译，中国社会科学出版社，2009，第64页。

度，"经院哲学热烈地信奉人类的理智是取得知识的途径"①。从方法论来看，辩证法（是与不是的对话方法）首先运用于神学并被用来证明信仰内容的合理性，然后柏拉图主义的哲学基础被用来论证上帝的存在，而后亚里士多德主义的哲学基础被用来论证上帝的存在。其次，在拉丁阿威罗伊主义影响西方的新形势下，亚里士多德主义和神圣启示之间的正确关系成为经院哲学面临的新问题，托马斯主义提供了一种新的宗教哲学的认识路径和知识形态。阿拉伯哲学家阿威罗伊提出了哲学与神学相区分的"双重真理观"，认为哲学与宗教的混合会损害两者，应该发现两者的差别从而把宗教与哲学归于真理的不同等级，其中哲学真理是真理最高的、纯粹的形式。随着亚里士多德哲学著作的翻译和亚里士多德主义的广泛传播，西方经院哲学内部形成了拉丁阿威罗伊主义，信仰亚里士多德哲学并视其为最高真理，持有"双重真理观"，主张哲学与神学产生矛盾时应该修改神学而不是哲学。亚里士多德主义和基督教神学的综合问题成为经院哲学首先要解决的问题，而托马斯·阿奎那以调和性和综合性的神学形而上学体系完成了这个任务。托马斯明确区分了哲学和神学分属不同的科学，又坚持神学高于哲学的正统立场——对应于"神恩并不取消自然界，而是充实它"②的原则，启示不取消理性而是充实理性。他把哲学与神学的交集称为自然神学，"自然神学以自然理性认识神学道理，如上帝存在和某些属性"③。而把依靠启示和权威来信仰的神学道理称为教理神学，如三位一体、道成肉身和赎罪说。从神学与哲学相混淆和统一到哲学独立于神学的转变，托马斯为哲学从宗教中解放出来开辟了道路，经院哲学最终走上了瓦解统一体系的哲学与宗

---

① 〔美〕奥尔森：《基督教神学思想史》，吴瑞诚、徐成德译，北京大学出版社，2003，第334页。

② 〔美〕保罗·蒂利希：《基督教思想史——从其犹太和希腊发端到存在主义》，尹大贻译，东方出版社，2008，第176页。

③ 赵敦华：《基督教哲学1500年》，人民出版社，1994，第366页。

教的道路。从柏拉图主义到亚里士多德主义的哲学基础的转变，在托马斯的综合下，中世纪神学实现了奥古斯丁主义与托马斯主义的范式对立。究其根本，两者的对立主要源于认识途径的对立："亚里士多德总是从经验出发，而奥古斯丁传统的出发点则是直接的直觉。可以说，奥古斯丁派是站在神的中心，从神的中心对世界做出判断。亚里士多德派注视世界，对神的中心做出结论。"① 奥古斯丁主义主张上帝的知识先于一切知识，强调从上帝的知识出发，从神圣之光（内在之光）出发走向世界，正如波拿文都拉所说，"这种哲学为本体论类型的，它也可以被称为神秘主义类型的，即直接性的类型"②。与此相反，托马斯主义认为，从存在论角度来说，上帝是在先的；从认识论角度来说，是从有限世界出发到达上帝的知识，这是从感觉经验出发通过理性来认识上帝的间接类型。"这两种对上帝的知识的观点之间的分歧是宗教哲学的重要问题"，"是西方世界世俗化的最终的原因"③。托马斯的自然神学内在地决定了宗教改革的逻辑起点——使自下而上的认识秩序再次颠倒，而路德做到了这点。最后，"信仰主义、理性主义和神秘主义在他的体系中达到了完满的统一"④。在唯实论的哲学基础上，经院哲学从托马斯主义的调和性和统一性走向了司各脱主义的分裂主义。司各脱认为，有限存在与无限存在之间存在无限的裂缝，人作为有限存在达到上帝的无限存在是不能通过认识途径来实现的，同时否认了以奥古斯丁主义的直接性和托马斯主义的间接性来认识上帝的可能途径，因为理智的对象是"存在之存在"，而"存在"的一般意义不包括上帝，这样上帝的性质是信仰的对象，神学作为信仰的学问不是知识而是一门实践学

---

① 〔美〕保罗·蒂利希：《基督教思想史——从其犹太和希腊发端到存在主义》，尹大贻译，东方出版社，2008，第169页。

② 〔美〕保罗·蒂利希：《基督教思想史——从其犹太和希腊发端到存在主义》，尹大贻译，东方出版社，2008，第170～171页。

③ 〔美〕保罗·蒂利希：《基督教思想史——从其犹太和希腊发端到存在主义》，尹大贻译，东方出版社，2008，第171页。

④ 赵敦华：《基督教哲学1500年》，人民出版社，1994，第410页。

问，所以人达到上帝的途径唯有权威（经由教会权威所得到的启示）。"司各脱的理论中可以有两种实证主义。一种是宗教的或教会的实证主义，它意味着我们必须只接受教会所给予我们的东西，因为我们不能通过认识的途径达到上帝。另一种是经验方法的实证主义，它意味着我们必须用归纳的方法和抽象的方法发现自然界所实际地给予我们的东西。"① 因此，从司各脱主义开始，理性与启示、哲学与神学之间的裂缝出现了，托马斯主义统一体系的解释范式在经院哲学内部的逻辑发展中被瓦解了，司各脱主义的出现是西方思想史的转折点。除了经院哲学以外，神秘主义流派和约阿基姆的历史观都对西方思想产生了巨大影响。

（三）中世纪末期的基督教：神学与哲学的分离

司各脱主义预示了经院哲学的两个发展趋向：一个是扩大神学与哲学之间的裂缝从而走向两者分离的道路；另一个是实证主义演变为教会权威的他律与世俗主义（科学和文化）的自律之间的斗争路线。中世纪鼎盛时期，经院哲学的范式转换所形成的新的神学和哲学的统一体系（托马斯主义）在经院哲学内部的逻辑演变下受到了冲击，基督教作为精神统一性力量综合哲学的传统理想破灭了，神学与哲学的分离标志着一种分离性范式的西方文化的出现，分离性范式取代统一性范式成为中世纪末期直至现代的基本趋向，教会权威的他律原则与自律原则的二元张力是中世纪末期以来西方近代文化的主旋律。中世纪末期，旧的文化秩序解体，基督教固守着教会权威式的统一性文化形态这一最后阵地，各种改革统一性的基督教文化理论和实践登上了西方的文化舞台：从经院哲学内部出发，奥卡姆主义以唯名论和唯实论的哲学斗争为基础激进地发展了唯名论的革命性，神学与哲学的分离、个人主义的根基和国家主义是其"现代路线"的理论成果；而德意志神秘主义在宗教领域实

---

① 〔美〕保罗·蒂利希：《基督教思想史——从其犹太和希腊发端到存在主义》，尹大贻译，东方出版社，2008，第172页。

现了个人与上帝的直接沟通；以世俗领域的兴起和世俗主义为代表的文艺复兴，不但在理论上把政治、文学、艺术等世俗领域从宗教领域中分离出来，而且发展了一种温和的基督教人文主义的改革方式；从宗教改革先驱的角度来看，以圣经权威批判教会权威的宗教改革实践直接冲击了罗马教会的权威性和神圣性。这些多元的宗教改革方案为宗教改革运动和新教思想做了理论准备，也进一步塑造了宗教改革运动多元化的发展路径。

一是奥卡姆主义和唯名论传统。经院哲学内部唯实论和唯名论的争论主要集中于共相问题上，即共相与个别的关系问题。奥卡姆反对把共相看作独立的存在，共相只是心灵中的存在，主张以经济思维原则剔除共相，个别事物有实在性，上帝是最单一的存在，上帝与个别事物是分离的，上帝与个体之间是直接的、偶然的关系，个体之间也是外在的、偶然的关系，这样一种分离性的宗教图景完全改变了传统的统一性的宗教图景——"各类事物按照内在本质的完满性程度的高低构成了一个等级系统，上帝处在等级的顶点"①。因而，唯名论瓦解了中世纪的集体主义，并夯实了中世纪末期的个人主义根基。奥卡姆进一步扩大了司各脱所揭开的理性与信仰的裂缝，理性与信仰是分离的，哲学的自由和自律与宗教的权威和他律是相对的。奥卡姆完全否认经院哲学理性论证启示的合理性的研究途径，从而彻底地完成了神学与哲学的分离，而路德最终在范式转换下完成了神学与哲学的学科分离。从统一到分离，基督教的理性化发展走到了尽头并开始否定自身，哲学与宗教的分离、宗教的内部分化推动了西方文化类型的转变——从信仰文化类型转变为理性主义类型。新教观念直接受惠于唯名论传统，新教主义和唯名论之间有着直接的理论延续性，其在一定程度上是唯名论传统的继续和发展。

二是德意志的神秘主义。基督教是宗教文化的核心，表现为与救赎观念紧密相关的人神合一的直观感受、神秘体验或者迷狂境地，人神关

---

① 赵敦华：《基督教哲学 1500 年》，人民出版社，1994，第 517 页。

系从疏离事实到合一状态的奥义性和神秘性追求本是基督教的最高目的。基督教哲学化、理性化的正统范式的反面存在神秘主义一端，基督教与哲学的统一体系（无论是奥古斯丁主义还是托马斯主义的范式）内在地生成了其神秘主义的对立面。基督教神秘主义一般具有思辨性和实践性相结合的特征，即静默玄思和禁欲苦行相结合的生活方式。神秘主义的核心概念是"神化"境界，"'神化'取消了人与上帝的区别，它既可以被解释为人上升到上帝的高度，也可被解释为上帝下降到人或万物之中。如果采取后一种解释，神秘主义便成了泛神论"①。中世纪末期德意志神秘主义兴起，艾克哈特认为灵魂的核心和基础是"闪光"，是在人之中非被创造的光，是神秘的、独立的存在。由此，人与上帝建立了直接关系，从而以神秘主义的救赎方式绕开了教会的教阶体制和圣礼体系，为宗教改革做了理论准备。德意志神秘主义塑造了路德神学和德国哲学神秘性之辩证逻辑的语言和思维。

三是文艺复兴。从现代性文化之源头来看，从传统文化到现代文化过渡的每一次文化断裂都可以归结为西方现代性之源：从经院哲学的内在断裂来看，奥卡姆主义是现代性之源；从普遍的时代精神和文化旨趣由神性到人性的转向来看，表现人文主义和世俗主义的文艺复兴被称为现代性之源；从宗教的分化、教会的分裂和革命的手段来看，宗教改革运动是西方现代性之源。这也说明，从传统到现代的每一次文化断裂或转向对于西方文化发展都是不可缺少和至关重要的。文艺复兴是对发端于 14 世纪的意大利而后传遍整个西方的新的文化现象及运动的总称，是一种十分分化的文化运动，缺乏明确的变革对象和发展目标，并不像后来的宗教改革运动和启蒙运动那样有基本的中心、共识和发展目标。因此，总体来看，"文艺复兴本质上是世俗的文化运动。人文主义与人性这些名称本身，就标明了它们是神和神性的对立面"②。从神性转向

---

① 赵敦华：《基督教哲学 1500 年》，人民出版社，1994，第 284 页。
② 〔美〕G. F. 穆尔：《基督教简史》，福建师范大学外语系编译室译，商务印书馆，1981，第 295 页。

人性，以及世俗领域独立和世俗主义兴起的本质特征都是文艺复兴的人文主义思潮。"这个人文主义完全是肯定人类文化创造力的一种信念，反对高高在上统治一千年之久的奥古斯丁主义者对于人性所持有的悲观态度"①，人性的乐观主义态度是西方在传统社会和文化秩序解体时刻涌现出的一种新的精神气质和生活信念，在延续的意义上直至启蒙哲学以理性的权威来高扬人性。文艺复兴表现了从中世纪的集体意识到近代个体意识的转向，而刚从神性禁锢中解放的人性观则主要表现为"一种以事业公诸才能——创造的、勇敢的、个人的才能——的观念"②。这场"回到本源"的"古典文化的再生"运动做出以下文化贡献。第一，对古代经典的整理、甄别和恢复。文艺复兴时期，人们普遍信奉古代经典，并发展出语文学的方法来研究古籍。瓦拉鉴别了作为教会世俗化理论基础的"君士坦丁赠礼"，认定其为中世纪的骗局。伊拉斯谟整理出版了圣经的希腊版，修正了从中世纪发展起来的作为圣礼体系和恩典观之基础的武加大版的圣经经文，出版了早期基督教的教父文集（尤其是奥古斯丁全集）并弥补了西方中世纪古籍匮乏的缺憾，这些古代宗教经典的研究工作为宗教改革运动开辟了道路。第二，世俗化和现代性的开端。文艺复兴激发了人们对人文科学、哲学等世俗理论的研究热情，有利于西方思想的世俗化和世俗领域的独立。从政治哲学的视角来看，马基雅维利的政治理论是现代性出场的标志，以人的自然权利为基础的人性观标志着现代政治思想的出场，从而打破了古代政治与神学的亲缘关系并导致了政治与宗教的分离。第三，基督教人文主义的温良改革。文艺复兴所引发的基督教人文主义改革是相当分化的，瑞士东部的道德人文主义和法国的法律人文主义有着自己独特的发展方向。对宗教改革最有影响的当属伊拉斯谟及其"基督哲学"。作为经院哲学替代品的"基督哲学"是一种实践道

---

① 〔美〕奥尔森：《基督教神学思想史》，吴瑞诚、徐成德译，北京大学出版社，2003，第376页。

② 〔美〕布林顿：《西方近代思想史》，王德昭译，华东师范大学出版社，2005，第6页。

德，而不是学术性的哲学思想，宗教是一种生活方式。新约是基督的律法，基督是基督徒效仿的典范。教会复兴的基础在于平信徒基督徒的蒙召和教育。人文主义改革和宗教改革运动有着内在的亲缘性，新教主义在一定程度上实现了与人文主义思想的结合，但人文主义和宗教改革的本质差异则表现在人性观上——人文主义秉持人性乐观主义的态度并相信理性，宗教改革则有着极端的人性悲观主义倾向，同时抑制理性。

四是宗教改革的先驱。威克利夫在英国以及胡斯在波希米亚的宗教改革尝试是 16 世纪宗教改革运动的前奏。推崇圣经权威、翻译圣经、批判罗马教会的教阶体制和圣礼体系以及建立民族教会等，这些改革实践与 16 世纪宗教改革运动的具体实践具有趋同性。但两者的差异在于，宗教改革运动建立在"因信称义"的福音范式之上，而威克利夫和胡斯缺乏这样的神学洞见。威克利夫的圣经传统成为 16 世纪英国宗教改革的主导原则，这也是英国宗教改革运动教义分歧性和教派多元性的理论根源。

中世纪末期是一个传统的宗教文化秩序解体的时代，是一个教义多元主义和教会权威备受质疑的时代，是一个世俗主义兴起和世俗领域独立的时代，是一个平信徒运动兴起和个体灵性需求增长的时代。哲学与神学的分离以及分离性的文化类型是这个时代的本质特征，预示了一种"世俗化"的现代性文化的产生。"哲学与神学不断分离是不是一件好的事情，这是见仁见智的。对于一些人而言，哲学与神学的分离，标志着现代世俗主义的开始。对另一些人而言，它标志着某种不幸的混乱的结束，以及允许哲学与神学具有各自相应的功能的可能性的开始。"① 从文化逻辑来讲，在这样一个支离破碎、混乱无序的传统文化秩序解体的时代，需要一场彻底的宗教革命，只有从理论上的思维变革和范式转

---

① 〔美〕科林·布朗：《基督教与西方思想》（卷一），查常平译，北京大学出版社，2005，第 113 页。

换推进至实践上的教会分裂和观念革新，才能从根本上彻底摧毁和瓦解教会权威式的统一性文化类型，进而转入从传统到现代的近代过渡阶段。路德正是在宗教改革的呼声中出现在西方文化和历史的转折点上，也推动了西方文化和社会的彻底分裂。

第二节　宗教文化作为西方传统社会
支配性的意识形态

西方中世纪的自然经济和农业文明表现为一种人身依附关系和超经济强制的封建土地所有制关系，也就是以超经济强制的政治、法律强制方式形成的领主和农奴之间、封君和封臣之间的人身依附关系。不同于奴隶社会的军事暴力强制，也不同于资本主义社会的经济强制，西方中世纪的封建社会主要表现出一种以宗教纽带为统一机制的政治、法律强制的超经济强制。因为神圣性、神秘化与威权性的宗教文化满足了传统社会等级制度和剥削性质的统治需要而一直处于意识形态的支配地位，所以西方中世纪历史就表现为基督教与蛮族的世俗统治者所达成的历史性结合。政教合一的政治结构是以宗教文化为主导的传统社会的基本特征，西方政治结构的独特性就体现为以"教皇革命"为分水岭所建立的一种神权政治的二元性政治结构，及在政教二元权力格局的基础上所建立的多元性的世俗格局。相对独立而又结构多元的社会格局是中世纪西方政治的独特现象，作为政治法律实体的建制教会是相对分化的政治实体的统一性根基。这样，传统社会的基本观念和核心价值就表现为等级观念、神圣权威和专制手段。西方传统社会的基本形态和价值观念构成了16世纪宗教改革运动的背景。

一　中世纪政教二元的政治结构

基督教与蛮族的世俗统治者的历史性结合是西方中世纪历史的起点

和开端，与其他政教合一的政治形态相比也是西方独特的政治格局发展
的历史渊薮。传统宗教社会的政治结构一般表现为教会从属于国家或者
教会等同于国家的政教合一的政治形态，但是西方从蛮族皈依开始就把
教会与国家之间二元性的内在张力保留了下来。从犹太教的一个教派发
展为罗马帝国的国教，基督教除了拥有与哲学相结合的理论优势之外，
最显著的特点在于发展了一个强大的教会组织。陷入正统与异端的神学
论战之中的基督教摆脱了早期自发和混乱的局面而朝着建制性和统一性
的方向发展。2世纪，新约圣经、使徒信经和信规以及使徒统绪的重要
性逐渐凸显，并与独头主教制的教会组织形式相结合，以使徒统绪和独
头主教制的观念来保证教会与使徒传统的延续性与一致性。早期形成了
五个基督教教区和传教中心——安提阿、以弗所、亚历山大、罗马、迦
太基，主教在理论上一律平等，而在东西罗马帝国时期逐渐形成了君士
坦丁堡主教次于罗马主教的格局。君士坦丁皈依后，皇帝召开宗教公会
议形成了有关三位一体教义的尼西亚信经和有关基督二性论的卡尔西顿
信经，从而完成了统一信仰教义的工作。在教会观上，西方的西普里安
提出了"教会之外无救赎"的经典程式，教会以主教为基础，主教是
使徒的继承者，是代受神权的，主教与教会具有一致性，教会的判断标
准在于主教职权的合法性。"只有一个上帝、一个基督、一个教会和一
个按照主教的话而建立在彼得身上的教会。"[1] 罗马主教是彼得的继承
人，是教会统一的体现。奥古斯丁在与多纳徒分离派的论战中发展了
教会观，认为教会是基督的神圣身体，教会的合一是由爱决定的，并
按立礼赋予了一种不可磨灭的印号，使教士具有施行圣事的终身权力
而与平信徒有所区别，圣事的有效性在于上帝通过圣灵赐予的恩典，
而不是施行者。在圣礼上，提出并发展了婴儿受洗、圣餐、弥撒是献
祭等观念；在崇拜方式上，除礼拜上帝和耶稣基督之外，还崇拜圣徒

---

[1] 〔美〕G. F. 穆尔：《基督教简史》，福建师范大学外语系编译室译，商务印书馆，
1981，第134页。

和童贞女马利亚以及各种宗教节日。当蛮族入侵罗马帝国而摧毁了帝国的政治结构、经济结构和文化结构的时候，一个制度化的罗马教会得以存活下来。罗马教会对蛮族的传教和蛮族的皈依，致使一种新的政教合一的政治形态得以在西方出现。按照西方"一个信仰、一个法律和一个国王"的政治信念，国王要保证其臣民与他的信仰一致，有职责维护信仰正统和惩罚异端，同时也是君王和祭司。因此，在蛮族皈依的早期阶段，国王是基督代理人，教会与世俗的管辖权是相混合的，国王对教会有领导权，在很大程度上中世纪早期西方混合型的政教格局与其他宗教社会是一致的。但是，罗马教会在中世纪早期的发展中逐渐形成了与国家的紧张关系，最终在 11 世纪两者矛盾加剧时演变为一场"教皇革命"。罗马教会一方面与东方教会争夺普世教会领导权，通过发展教皇制、积极在西方地区开展传教活动和增添尼西亚信经"和子"等措施，最终在 1054 年东西方教会正式分裂之后实现了对西方基督教世界的绝对统治。另一反面，罗马教会与西方世俗权威之间拉开了此消彼长的独立与控制的世俗战线：大格列高利发展了影响中世纪的奥古斯丁主义教会观，奥古斯丁强调教会与国家的分离以及上帝之城与世俗之城的区分，大格列高利把教会和上帝之城简单地等同起来，从而形成了一个影响中世纪的政治理论——"天国在世上的体现只有一个，即罗马教会，同样，地上的国的体现也只有一个，这就是罗马帝国"①；"教会所争取的，首先是独立于世俗权力之外，然后是凌驾于它们之上，这种斗争可以说是中世纪历史的主要动力"②。9 世纪，一个旨在教皇统一的宗派伪造了《伪依西多尔教令集》和"君士坦丁赠礼"，以此论证教皇对宗教事务拥有独立和最高的管辖权。10 世纪，克吕尼修道院有关禁欲主义和教会独立于世俗

---

① 〔美〕G. F. 穆尔：《基督教简史》，福建师范大学外语系编译室译，商务印书馆，1981，第 164 页。
② 〔美〕G. F. 穆尔：《基督教简史》，福建师范大学外语系编译室译，商务印书馆，1981，第 164 页。

的改革措施在西方修道院形成了克吕尼改革运动，11 世纪的 "教皇革命" 正是由克吕尼改革派所倡导的。补赎礼和苦行赎罪规则的圣事、炼狱观念的提出，以及基督教的仪式化发展既满足了蛮族地区的宗教需求，又神圣化了教会在救赎过程中的中介地位。丕平献土和教皇为皇帝行加冕礼的事件作为先例被用来论证教会的世俗权力以及天上权力高于世俗权力等。

　　11 世纪的 "教皇革命" 是西方中世纪历史的转折点，由此形成的政教二元的政治结构成为西方独特的政治现象，被一些研究者认定为西方现代性之源头和西方现代历史的开端。不可否认的是，"教皇革命" 深刻地改变了西方历史的进程，政教二元的政治结构成为西方有别于东方而独立发展的第一步，并成为 16 世纪宗教改革运动的对象。将西方变革的逻辑起点追溯到 "教皇革命" 是合理的，但 "教皇革命" 只是一次具有封建主义性质的革命，"教皇革命" 导致了中世纪封建制度的最终形成。以改革教会买卖圣职和僧侣结婚为初衷，从提出 "教会自由"（"处于教皇之下而不受皇帝、国王和封建领主控制的僧侣自由"[1]）的口号，到提出 "两把剑" 和 "两个阶层" 的理论，起始于 11 世纪的格列高利改革最终在 13 世纪使教会处于世俗秩序的顶端，并使教皇处于权力的巅峰。格列高利七世以《教皇赦令》为基础宣布 "教皇在法律上凌驾于所有基督徒之上；僧侣受教皇统治，但其在法律上凌驾于所有世俗权威之上"[2]，以此确立教皇的最高权威，从而在 11 世纪末形成了教皇高于僧侣阶层，僧侣阶层独立并且高于世俗阶层的观点。教皇和皇帝之间的矛盾冲突表现在圣职授予权的斗争上，最终以双方妥协告终。到 13 世纪，"教会自由" 和僧侣自由的改革在渐进性的发展中最终形成了新的政治秩序和权力结构，教皇权威的至上性和僧侣阶层

---

① 〔美〕哈罗德·J. 伯尔曼：《法律与革命——西方法律传统的形成》，贺卫方等译，中国大百科全书出版社，1993，第 114 页。
② 〔美〕哈罗德·J. 伯尔曼：《法律与革命——西方法律传统的形成》，贺卫方等译，中国大百科全书出版社，1993，第 114～115 页。

的独立导致了分离性二元结构——教权与王权的二元性、教会与世俗司法管辖权的二元性——的产生，教皇取代皇帝成为基督的代理人，皇帝只是俗人，但矛盾在于之前世俗赠予教会的地产并没有被放弃而是得到了加强，独立的教会正朝着世俗化方向发展。"教皇革命导致了近代西方国家的诞生"①，罗马教会以教会法为基础"行使着作为一个近代国家的立法权、行政权和司法权"②，还包括征税权、民事权和建立军队，罗马教会成为一个悖论性的存在。1302年的"一圣通谕"以"两把剑"理论巩固了教皇的绝对权威，基督把两把剑（宗教和世俗的权力）都授予教会，宗教之剑是供教会使用，世俗之剑是为教会所用，教会高于一切世俗权力，宗教权力领导世俗权力，教皇作为最高神权不接受人的判断，唯有上帝才能判断，教皇永无谬论。由此，罗马教会建立了一套以罗马教皇和教廷为国际中心的封建教阶制度，盘踞于封建等级社会的顶端。罗马教会还以伦巴德的圣礼体系为基础，完善了基督是代赎和爱的救赎论、相应的补赎方式和以善功宝库为理论的赎罪券等，从而成为上帝与人之间神圣的救赎中介。中世纪末期经历了阿维农被囚和公会议主义对教皇权威的挑战，罗马教会作为统一的精神实体已开始解体，但路德宗教改革面临的仍是二元性的政治结构——教权高于王权、教会与国家的实体相分离。

11世纪的"教皇革命"是一次总体性变革："在政治方面，教皇革命可以看作是在教会内部以及在教会与世俗政治体之间的关系上权力和权威的重大转变；并且伴随着在西欧与邻近列强的关系上的决定性政治变化。在社会经济方面，教皇革命也可以看作是对生产和贸易的巨大扩展以及数以千计的新城市和新城镇出现的一种反应和刺激。从文化和智识的角度考察，教皇革命可以看作是一种动力，它推动了欧洲第一批大

① 〔美〕哈罗德·J. 伯尔曼：《法律与革命——西方法律传统的形成》，贺卫方等译，中国大百科全书出版社，1993，第138页。

② 〔美〕哈罗德·J. 伯尔曼：《法律与革命——西方法律传统的形成》，贺卫方等译，中国大百科全书出版社，1993，第139页。

学的创建，促进了神学、法学和哲学形成系统的学科，并有助于新的文学和艺术风格的创立以及一种新的社会意识的发展。"① 教会与世俗政治体的共存和竞争促进了法律体系的完善和封建制度的确立。从独立的教会国家以及独立的教会法体系开始，多元的世俗政治体（帝国的、王室的、封建的、庄园的、商业的和城市）为论证自身存在的合法性纷纷建立与之相适应的世俗法体系（世俗法、封建法、庄园法、商法、城市法和王室法）。

从文化层面来看，"这种文化领导与政治权力之间的相互独立性，是产生西方文化的自由而充满活力的活动的主要因素之一"②。精神权力和世俗权力的二元性及其内在对立，是西方文化变革和发展的无穷源泉。以教会法为基础的罗马教会作为政治法律实体是西方精神统一性的根基，是西方政教二元的政治结构以及多元性的世俗结构的根源，因而是西方封建等级制度赖以维系的基础。因此，对封建制度的批判和封建社会的废除必然首先从罗马教会的变革开始，西方从传统到现代的第一个环节和第一次革命就指向了这个兼具宗教职能和世俗职能的罗马教会。

二　中世纪西方农业文明的观念价值

西方中世纪是自然经济的农业社会（前工业社会），基本经济制度是地主占有生产资料（土地）并部分占有生产者（农民）的农奴制度。农奴制的基本特征是农奴对领主的人身依附关系，以及领主对农奴的超经济强制的剥削方式。在封建关系上，领主和农奴、封君和封臣之间存在严格的等级界限和差别，等级之间是不流动的、固定的和永恒的。人与人之间的等级关系是神秘的，反映在维护这种等级制度的意识形态上

---

① 〔美〕哈罗德·J. 伯尔曼：《法律与革命——西方法律传统的形成》，贺卫方等译，中国大百科全书出版社，1993，第122页。
② 〔英〕克里斯托弗·道森：《宗教与西方文化的兴起》，长川某译，四川人民出版社，1989，第11页。

则是神秘的宗教文化，因而作为宗教文化的基督教在西方中世纪是绝对的文化统治形式、支配性的意识形态和上层建筑的顶点。从文化上看，基督教与哲学的合一是西方中世纪文化的基本特征，基督教的理性化和哲学化是西方中世纪文化的本质特性。从政治上看，基督教与世俗权威的历史性结合在西方发展为一个独特的政教二元的政治结构以及多元化的世俗结构，罗马教会是中世纪封建等级制度的核心。因此，西方中世纪在农业文明神权政治的环境中形成了以下社会观念和核心价值。

一是等级观念。西方封建社会人与人之间是存在等级之别、贵贱之分的，贵族是统治阶级，贱人是被统治阶级，西方政治制度表现为贵族政治体制。从政治思想上看，古希腊的政治哲学和基督教的政治神学具有一致性，两者都是维护等级观念的意识形态，因而两者都建立了一种等级有序、统一和谐的世界图景。无论在哲学中，还是在宗教中，人被解释为处在一定的位置之上，每个成员在一定的位置上都有特定的功能、职责和使命，个人是属于团体的，是集体主义的，团体之间权利与义务的相互制约导致出现了一个在统一性基础之上复杂的等级有机体。"古典哲学与圣经之间、雅典与耶路撒冷之间在关键的方面存在着一致，尽管在雅典与耶路撒冷之间也有深刻的差异甚至对立。"[1] 而现代的工业社会和市场经济，推行等价交换原则和自由人的身份，需要人与人之间的法权平等关系，因此现代政治思想的转变在根本上是从等级观念到平等观念的转换、从集体主义到个人主义的转变。

二是神的观念。等级观念在文化形式上表现为宗教文化是西方传统文化的本质形式，神的观念是西方文化的基本观念。相信神的存在和对神的崇拜是古代文化的基本特性，即便在古典希腊哲学那里，也是在理论思维中寻求哲学上的理性神。神的观念是西方中世纪等级秩序的统一性根基，由此中世纪政治神学和社会理论的基本特点是以神秘性、神圣性和来世性的统一理想为主导，即"获得新生的人类，被组织进教会

---

① 贺照田编《西方现代性的曲折与展开》，吉林人民出版社，2002，第90页。

的那部分人类，通过其首脑即基督的肢体，通过其对神圣律法的忠诚、通过其对一个超越的目标的献身而联合起来了"①。在前现代社会，宗教与有意义的行为、宗教与社会之间并不完全一致，而是依靠建立在教会他律的权威基础上的宗教纽带"履行着社会系统的职能"，"国家、经济和家庭里的其他种类的经验与行为也能够以宗教纽带为基础在这些社会的内部找到自己的地盘"②。传统宗教的社会功能在于系统整合，西方中世纪通过基督教与哲学的统一体系把西方人的宗教生活和世俗生活纳入教会生活的统一体中。因而，基督教在自然和恩典、理性与信仰以及世界与教会的划分下把重心放在了两种秩序的统一和谐之上，"这种把各种不同层次的存在和价值逐步融合进一种神圣秩序中的观念，为中世纪社会复杂的团体发展提供了一种适宜的神学意识形态"③。因此，"在中世纪后期文化的每一个方面，我们都看到了关于善和价值的等级体系，以及一个与之相应的社会等级与职业的等级制度的观念，它把整个人类关系都连接在一个下至尘世上达天国的有秩序的精神结构中"④。作为基督教基本范式的托马斯主义就构建了一个自然和恩典、理性和信仰的二元世界，并寻求一个中间体系来保持微妙的平衡以及体系的完美性和对称性，从而提供一种等级有序、和谐统一的宗教图景和神学世界观。因此，西方文化的现代变革必然把批判对象指向作为统一性力量的神的观念，从神的观念的变革直至否定来实现从神学世界观到哲学世界观的彻底转向。

三是专制观念。等级秩序需要的是统一性、稳定性和永恒性，内在的统一性观念在于神的观念，而外在的统一性形式在于一致性、专制性

① 〔英〕克里斯托弗·道森：《宗教与西方文化的兴起》，长川某译，四川人民出版社，1989，第195页。
② 〔德〕卢曼：《宗教教义与社会演化》，刘锋、李秋零译，中国人民大学出版社，2003，第36页。
③ 〔英〕克里斯托弗·道森：《宗教与西方文化的兴起》，长川某译，四川人民出版社，1989，第200～201页。
④ 〔英〕克里斯托弗·道森：《宗教与西方文化的兴起》，长川某译，四川人民出版社，1989，第201页。

的宗教形式和宗教组织。一致性是封建等级秩序得以维系的根本，因而中世纪基督教的基本现象是一致性和专制性。具体来说，一致性的宗教现象表现为：一致性的信仰对象（神的观念），西方中世纪是基督教的绝对主义时代，信仰上帝和基督而不是信仰其他神是封建统治者对被统治者的基本要求；一致性的信仰内容（信仰教义），西方中世纪是基督教教义绝对主义时代，统一的信经、圣经、教义、教条和教理是保证信仰一致的具体方面；一致性的崇拜仪式（圣礼体系），西方中世纪基督教是仪式主义和巫术主义的，通过圣礼体系和宗教节日，教会得以控制平信徒从摇篮到坟墓、从世俗到宗教的方方面面；一致性的教会组织，西方中世纪形成了独特的封建教阶体制、僧侣阶层和教皇权威，从而形成了独特的政教二元的政治结构，教会他律的权威主义是宗教信仰统一性的根本保障和坚实堡垒。专制性手段是一致的宗教现象得以实现的前提和基础，封建统治者依靠专制观念和手段来进行超经济强制的剥削和人与人之间不平等的政治统治，宗教裁判所是这种专制手段发展到极致的一种表现。思想专制和宗教专制是封建等级社会必要的统治手段。从思想专制到思想自由和解放，从宗教专制到宗教自由，成为西方资产阶级革命的奋斗目标。总之，西方传统社会、农业文明和神权政治的基本观念和核心价值主要是反映人与人之间的等级观念、体现人与神关系的神的观念以及维持封建统治秩序的专制观念。

总之，西方中世纪的封建社会在文化结构上表现为哲学与宗教合一的神学形而上学体系，基督教信仰文化占据绝对的文化统治地位；在政治结构上表现为神权政治和政教二元的独特性，基督教教会以世俗化的形式既是精神统一体的普世组织又是政治法律经济实体的国际组织；在观念体系上表现为等级观念、神的观念和专制观念的价值排序。因而，西方中世纪社会内在结构的统一根基就在基督教上，教会权威式的统一文化类型是维持西方文化和社会等级统一的根本保障。随着生产力的发展和生产方式的改善，封建主义社会出现了资本主义经济的萌芽——城市的兴起、商业的繁荣、工场手工业的出现以及资本主义和资产阶级的兴起，经济基础的变化导致了中世纪统一性文化和社会的解体。西方中世纪意识形态和上层建筑的瓦解是从经院哲学内部哲学与宗教的分离开始的，并在作为人文主义和世俗主义的文艺复兴思潮中展开。西方中世纪政治秩序的解体是随着世俗王权的兴起而展开的教权与王权的现实争斗，以及政治思想上教皇至上主义与国家主义的较量。在中世纪末期，西方文化完成了从统一性到分离性的文化类型转向，"双重真理说"是分离性文化类型的最初原则，正是这一根本转向塑造了西方现代性文化的基本趋势和精神品质。因此，中世纪末期各路改革思潮把焦点聚集在统一体根基的罗马教会上，对罗马教会的批判和改革是这个时代努力的方向。但从理论与实践上彻底瓦解罗马教会及其神学教义和理论的历史任务是由一位德国神学修士完成的，马丁·路德依凭他的宗教洞见和宗教变革不可逆转地改变了西方世界。

第二章 西方现代性的宗教源头：
宗教改革运动思想的
变革实质和多元趋向

16 世纪初，新世界的开始和旧秩序的解体混杂在一起，改革教会、革除旧弊的呼声此起彼伏，一场以革新教会为名的革命一触即发。1517 年 10 月 31 日，维腾堡大学教堂前张贴的《九十五条论纲》点燃了西方各阶级的革命热情，在把神学家马丁·路德推到历史前台的同时也以宗教改革运动这一历史事件使西方社会步入现代阶段。马丁·路德实现了基督教思想史上的一次神学突破——以一种新的福音范式的基督教解释模式批判、对抗和取代了传统基督教的罗马天主教模式，而福音范式的神学理解和宗教实践必然在以宗教（天主教的理论及实践模式）为统治性意识形态的西方引发一场全面而整体的结构变革与观念革新。具体表现为以下几点。在文化层面，以神学与哲学学科分离的结构变革来取代天主教神学与哲学的联盟关系。在社会层面，以宗教与政治职能分离的结构变革来对抗作为高于王权的教权和政治实体的罗马教廷对两者职能的混淆和僭越。在观念层面，以个人主义、世俗主义和思想自由等具有现代性特征的价值革新来改变集体主义、信仰主义和思想专制等具有传统社会特性的价值理念。路德的福音神学成为新时代各种革命力量整合的平台，在坚持路德所提倡的几大新教原则下，人文主义者、理性主义者和激进派别等以不同的改革方案推动着宗教改革运动朝多元化方向发展。宗教改革运动以神本主义的路德神学为理论起点，是以神的权威来否定神圣权威并以世俗权威为基本特点的新教意识形态。这是西方第一次具备现代性特征和带有新兴的资产阶级性质的革命，也是西方整合文化传统中的神学资源以革命形式率先进入从传统到现代的过渡阶段，深刻地改变了西方乃至世界的历史进程。

第一节　路德改教思想的范式转换、
结构变革与观念革新

路德神学在基督教思想史上是中世纪末期神学"异端"（如威克利夫、胡斯等宗教改革先驱和唯名论传统）的理论延续还是具有转折意义的理论贡献呢？这个问题是关涉西方文化与历史的根本问题，也是涉及现代性之源头的基本问题。[①] 根据本书对现代概念的理解，在辩证地

---

① 正因为路德是影响西方乃至世界历史进程的人物，是西方从传统社会向现代社会过渡的关键性人物，对其神学思想以及历史贡献等的定位和评判就显得格外重要。若不能合理、客观、全面地评价路德神学，西方文化以及西方历史的发展脉络、逻辑理路和变革动力就无法厘清，对西方现代性源头的探讨和追溯都只能是雾里看花、竹篮打水。所以，路德神学在基督教思想史上的定位问题就不仅是一个宗教问题、文化问题，还是一个关乎西方历史的根本问题。但恰恰是在路德神学的理解问题上，西方理论界出现了分歧，这往往跟研究者或评论者的研究方法、学科视角、理论立场、宗教背景与时代精神等有关。简言之，西方学术界从宗教学、神学思想史、哲学、历史学、社会学、政治学、文化学、心理学等各领域出发展开了对路德神学的理论探讨与学术研究，研究方法的多元化与学科视角的多域化使路德神学的微观层面得到了充分研究，但是研究者又往往仅限于自身的研究方法和学科视角，从而难以形成一种对路德神学宏观、全面、整体的理解与判定；囿于宗教背景或民族情结，研究者依凭新教地区与天主教地区、路德宗地区与其他新教地区的划分壁垒而各执一端（极好或极坏），直至20世纪60年代基督教合一运动之后，超越宗教背景的客观研究才逐渐出现；而在理论立场上，研究者往往站在信仰文化与理性文化、神圣文化与世俗文化分野的一端。无论是神圣化还是误读或曲解都不利于对路德神学的客观研究；依凭不同的历史阶段以及相对应的时代精神，路德研究呈现出偏左或靠右的两种趋势，在现代建构和启蒙精神之下突出路德神学相对中世纪神学断裂与变革的一面，而把路德的事业标定为现代之始，随着后现代反思的出现及对中世纪历史的重视，开始强调路德神学与中世纪神学之间（转下页注）

处理路德神学与中世纪末期神学断裂与连续的关系问题上，既要看到连续与共通之处——路德神学与唯名论传统之间的理论传承与会通、与宗教改革先驱反抗精神一脉相承，也要看到突破与断裂的一面——唯有路德神学突破了中世纪天主教的神学与教会体系，"唯一真正做出突破的，而且其突破改变了世界面貌的，是路德"①。那么，路德神学的突破点在哪里呢？从逻辑上讲，路德神学的突破首要地表现在神学范式的转换上，范式转换是理解、阐释路德神学的基本视角。基督教思想家汉斯·昆从范式出发考察基督教几个大思想家神学典范的类型与转移，认为回归福音的路德神学是"典范转移的一个经典例子"②，典范转移带来的是对神学与教会的新的理解。通过范式转换，路德神学意味着神学根基变化所导致的文化结构变革，意味着教会结构变革所引发的社会结构变革，意味着宗教思维及其精神变更所实现的观念价值革新。总之，只有从范式转换的理论视角去分析路德神学，才能在与中世纪神学传统之连续的基础上正视路德神学在根本上所应有的开端、突破与变革之义，才能在路德神学的突破意义上认清路德神学与宗教改革运动之间的关系。也就是说，路德神学的突破和范式转换是一切宗教改革运动的理论前提和思想基础，而宗教改革运动的理论动力源于路德的神学突破和范式转换，以及由此引发的整个社会的结构变革与观念革新。正是在理论体系的变革影响下，宗教改革运动最终以观念改变世界的方式促成了西方的第一次资产阶级革命，塑造了西方文化和社会现代性的最初面貌。

（接上页注①）的连续性，并把现代性的源头追溯到 11 世纪的"教皇革命"。由此可见，要想对路德神学进行全面而客观的理解，首先要解决的理论问题便是路德神学与中世纪神学之间的关系问题，也就是路德神学是否具有开创性、突破性和变革的一面。如果有，那么路德神学的神学突破具体表现在什么地方？又带来了何种程度与哪些领域的变革？

① 〔美〕保罗·蒂利希：《基督教思想史——从其犹太和希腊发端到存在主义》，尹大贻译，东方出版社，2008，第 207 页。

② 〔德〕汉斯·昆：《基督教大思想家》，包利民译，社会科学文献出版社，2001，第121 页。

一 文化结构变革——神学与哲学的学科分离

纵观路德神学的发展历程，大体上有两个鲜明特征。一方面，"路德的思想，在内容上，系属早期中世的，而在成果上，却系早期近世的"[①]。也就是说，路德神学具有宗教内容与世俗影响相矛盾的一面。另一方面，路德突破了天主教体系的神学之后就一直固守自己的神学根基及神学立场，也就是说路德神学具有彻底性和一致性。[②] 因此，路德神学的自身特点，决定了其论述方式可以采取逻辑框架的方法——从逻辑上推导出整个神学体系以及应有的变革之义。即要想对路德神学有一个宏观的、全面的、整体的、客观的把握，

---

① 〔美〕威尔·杜兰:《世界文明史》卷六，台湾幼狮文化公司译，东方出版社，1999，第533页。

② 基于路德神学对西方文化和西方历史的重要性，西方理论界已经尝试了多种针对路德神学的研究途径和论述方式。相比西方其他的神学家、哲学家和理论学者，路德的独特之处在于他是改变西方历史进程的历史运动（宗教改革运动）的发动者、引领者和灵魂人物，这就意味着路德的神学成长与这场历史运动的形势是同步发展和相互推进的，路德的某一神学思想与当时的某一历史事件是直接相关和互为影响的。路德神学对历史事件的参与和影响，导致了路德神学研究所面临的最大理论挑战是路德神学是否具有一致性的问题。也就是说，路德神学是否因历史形势的变化而出现早期路德与晚年路德的分期与转折，路德神学是否因历史形势的变化而使革命性的理论与现实相妥协。无论是从路德面对罗马天主教的专制体制所产生的宗教殉道之勇气和对福音真理的誓死捍卫之决心来看，还是从路德神学的发展轨迹和时间表（1517年之前是路德神学的形成期以及维腾堡大学神学学术和教学改革期，1517～1521年是路德神学全面对抗和充分发展时期以及新旧神学家神学争辩的时期，1521年之后是路德神学完善时期、新教教会建制与生存时期以及宗教改革运动从神学性向政治性、建制性和全面性发展的时期）来看，客观地说，路德自始至终都坚持福音范式的神学根基及立场，以信仰的方式把福音范式的神学标准运用到对各种历史形势的考量和现实政治的思考之中，也一并使福音神学激进变革的一面以及局限保守的一面展露无遗。因此，大致来看，路德神学是具有彻底性和一致性的，这也是路德神学之所以拥有全面变革力、深远影响力和永恒理论性之根本所在。正因为彻底性和一致性的特点，路德神学才具备了内在逻辑性和结构体系化的隐性特征。因此，除了从时间进程上论述路德神学之外，从逻辑上建构路德神学也是一种可能的论述方式。西方的路德研究者从逻辑研究的途径出发业已取得了一定成果，本书正试图通过逻辑建构路德神学来接近路德神学和宗教改革运动。

首要解决的问题便是从逻辑推演和框架结构上来梳理路德神学的思想脉络与结构体系。从逻辑上讲，宗教改革运动的逻辑开端实质上是一次神学变革，路德便是由重新思考神学与哲学的关系、启示（信仰）与理性的关系以及神与人的关系等基本问题出发去建构新教神学的。正是通过这些基本的神学问题的革命性解答，路德才实现了对传统天主教神学体系的突破和范式转换，最终确立了新教神学的核心教义和基本原则，进而在神学变革的基础上引起了西方文化的结构变革。这是西方在中世纪末期利用文化传统中的神学资源实现的文化整体的第一次结构性变革，从而成为西方文化现代化的开端。

（一）释经方法的修正

圣经（包括旧约和新约）是基督教的神圣经典，是基督教神学知识的基本来源。对圣经的解释是形成教义和神学体系的基础，因而，释经方法是关于神学取向和发展的关键。路德对中世纪流行的释经方法的怀疑与批评构成了其神学变革的起点。传统释经的标准方法是"圣经的四重意义"，包括字面意义、寓意意义（用于教义陈述）、借喻或道德意义（用于道德指引）及属灵或神秘意义（用于指向上帝的应许）。传统天主教正是依从这四重解经法去看待旧约和新约的连续关系、哲学和神学的联盟关系，并建构其庞大的神学形而上学体系。路德通过强调字面意义的优先性解决了寓意解经法可能带来的解释的任意性问题。"正如路德在1515年说明他的原则：'寓意、借喻或属灵意义在圣经中是没有价值的，除非同一真理在其他地方按照字面清楚说明。否则，圣经就会成为一个笑柄。'"① 路德进一步在字面意义上区分了字面历史性与字面预言性，在圣经字面主义的原则下以基督论的解释架构把一段经文理解为预言性地指向基督再来的应验。虽然路德对某些经

---

① 〔英〕阿利斯特·麦格拉思：《宗教改革运动思潮》，蔡锦图、陈佐人译，中国社会科学出版社，2009，第152页。

文也采用属灵意义的解释，但是对字面意义优先性的强调使其把神学思考的注意力放在了圣经（尤其是新约）上，从而确立了神学知识的来源在于启示和传统（使徒口传的解经法），即确立教义基于圣经的原则，而反对中世纪后期天主教主张的教义双重来源说——把独立圣经的教义作为不成文的传统而拥有与圣经同等的启示地位。因而，路德根据中世纪圣经主义的态度与传统提出了"唯独圣经"的新教原则。正是在"唯独圣经"的理论旗帜下，新教改革家通过标榜圣经权威来批判现实中教皇、公会议和神学家的权威，消解了这些权威的神圣性和真理性，从而瓦解了罗马教会与教皇以神圣为名义攫取的世俗权力。

　　具体地说，"唯独圣经"的新教原则在路德神学中有以下四个方面的含义。首先，圣经是路德神学的主要源头和理论滋生点，路德正是在与圣经的不断对话中以圣经为基础和指导而在神学领域发展进步的。这也构成了路德独特的神学研究方法，路德神学主要以解经学的形式，大量地援引圣经的字句来论证其神学命题的合理性和正确性，而是否符合圣经的原意和是否有圣经的出处在与天主教对手进行神学论战时也成为路德批驳对手的辩论对策。纵观整个路德神学，引用教父的观点或者求助于哲学为其神学命题做证明只是次要方法。这样，在神学方法上，路德神学是取材于圣经并且仅限于圣经而转向圣经神学。其次，路德把圣经提升为首要和根本的神学标准。路德认为，圣经是上帝话语的容器，具有最完备的真理和最终权威，否认独立于圣经之外的教会传统。圣经权威是教皇、公会议和神学家权威的来源与基础，其他一切权威从属于圣经权威。圣经权威是唯一和无条件的，而教皇、公会议和神学家的权威都是相对的和有条件的。根据圣经确立的教会传统以及宗教会议制定的与圣经一致的信经才是权威的，于是他接受了早期教会关于三位一体和基督论的基本教义以及婴儿受洗的圣礼传统，对圣经的传统解释的坚守使路德神学以及宪制的宗教改革运动具有保守的一面。因此，"他的神学著作都是以圣经的权威及教会传统遗传的权威为先决条件的"①。圣经构成了路德神学的基石。再次，圣经是教会早期创立并制定其正典的，诉诸圣经权威的解决方法是不能彻底驳倒持有教会传统的天主教的，这从逻辑上必然需要"把圣经的权威建基于其与上帝话语的关系上"②。路德神学的出发点是上帝之道和福音，将福音作为最高权威来看待圣经，用基督中心和福音中心来解释圣经，从而将上帝之道作为解释圣经的新原则，突破了天主教神学的解释体系。③ 他认为，上帝之道是三位一体的第二位，是上帝从无中创造万物所显现的力量，具有时间上的在先性，但是从人的认识秩序来讲，只有通过道成肉身和耶稣基督的历史事件才能认识到三位一体的教义。因此，圣经是指向基督的，上帝之道和福音是解释圣经的内在标准。④ 而福音真正的表现形式是使徒的口头相传，而后因为防止福音被歪曲的紧急事件才形成文字形式的圣经，所以，上帝之道（福音）是最高权威，圣经是承载上帝之道的。⑤ 路德进一步从上帝之道和圣灵的内在关系来理解圣经，他把两者区分为外在之道和内在之道——通过道成肉身、人性和历史性的基督实现人与上帝的外在沟通以及人对上帝的外在接受，而圣灵起着内在之道的作用。一方面，内在之道

---

① 〔德〕保罗·阿尔托依兹：《马丁·路德的神学》，段琦、孙善玲译，译林出版社，1998，第 2 页。
② 〔英〕阿利斯特·麦格拉思：《宗教改革运动思潮》，蔡锦图、陈佐人译，中国社会科学出版社，2009，第 147 页。
③ 上帝之道和福音作为解释圣经的新原则，真实地突破了天主教的神学体系。天主教教会赋予教皇对圣经的最终解释权、唯名论对圣经的律法态度，以及人文主义者对圣经教义的态度，在因信称义的福音范式看来，这些都是因行称义的律法范式。因此，路德因信称义的福音范式给圣经的解释带来了突破。
④ 但在对福音是什么的理解上，新教改教家出现了理论分歧，乃至宗派分裂。对上帝之道的理解与对圣经的解释是相互关联的。在对待旧约上，路德注重字面历史性与字面预表性的区别，用预表性的解释方法来说明旧约是指向基督的再来，从福音是有关上帝之应许的认知出发而强调圣经的救赎意义；伊拉斯谟、布塞和茨温利则在"字"与"灵"上进行区分，探究圣经字面背后的意义或"自然意义"，从福音是生活方式的见解出发强调圣经的道德性或借喻性意义。
⑤ 在上帝之道与圣经的关系上，一些改教家认为两者是绝对对等的，圣经是上帝之道，而路德、加尔文认为圣经承载着上帝之道，圣经的内容（福音信息）才是最重要的。

（圣灵）在心灵中发挥作用是依赖于先听到的外在之道，"圣灵通过外在之道而起作用这一事实保留了上帝在律法和福音里所说的意思明确的道"①。另一方面，圣灵通过外在之道变为内在之道，是福音在人心中的自我见证。因此，两者是不可分割的统一体，"福音，是解释圣经的唯一钥匙"，但是"必须在圣灵的指引下，才能解释圣经"②。总之，路德把上帝之道和福音作为最高权威，以福音中心和基督中心来解释圣经而与天主教和激进改教家在圣经权威的理解上分道扬镳。③路德对圣经各卷进行区分以便确立"正典中的正典"，"开始对圣经各卷进行一种半宗教的、半历史的批判"。他认为"《以斯帖记》和约翰的《启示录》并不真正属于圣经"，"第四福音书在价值上和权威上超过同观福音"，"《雅各书》完全没有福音的性质"④；最后，在圣经的解释权问题上，路德早期为反对天主教教皇拥有最终解释权的专制做法而强调每个敬虔的基督徒都有权解释圣经，因为圣经是清楚明白的，每个敬虔的基督徒都可以阅读圣经并完全明白其意义。在释经乐观主义的影响下，路德把圣经翻译为德文。但路德与茨温利对圣经经文的理解分歧造成了圣礼分歧乃至新教分裂，使新教开始寻求对圣经的权威解释——一种方法是"教理问答式"取向，路德的《小教理问答》和加尔文的《基督教要义》可以视为理解圣经的权威指南；另一种方法是"政治化诠释"，世俗权威（如苏黎世的市议会）有权诠释圣经。⑤释经从个人主义向集体权威的倒向，无论寻找的是神学权威还

①〔德〕保罗·阿尔托依兹：《马丁·路德的神学》，段琦、孙善玲译，译林出版社，1998，第33页。

②〔美〕冈察雷斯：《基督教思想史》第3卷，陈泽民等译，译林出版社，2008，第45页。

③在圣经权威及其解释方法与解释原则上，路德是多线作战的，既要反对罗马天主教在解释圣经时对传统权威的固守，又要反对唯灵论的"宗教狂"或"热心派"等激进的改革家所宣称的超过圣经启示的圣灵启示。

④〔美〕保罗·蒂利希：《基督教思想史——从其犹太和希腊发端到存在主义》，尹大贻译，东方出版社，2008，第221页。

⑤〔英〕阿利斯特·麦格拉思：《宗教改革运动思潮》，蔡锦图、陈佐人译，中国社会科学出版社，2009，第154～157页。

是政治权威，都是宪制的宗教改革在以新教意识形态为主导的社会中的逻辑必然，而继续强调释经的个人主义为激进的宗教改革者所捍卫。"信义宗的宗教改革作为一个如此强调圣经重要性的运动，竟然在后来拒绝让教育程度较低的信众来直接运用同一部圣经，原因是害怕他们会作出错误的解释（换言之，即得出与宪制的改教家不同的诠释），这可以说是一种讽刺。"① 在信仰社会里，释经的个人主义原则与建制教会在本质上是相冲突的，使信仰团契走上了从教会到教派的发展道路。

重新回到圣经上来，基督教经典的元叙事，从逻辑上讲是路德实现神学突破的第一步，从时间上说是路德获得新的洞见和灵性经验的起点。② 这同时反映了文艺复兴时代"回到本源"的口号、对古代经典的发掘以及人文主义者回到圣经的方法，只是路德始终站在神学立场上强调圣经文本的启示维度、救赎意义和真理价值。"唯独圣经"的新教原则把圣经权威置于一切人以及宗教机构的权威之上，早期教会成为摧毁现实的罗马教会的理论武器，在实践上成为争取教会改革的不同力量加入新教阵营的有效手段。但正是在解释圣经的方法、原则和权利问题上，新教阵营因缺乏教会权威而在改革伊始便面临四分五裂的局面。圣经原则既塑造了宗教改革运动的复杂性，又孕育了宗教改革运动的无限发展性。因此，回到圣经是路德神学思考的起点，他由此集中思考上帝以及上帝与人之间的关系从而实现了神学的教义突

---

① 〔英〕阿利斯特·麦格拉思：《宗教改革运动思潮》，蔡锦图、陈佐人译，中国社会科学出版社，2009，第158页。

② 路德的一生充满了转折。路德最初的人生转折是从世俗生活到修道生活，他放弃了世俗生活和法律学习，转而寻找灵性生活和拯救的途径。在天主教修道模式下的修道生活和神学教学又促成了他人生的第二次转折，也就是关键性的神学突破。其中，路德尝试了天主教体系的各种修道方法以及其他的一些神学改革方案，但仍然不能应对路德的救赎危机和灵魂平安的问题。在此，被路德誉为"导师"的奥古斯丁修会教区长的施道比茨起了引导与规劝的作用，施道比茨要求路德取得博士学位、教授头衔和维腾堡大学圣经学的教席职务，路德从此开始了研读圣经和讲授诗篇的神学工作。这一经历使路德回到了圣经和基督教之源头，这是他获得神学洞见的起点。

破与范式转换，而新的神学又反过来塑造了路德对圣经的理解原则和方式。①

（二）神学教义的突破

"唯独圣经"的原则使路德实现了从经院哲学到圣经神学的体系变革，也促成了其从荣耀神学到十字架神学的理论转向。圣经是被圣灵所默示的记载者记述上帝自我揭示和临在世界拯救世人的知识的，"唯独圣经"的原则把神学知识的来源归于启示，从而强调自上而下的而非自下而上的对上帝的认识途径。路德认为，对上帝的认识分为一般的认识和具体的认识两个方面：一般的认识指人们通过理性之光被赋予了对上帝的一般认识，即有关上帝的存在、全知全能等形而上学属性及至善等道德属性，但局限在于不知道上帝对待罪人的态度和怀疑救赎；具体的认识则道出了上帝是什么以及上帝为我们所做的，这构成了对上帝真正和正确的认识。也可以分为对上帝的外在和内在的认识——外在的认识是理性依凭创造物的世界推断出的奖善罚恶的正义的上帝，是赋予所有人的知识；而内在的认识是超出理性的理解能力的，是上帝通过道成肉身和圣经来传达的知识，是指上帝的恩典和三位一体的位格性。路德也称其为"通过律法"的认识和"通过福音"的认识："理性只能达到律法的水平，而不能达到福音的高度。哲学也是如此。基于律法的认识知道的只

---

① 根本地说，路德对圣经的理解具有独特性，正是其独特性的圣经原则构成了了解路德神学与宗教改革运动之间关系的关键点。也就是说，在对圣经的理解与态度上，路德是与天主教、唯名论、人文主义者、神秘主义者和其他一切宗教改革者相区别的，也正是圣经起点的分歧，"唯独圣经"的新教原则在实践过程中造成了宗教改革运动的复杂性和多元化。总体来说，根据路德神学，我们对上帝的认识和知识是基于并限于圣经而反对哲学通达上帝的认识路径以及把圣经置于神学研究末端的天主教做法，圣经是上帝启示于人的唯一途径，以基督中心和福音中心来理解圣经而反对任何脱离基督和福音中心的理解方式（对圣经的道德主义、律法主义或理性主义的态度）。路德基于对圣经的启示维度、救赎意义和真理价值的理解，并没有陷入"唯独圣经"的本本主义或字面主义之中，而是灵活地对待圣经正典并使新教获得对圣经研究的自由——新教可以接受对圣经文本的历史研究。

是上帝的'左手',而基于福音的认识知道上帝的'右手'。为了真正地认识上帝,人们必须'握住他的右手'。只有这样我们才能了解上帝怎样看我们以及他对我们的打算。通过律法了解到的上帝是背对着我们的(《出埃及记》33:18~20),通过福音和基督'我们才看到上帝的脸'。"①

路德把这两种方法对立起来,并把通过这两种途径获得的神学类型对立起来。在他看来,通过前者获得的是荣耀神学,唯有通过后者才能获得十字架神学。"那以为可透过外显之事物来清晰窥见上帝隐藏之事物的人,不配称为神学家。……然而,那透过苦难和十字架来理解上帝外显之事物的人,就配称为神学家。"② 路德认为,上帝的可见之物是有关上帝的人性、软弱性和愚拙的,上帝就是让人们借助苦难去认识他,并透过可见之物去认识他的智慧。"除非人能在十字架的谦卑和羞辱中去认识上帝,否则无人能在上帝的荣耀和权威中去认识祂。"③ 因此,路德把荣耀神学与十字架神学对立起来:"荣耀神学家称恶为善,称善为恶;十字架神学家正确道出事物的真相。"④ 十字架神学就是要借着钉在十字架上的基督去了解"隐藏于苦难中的上帝"。

十字架神学表达了路德对基督教启示逻辑深刻而独到的理解。首先是启示的吊诡性。路德使用似是而非(paradox)的表达方式或"背反的启示"(revelation of contrariness)来描述上帝的启示。上帝向人启示自身的地方是其荣耀之背反,谦卑己身将基督在十字架上的屈辱和苦难作为自我彰显。"上帝的奥秘绝非人类理性所能揣度,上帝的荣耀与基督的苦难恰恰构成了一种'背反的启示':上帝在隐匿中彰显,在苦难

---

① 〔德〕保罗·阿尔托依兹:《马丁·路德的神学》,段琦、孙善玲译,译林出版社,1998,第14页。
② 《路德文集》第1卷,马丁·路德著作翻译小组译,上海三联书店,2005,第40页。
③ 《路德文集》第1卷,马丁·路德著作翻译小组译,上海三联书店,2005,第40页。
④ 《路德文集》第1卷,马丁·路德著作翻译小组译,上海三联书店,2005,第41页。

中展现荣耀，在屈辱中显示崇高，在卑微中表现伟大。基督向死而生，在否定自身中肯定自身。"① 因而，神学的出发点应该是基督和十字架，而不是自然和理性。由于人的罪性破坏了理性，荣耀神学家依凭理性直接认识上帝的智慧并窥探上帝的奥秘，在路德看来寻找到的只能是魔鬼。其次是启示的限定性。路德认为，我们只能在上帝指定的地方与他相见，应该在被钉十字架的基督里寻找真正的神学和对上帝的认识。"所以，《约翰福音》十四章（第8节）也记载，当腓力按照荣耀神学提出'求主将父显给我们看'的时候，基督马上就把从其他地方寻找上帝的念头转向祂自己，祂说：'腓力，人看见了我，就看见了父。'（约14：9）由此可知，真正的神学及认识上帝的道理是在钉十字架的基督身上，正如《约翰福音》十章（约14：6）所言：'若不借着我，没有人能到父那里去'，'我就是门。'（约10：9）"② 实际上，路德强调的是"特殊的启示"，指上帝在某一特定时间向某一特定人或民族显明自己，主要以救赎历史、上帝之道和圣经的形式出现。对启示神学而言，"特殊启示"是必需和在先的，是"普遍启示"（见于世界、人类与人类历史领域）的基础与前提。最后是启示的中介性。路德认为，圣经讲述的启示历史表明上帝是通过外衣、面具和伪装向罪人传达启示知识的，主要通过先知、肉身、道和圣事降临于世。即基督是上帝与人之间的神圣中介，罪人唯有通过基督来认识启示出来的上帝，基督是上帝知识的源泉和内容，而不是依靠人类自身去认识上帝，得到的是自有的、绝对的、威严的、赤裸的上帝。在此，路德对启示逻辑的外显与隐藏的辩证性思考使其在圣经里直达中世纪神学中一直被遮蔽的苦难的上帝，并将此作为与经院哲学所追求的绝对上帝的分水岭。

　　十字架神学作为神学教义的突破不仅表明了路德对以经院哲学

---

① 赵林：《基督教思想文化的演进》，人民出版社，2007，第145页。
② 《路德文集》第1卷，马丁·路德著作翻译小组译，上海三联书店，2005，第41页。

为代表的荣耀神学的批判，而且表明了他对经院哲学所体现的信仰与理性、神学与哲学的关系模式的否定与重建。荣耀神学是透过上帝的事工去认识神，十字架神学则是透过上帝的苦难来认识神。"路德的'事工'不仅指上帝的工作，也指人的工作。'苦难'也指上帝和人的苦难。"① "对路德来说，对上帝的真正认识和对正确的伦理态度的考虑是密不可分的，两者是一致的。荣耀神学和十字架神学包含了这两方面。自然神学和通过创造的事工来认识上帝的形而上学的思辨以及道德家的善功得救论同属一类，它们都使人上升到上帝的高度。"② 路德揭示了经院哲学中理性主义与道德主义的内在相通之处，理性主义是凭借上帝的作为来认识上帝的自然神学，道德主义是人依靠善行而称义得救的神人协作说，"伦理学与知识论并不是毫不相干地简单地并列在一起，而是一起归属于那种想要与绝对的上帝直接交通的渴望，这种渴望构成了荣耀的神学"③。荣耀神学是以人类为中心的神学形态，因为人的本性就是要使人成为上帝，而不是让上帝成为上帝；十字架神学是以上帝为中心的神学形态，是要让上帝成为上帝。十字架神学体现了路德对神学的任务和方法的新认识，并由此带来了对神学与哲学、信仰与理性之间关系的新理解。路德认为，真正的神学是十字架神学，把人对上帝的认识路径归于启示出来的上帝、基督与圣经，从否认理性对上帝的自然认识和自由意志在救赎事务上以善功称义进而否认哲学作为神学入门的工具价值，因为哲学追求的是不同于圣经的绝对的上帝，哲学就其本性而言是把人自身作为理论出发点的。十字架神学中启示的矛盾性直接反映在信仰和理性的吊诡关系上：信仰即以似是而非的方式相信上帝之

① 〔德〕保罗·阿尔托依兹：《马丁·路德的神学》，段琦、孙善玲译，译林出版社，1998，第 23 页。

② 〔德〕保罗·阿尔托依兹：《马丁·路德的神学》，段琦、孙善玲译，译林出版社，1998，第 23 页。

③ 〔美〕冈察雷斯：《基督教思想史》第 3 卷，陈泽民等译，译林出版社，2008，第 38 页。

道和福音，信仰在本质上是与理性、经验和现实相冲突和对立的，信仰是超越人的理性能力和现实经验的，因此信仰在根本上是从神的角度来看待问题；另外，理性是上帝恩赐于人的天赋，是人与动物的根本区别从而使人有了治理世界的职责，于是理性合法的权限在人的现世生活和世俗事务之内并拥有最高权威，但人在堕落之后僭越的理性获得了对上帝的律法认识（自然神学与神恩协作说）而把人提升到上帝的位置，唯有通过信仰和以信仰为前提的理性才是有助于信仰的，信仰之中的理性帮助信仰去正确理解圣经。由此，路德在决定自身命运的沃尔姆斯帝国会议上回答道："除非用圣经的明证或清晰的理性说服我……我不能够也不愿意撤销任何东西。"①所以，正如路德认为理性有双重的用处——"路德在谈到理性时称它为'婊子'，而同时又称它为'很有用的工具'"②——一样，哲学同样有双重的功用——神学与哲学具有同一的上帝主题而存有学科的联系，把哲学对上帝律法的认识和十字架神学对上帝福音的认识进行对比从而反对经院哲学与亚里士多德哲学。③由此，路德斩断了经院哲学通过人的理性和道德直接与上帝相交的人文主义路径，打破了哲学与神学联盟的经院式文化结构——经院哲学在"信仰寻求理解"的目的下把哲学作为神学的解释工具，形成了哲学服务于神学并低于神学的神学形而上学体系的文化结构。十字架神学从神学的本性

---

① 《路德文集》第1卷，马丁·路德著作翻译小组译，上海三联书店，2005，第597页。
② 〔美〕冈察雷斯：《基督教思想史》第3卷，陈泽民等译，译林出版社，2008，第39页。
③ 路德神学与哲学的关系是个复杂问题，目前的路德研究没能充分说明。简单地说，作为一种理论性的神学形态，哲学知识对于分析神学问题和基本概念有着基本功用，哲学作为方法是必要的，在此意义上路德也会使用一些哲学知识去做理论论证。但路德主要采取解经学形式的论述风格，也说明他是尽量回避哲学思辨的。他尤其反对亚里士多德哲学和以其为方法建构的经院哲学，一方面因为路德看到了哲学与神学联盟的关系模式已经侵蚀了神学的根基并遮蔽了基督教的福音信息，另一方面可以看作路德试图撇开哲学方法而自行构造一种矛盾吊诡的辩证方法作为基督教神学的方法论。总之，路德主张哲学与神学分离的关系模式，强调一种神本主义的基督教解释路径，与中世纪天主教人文主义的解释路径相区别。

出发对神学自律、自主的要求使中世纪末期神学与哲学的关系模式从联盟到分离的趋向得以实现。至此，分离成为现代性文化不可逆转的趋势与潮流。

因此，十字架神学是路德神学的基础与支柱，是其提出新教基本教义的理论源泉，是他判断其他一切神学思想的标准与尺度，也是其最终与天主教、新教分裂的理论根源。从十字架神学出发来理解路德，便能明白路德一生反对经院哲学与教会、教皇权威，也反对神秘主义、人文主义、新教的理性主义与极端教派的深层理论动因。在此意义上，十字架神学可谓路德教义突破之所在。正是基于十字架神学所具有的神学变革意义，路德神学才与中世纪末期的唯名论、神秘主义、人文主义、改革先驱等改革方案区别开来，并真正获致了对天主教神学与教会体系的突破及变革。在信仰社会里，神学作为统治性的意识形态是其他一切文化形式的内核和根基，是实现文化统一性的力量所在，是形塑文化结构及倾向的根本动力。十字架神学所实现的神学变革实际上是西方文化的结构性变革，路德以其先知气质率先从神学立场出发，以宗教改革运动为成果促成了西方文化的转型与现代性文化的兴起，并预示了西方现代性文化的基本走向——哲学与神学在自主性的要求下不断分离的现代性文化境遇。

（三）思维方式的转向

十字架神学的新洞见不单单导致了西方文化结构的变革——神学与哲学的学科分离，更深刻地导引了神学思维方式的转向——在分离的文化结构里，基督教神学理论克服了哲学思维方式所造成的理解障碍。神学领域的去哲学化实际上是去哲学思维化。十字架神学在对上帝的理解以及上帝与人的关系等基本问题的理论建构中主要实现了三个方面的思维转向：神学的出发点从人转向神从而表现为上帝中心论和基督中心论的神学形态；基督教人学从希腊文化转向犹太文化从而表现为整体人性观的人学样式；神人关系的恰当关系的转向从而表现为基于创造同时指向救赎的福音范式。

1. 神学的出发点从人转向神

作为启示宗教的基督教神学的出发点在哪里呢？神学最基本的观点及中心又是什么呢？路德通过对基本神学问题的思索提出了与荣耀神学（用于勾勒经院神学的实质——用人的理性去认识上帝和以人的行为去衡量与上帝的关系都是把人置于神学第一位的做法）[1] 相对照的十字架神学，并认为神学就是借着钉在十字架上的基督去认识"隐藏于苦难中的上帝"。认识上帝的途径从理性到启示的回归，意味着神学的出发点从人到神的转向。因此，路德的神学形态是上帝中心论的，上帝论是路德神学的中心。"路德的上帝观念是整个人类思想史和基督教思想史中最有力量的。"[2] 究其启示逻辑的矛盾吊诡性，路德神学的上帝观也表现出矛盾吊诡的一面。第一，苦难的上帝。在上帝完美性和不可变性的观念引导下，早期的教父吸纳了希腊哲学有关上帝不动情性的观念，希腊哲学对神学的扭曲造成了千年来基督教神学对圣经描述的动情的上帝之遮蔽。"这一错误的传统神学观念已经被新教的马丁·路德推翻"[3]，十字架神学明确了苦难的上帝观念，用"被钉死的上帝"一词表明了在十字架上受难的包括基督的神性。第二，位格的上帝。相比上帝的形而上学属性与道德属性，路德在启示

---

① 路德把十字架神学与荣耀神学进行对照，指出荣耀神学中的内在相通之处——始终把人置于神学的起点、第一位和中心，以及荣耀神学与天主教教会体制的内在相通之处，使世俗化、外在化的政治权威形式和教阶体制、教皇至上的教会组织形式相互勾连的教会实践才会把教皇（人）作为人与上帝之间沟通的桥梁和救赎的中介，才会把人的权威置于神的权威之上。路德基于对荣耀神学的睿智洞见和建构与之相反的十字架神学真正突破了经院神学的理论体系、思维方式与范式结构。路德神学的突破和变革之义决不能简化为几个新教原则的创建，更深层的必然是整个神学根基的变更、思维方式的转向和神学范式的转换。西方思想史已经证明，对路德的理解若局限于"因信称义"教义便会出现路德主义僵死化、经院化的发展轨道，倒是近代哲学思维捕捉到神学思维的实质而出现了哲学人本化的"哥白尼式的革命"，路德神学在各种福音运动和迟至 20 世纪的新正统主义中得以再生。

② 〔美〕保罗·蒂利希：《基督教思想史——从其犹太和希腊发端到存在主义》，尹大贻译，东方出版社，2008，第 224 页。

③ 许志伟：《基督教神学思想导论》，中国社会科学出版社，2001，第 67 页。

逻辑的限定中把上帝的位格属性置于首位，因为"'特殊启示'强调的是'关系性'或'位格式'的上帝"①。位格性的特定含义是关系性，表明上帝是有意愿和能力与他的创造物（人类）建立关系的。因此，关系性是体现上帝创造本性的最根本的属性，是救赎（作为上帝新的创造）和称义（人与上帝建立正确和公义的关系）的前提条件。路德正是从上帝三位一体的位格性与关系性出发去肯定唯独基督的中心视角，去肯定上帝与其创造的世界所具有的超越性及临在性的两层关系，去肯定以救赎中心的视角看待上帝的创造作为（创世、护佑、救赎和完美）之间的关系，去肯定上帝与人之间所应有的本质关系。第三，吊诡的上帝。矛盾吊诡的性质和辩证的方法是路德上帝论的显著特点。路德总是以奥秘和矛盾吊诡的理解方式去揭示上帝启示的外显性与隐藏性、上帝创造的全能性与受难性、上帝对人的愤怒降罪与慈爱恩典。由此，上帝从两个方面隐藏与启示自身。一方面上帝以矛盾吊诡的方式来彰显自己，以似是而非的方式在十字架的谦卑和羞辱中（以人性化的方式）与人类相会。我们唯有在上帝启示之处认识上帝，遵从上帝之道和福音去了解上帝的恩典和爱，借着基督去理解上帝的存在和创造作为。"这是为了我们着想的'神'。这是我们对于神所应该关心的惟一方面或角度。"② 从十字架神学出发，路德强调上帝在基督里的自我启示；但"神的隐藏还有一个令人困惑的意义，在于路德主张，在神对福音的自我启示的背后，不知为何，存在着一个更高的、几乎完全不为人知的神秘大能"③。随着与伊拉斯谟展开自由意志之争，路德进一步发掘了"隐藏的神"，这是双重预定论的必然推论，即在有关人的救赎、称义的结果问题上，路德始终强调神掌控

---

① 许志伟：《基督教神学思想导论》，中国社会科学出版社，2001，第17页。

② 〔美〕奥尔森：《基督教神学思想史》，吴瑞诚、徐成德译，北京大学出版社，2003，第419页。

③ 〔美〕奥尔森：《基督教神学思想史》，吴瑞诚、徐成德译，北京大学出版社，2003，第419页。

和决定一切权力，上帝命定一部分人或天使去天堂，让另一部分人或天使去地狱，他从上帝的论断中推导出一个唯名论立场的"隐藏的神"。路德认为，显明的神与隐藏的神是有区别的，因为上帝之道与上帝本性是不同的，上帝本性需要去道之外寻找。"隐藏的神"具有绝对的自由意志和主权，是全能性的，甚至魔鬼也是上帝创造出来的工具。因此，路德以矛盾吊诡的方式来建构充满矛盾的上帝论，来解释信经里奥秘的传统教义，如上帝绝对的超越性和内在的临在性以及全能性等。① 至此，路德神学已指明了神学思维的要点与本质——信仰对象及其内容（上帝或神）是第一位的、根本的及主动的，相对于信仰内容的信仰主体（人）却是第二位的、次要的及被动的。

2. 基督教人学从希腊文化转向犹太文化

基督教植根于犹太教与启示文化，但传统基督教人学却倾向和依赖于希腊二元论。希腊民间宗教奥尔弗斯教的灵肉二分和灵魂不朽观念经过希腊哲学家的系统提炼与神秘改造，在基督教的希腊化时期就被纳入了基督教神学体系，灵肉区分从神学的区别滑向人类学的划分，进而导致中世纪神学在实践中形成了否定世界、否定肉体的修道主义。路德承续了具有犹太背景的保罗人学，认为人具有属灵和属肉体的两重性："就人们称作灵魂的灵性来说，他被叫作属灵之人，里面之人，或新人。根据人称之为身体的属肉体的本性，他被叫作属血气之人，外体之人，或旧人。"② 保罗对人是身心的整体和统一、灵魂体的三分法是多元之自我统一的犹太式理解，促使路德把基督教人学从希腊文化灵肉二

---

① 只有理解了路德神学矛盾吊诡的方法论，才能理解路德的上帝论，也才能明白路德尝试批驳与坚持的是什么。以矛盾吊诡的方法理解上帝的启示，是路德上帝论最鲜明的特征。方法论和上帝论的差异，成为路德与其他宗教改革者相分裂而无法实现统一的理论根源，也塑造了路德神学变革性与保守性的双重气质。因此，路德的神学思想是前后一致的，并没有出现前后不一致之处或者在半路停下来而走向妥协、保守之路。

② 《路德文集》第1卷，马丁·路德著作翻译小组译，上海三联书店，2005，第401页。

元的实体认识转变为犹太文化的整体性认识。从神的角度来看待人，肉体是除去恩典与基督的一切，是不来自信仰的整个人。"'肉体'是肉体的公义和智慧本身，也是要通过律法称义理性的判断。因此，人里面的最好的东西和最突出的东西，保罗称之为'肉体'，即，理性的最高智慧和律法的公义本身。"①"肉体不是指人的身体的卑鄙的情欲——虽然这些情欲确实和肉体分不开——而是指追求自我称义的那整个人。"②路德实际上是将信仰上帝或自我信靠作为属灵和属血气之人的区分，属血气之人指自我信靠与反叛上帝的整个人，属灵之人指信仰上帝而处在与神的关系性维度的整个人。从旧人到新人的转变是从律法到福音的内在生命的更新，是从自我转向以上帝为中心去寻求称义与救赎的契机。在此，路德又指明了神学思维的另一层次——信仰主体（人）是在与信仰对象（神）的本质关系中得到理解与界定的，神学维度的人类学是不可以脱离信仰对象（神）而径直由信仰主体（人）自身来加以规定的。

3. 神人关系的转向

在基督教的文化背景下，神人关系首先是创世主与被创造物之间的本质关系——上帝通过"从无中创造万物"的创世活动、对世界与人的持续护佑及看管、对具有上帝形象的人堕落之后的救赎和在末日里达到完美的一系列创造而体现出不同面相的神人关系，从创造的本质内涵出发，上帝与人之间的关系既有绝对的超越性一面，又有积极的临在性一面。具有上帝形象的人本来与上帝处在和谐的关系中，但亚当堕落之后人最基本的罪是不信上帝并视自我为中心。十字架神学揭示了"被钉在十字架的基督"作为上帝牺牲人子来救赎有罪之人的客观事实，而人与上帝的疏离也导致从人的角度来认

---

① 〔美〕冈察雷斯：《基督教思想史》第 3 卷，陈泽民等译，译林出版社，2008，第 52 页。
② 〔美〕冈察雷斯：《基督教思想史》第 3 卷，陈泽民等译，译林出版社，2008，第 52 页。

识上帝的不可行，人只有意识到自身全然败坏的罪性和理性的无能，在倒空自己和"虚己"的前提下才能转向上帝与信仰之途。"虚己"意味着对人性的悲观主义态度，逆转了之前经院哲学、神秘主义和人文主义等对人性持有的乐观主义传统。[①] 在此，路德直指神学思维的实质——信仰对象（神）与信仰主体（人）之间的本质关系是建立在信仰对象的存在、活动和意志的基础之上的，其中上帝的创造活动具有主动性、积极性和决定性，而与之相对的人的信仰活动具有被动性和消极性。但是上帝的主动性与人的被动性的解释进路很难解决神学的所有问题，人的自由意志始终是这种神学最大的挑战。路德论及意志的奴役状态时就不得不引进具有唯名论立场的"隐藏的神"观念，而其神学中上帝之道与上帝本性之间的矛盾则任由上

[①]　无论是经院哲学（实在论或唯名论），还是反经院哲学的神秘主义、人文主义等，在路德看来，都对人性持有乐观主义态度，在人与上帝之间的关系上要么通过个人的理性、良知、内在之光、良善之光，要么通过教会权威等中介环节。而路德神学的思维方式转向的根本在于从上帝的概念出发推导出对人性的悲观主义态度和虚无主义根基，这是路德对罪这一神学概念的具有属灵经验性质的个人体悟。对自我信靠的罪性认知是理解路德神学的一条隐性线索，是路德实现从律法范式到福音范式转换的根本义理，是其对建制教会的确立以及对世俗之国的实证主义理解的逻辑前提。人之罪是与上帝之国以及所反对的魔鬼力量的二元论相关联的，魔鬼是上帝表示愤怒的工具，人在这两种力量与结构的对峙中被包围和操纵着。在此意义上，人的自由是被奴役的自由意志，是被实在的魔鬼力量所奴役的。人之罪又是与上帝的全能教义相联系的，被造物是上帝的面具，因而自然界的一切秩序和组织以及人类历史进程都被神圣临在所充满，历史同样是上帝与魔鬼争夺的领域。因此，罪这个神学概念实际表明了在宗教事务上人是无能的、无为的和虚无的，神本主义的神学思维从本质上来说是要否定人以及人的一切价值，路德神学的理论源头是隐藏着的虚无主义。伊拉斯谟直指路德的症结所在——"最荒诞的是夸张人的绝望处境和人的虚无性"，参见〔奥地利〕弗里德里希·希尔《欧洲思想史》，赵复三译，广西师范大学出版社，2007，第238页，用人文主义基督教的根基和人的自由意志来抵制路德神学的虚无主义。这种虚无主义思想的本质是"他的神秘宗教经验里，既没有神学，也没有形而上学、伦理学，也没有文化、国家、教会、历史，或寻求救恩和意义的人类"。参见〔奥地利〕弗里德里希·希尔《欧洲思想史》，赵复三译，广西师范大学出版社，2007，第240页。正是路德神学的虚无主义之根，导致了路德神学在福音范式的概念框架内没有提出任何积极的、建设性的世俗观点，也不可能提出改变世界的社会政治理想，而只能以保守主义的世俗视角来看待传统社会的世俗权威、社会结构以及价值。

帝的矛盾吊诡性和奥秘性的解释来规避。①

由此可见，十字架神学可谓一种新的神学思维方式，是一种具有神本主义取向的神学思维。路德神学研究者阿尔托依兹曾就此感慨："路德神学是一种思维方式。"② 如同十字架神学与荣耀神学是相对立的一样，路德神学与天主教神学的思维也是对立的——神本主义取向的神学思维对抗于人文主义取向的神学思维。简言之，神本主义的神学思维是从虚无主义的信仰立场出发把上帝或神作为前提、第一位和主动性的，并从神的视角来理解人以及人与上帝的本质关系，从而表现为以神为本、以神为主体及以神为目的的基本逻辑。而神学思维方式的转向与建构，最终促成了宗教改革运动的福音范式转换。因此，从思维方式的角度来看，路德所开创的福音范式是神本主义的。

（四）神学范式的转换

路德神学有两个重要的理论洞见——十字架神学与"因信称义"的救赎论，从逻辑上讲，十字架神学是因信称义教义的理论根基，因信

---

① 十字架神学所体现的神本主义取向的神学思维必然在关系性的维度中把上帝的工作与人的作为对立起来，并把上帝的工作规定为自主的、自由的、主动性的和排他性的，而在信仰的前提下，人的作为是有限的、被动的、奴役的。这样救赎的确定性与拣选的预定论之间充满了矛盾，引进上帝的自由意志和全能概念来解决这个逻辑悖论的同时又造成了一对新的矛盾——上帝的自由本性（体现上帝的自由意志）与上帝之道（十字架所体现的吊诡的启示路径）是相互冲突的、"隐藏的神"与"显明的神"是相互矛盾的、神的全能与神的爱是相互对峙的，而上帝论的矛盾之处在路德看来只能归结为上帝自身的神秘性、奥秘性，上帝的作为和真正的上帝超越了人的理解能力和经验知识。路德把神学思维中的神本主义趋向发挥到极致，把上帝的工作以矛盾吊诡的表述方式提升到绝对、奥秘之境地的同时也暴露出其理论的最大缺陷，贬低人在属灵事务上的一切作为而把罪（原罪）归咎于魔鬼和人的意志。因为人是罪人以及罪的现实状况是律法、恩典、救赎等上帝之创造活动的逻辑前提，信仰上帝是以人对罪的意识（以自我为中心，而不是以上帝为中心的生存状态）为基础的，所以这种循环论证的逻辑怪圈最终把逻辑起点或逻辑保障放置在创造以及创造主体（神）上。路德从信仰主义角度实际得出了"信仰创造神"的思想。总而言之，正是路德神学中严格的神本主义进路，成为现实的天主教神学理论和教会实践的变革动力。

② 〔德〕保罗·阿尔托依兹：《马丁·路德的神学》，段琦、孙善玲译，译林出版社，1998，前言第2页。

称义教义是十字架神学的中心归宿。十字架神学对上帝的全新理解和上帝与人之间关系的新认识是因信称义理论最终得以形成的思维方式和逻辑前提，而因信称义理论表现了对"十字架"象征的救赎维度的理解。也就是说，十字架神学实现了从神到人的认识途径的转向而把上帝的创造工作作为神本主义取向的神学思维的逻辑起点，而因信称义教义从救赎是新的创造的开端这一角度出发来理解救赎与创造之间关系的内在张力。因此，救赎论是路德神学的中心，救赎维度是理解上帝、十字架等神学概念的中心维度。

在中世纪世界解体和新世界萌芽的背景下，16 世纪的时代精神在宗教事务上反映为对救赎的危机感的普遍意识，因此，救赎论是这一过渡时期的核心议题。与整个时代精神相契合，路德的一生就表现为对救赎确定性的怀疑与执着追求。① 因此，路德对救赎事业的个人性的宗教经验（属灵经验）是建构其神学体系的主观来源，救赎论从始至终都被设定为其神学主题。也就是说，圣经讲述了上帝创世、护佑、救赎的完整计划，路德在思虑"为我的"上帝时从人的生存向度出发，看重的是上帝的救赎意义，并把救赎看作理解上帝其他作为的基准，而最终实现了从上帝的本体论到上帝的功能论的理论转向。路德早年也亲身实践过中世纪教导的各种救赎方式（修道、忏悔、朝圣等），在上帝之义的洞见中重拾保罗的"义人必

---

① 除路德神学应有的变革之义外，时代精神也是考量宗教改革运动的基本因素之一。对天主教所制定的救赎理论和救赎实践的普遍怀疑和其内在危机，是 16 世纪信仰、虔诚的时代精神的关键之处。路德穷其一生苦苦思索的救赎确定性问题，正是出于对当时的时代精神的捕捉和洞悉。而对天主教救赎论的理论突破既直接触动了西方罗马教会的专制神经，也直接触动了苦于寻找救赎出路的欧洲人民的灵性神经。从《九十五条论纲》的张贴、流传来看，路德本意是在维腾堡大学进行一场学术争辩，是人文主义者把这篇论纲从拉丁文翻译成德文并出版传播的，而德国人对救赎券的效能问题以及相关的救赎事宜的关注使这篇论纲于两周之内在德国全境流传开来，教宗利奥十世却对论纲所触及的救赎领域以及德国境内日益高涨的民意无动于衷。因此，时代精神是宗教改革运动发生、发展以及新教得以生存壮大的持久动因，路德神学正是在契合时代精神的前提下才得以引发一场以改革宗教与教会为名的历史运动的。

因信得生"的真谛而走上了通过恩典因信称义的道路，并区别于中世纪天主教所奉行的因善行称义的拯救道路。① 上帝之义不再是中世纪神学宣讲的代表神对世人的公平的定罪与刑罚，而是慈爱怜悯的上帝自身借着基督白白赐给罪人的义。中世纪神学把人之义与上帝之义混淆并等同起来，用世俗的公义概念去界定上帝之义是上帝的神圣属性和刑罚之义，而人凭借善功去满足称义的基本先决条件就能在上帝公正的审判中得以称义；相对而言，路德从个体的生存向度出发意识到人的罪性是如此受困，除非有上帝的介入，否则人是不可能满足称义的基本先决条件的。正是以罪人的自我认知为前提条件，路德把上帝之义和人之义区分并对立起来，上帝之义代表了上帝的主动性作为，上帝把人类不配得的神圣恩典白白赐给罪人并接纳罪人。② 即在人如何进入与上帝正确的和公义的关系这一称义的问题上，路德认识

① 路德在对圣经的阅读中因上帝之义的不解而得到了与"因信称义"教义的关联，他是如此描述自己获致高塔经验的："我极盼望能了解保罗致罗马人书的全部，一切都很顺利，唯一不能解决的就是'上帝的公义'那句话。我一直以为它是指上帝大公无私，凡行不义他必惩罚的意思。我虽是以为无可指责的修道士，但在上帝面前我仍是良心不安的罪人，我也不知道我的善行能否平息他的怒气。因此我不爱这位公义而震怒的上帝，相反地我恨恶他，并向他发怨言。但我还是紧抓住保罗的话，誓要弄清楚他的意思。我夜以继日地思索'上帝公义'的问题，直到我看出它与'义人必因信得生'的关系。不久我便明白到'上帝的公义'真正是指上帝以恩典和怜悯使我们因信称义。我立时感到自己已得重生，乐园的门大开，让我进入。圣经的一切话语有了新意义，从前'上帝的公义'令我闻而生厌，现在它使我在更大的爱中有说不出的甜蜜。保罗这段话使我进入天堂之门……"参见〔美〕罗伦培登《这是我的立场：马丁·路德传记》，陆中石、古乐人译，译林出版社，1993，第41~42页。

② 路德对人是罪人的理解成为其建构神学理论的前提条件，这是他从个体性的生存向度出发通过天主教神学理论和救赎实践体会到人类总是把自我置于首位的强烈欲望，他进一步把以自我为中心而不以上帝为中心视为人最基本的罪，这实际上又把信仰是创世主和救世主的上帝作为理论的先决条件。路德神学所具有的矛盾吊诡性从主观方面来说植根于路德神秘性的属灵经验，因为属灵经验或宗教经验指具有神秘主义性质的对神的直观感受，是矛盾的、主观的和私人的。路德的高塔经验就属于这种神秘性的宗教经验。因此，路德神学实际上把路德个体性的属灵经验作为论证依据，这种属灵经验在路德看来与不证自明的原理一样具有真理性和真实性。路德神学的神秘性既体现了神本主义取向的神学思维的本质，又造成了理解上的困难和实践上的匮乏。

到人的全然败坏导致了依靠自我称义的不可能，称义实际上是上帝的主动性行为。

因信称义是路德神学、新教以及宗教改革运动的核心教义，是其他教义的理论基石。由于称义教义是主要和基本的教义，直接关系到教会的成败，通过因信称义与因善行称义的救赎论的对比，路德以因信称义教义批判了天主教教会依据因善行称义而制定的一系列救赎方式、圣礼和教会制度，并依此建构新教教会理论，同时付诸实践。因此，因信称义教义在新教及宗教改革运动中有着重要价值，对因信称义教义的解释是理解路德神学以及宗教改革运动的基础。[①] 在此，对路德因信称义教义的整体认识包括以下几个基本层次。

1. "唯有基督"

路德走上独立的神学思考之路起始于站在信仰的立场上思考上帝对"我"的意义，因此"为我的"上帝是路德理解上帝的位格属性之全部含义的独特角度和主观尺度。从"为我的"上帝出发，路德揭示了"人—基督—上帝"三者之间的根本关系，从而形成了对基督论的新理解。传统教义里的基督论论证了基督的神性以及基督道成肉身的真实性，这些对基督的客观认识在他看来是理解基督的先决条件，而对基督的主观认识（即基督对我的意义）才是更根本的，是对救赎有决定性意义的。"为我的"上帝表现为在上帝的旨意下，人子基督为我们而来，相应的我们以认识基督上升去认识上帝、通过基督去思考上帝、"通过基督的心达到上帝之心"[②]。正是通过基督和上帝之间的内在关联，路德意识到救赎之首要的、唯一的真理在上帝本身。"为我的"上

---

① 对因信称义的恰当解释是理解路德神学的基本环节。但是长期以来，在由主体意识和理性哲学所支配的时代精神的引导下，无论是近代哲学还是新教神学对因信称义教义的理解都注重信心的作用与心灵确信，认为新教优于天主教的地方便是以宗教的形式发展了个人的主体意识。对路德神学内在的神本主义向度的遮蔽，是站在哲学或迎合哲学与时代精神的神学的立场上的必然结果。

② 〔德〕保罗·阿尔托依兹：《马丁·路德的神学》，段琦、孙善玲译，译林出版社，1998，第184页。

帝借着基督成就了赦罪和救赎的先决条件和客观事实。"十字架是公义、恩典和信心存在的客观根据。"① 因此，路德从救赎的角度来理解基督的位格性，耶稣基督的道成肉身、宣讲福音、十字架的受死和死而复活的历史被理解为上帝主动与人和解及进行救赎的历史性事件，上帝正是通过作为中保和救世的基督与人和解的。因此，"耶稣是中保"，耶稣基督是人与上帝之间唯一的救赎中介。

2. "唯有恩典"

"在中世纪期间，恩典倾向被理解为一个超自然的实体（substance），由上帝注入人类的灵魂，从而促使救赎出现。"② 由于上帝和人的本性之间有着不可逾越的鸿沟，人类与上帝建立联系就需要中介，上帝赐予人类的恩典则成为跨越纯粹人性与神性的桥梁。天主教以这种中介性的恩典观为依据发展出一套连接上帝与人的中介性的概念体系和救赎模式，补赎礼、教士特权、善功宝库论、炼狱及赎罪券都是这种恩典观的逻辑产物。路德恢复并强化了保罗与奥古斯丁关于恩典的观念，认为恩典不是实体，而是上帝对人的态度，上帝通过基督把恩典白白赐给人，宣布罪人为义人，恩典是白白的，这本是人类不配获得和非赚取的神圣恩宠。因此，恩典的在先性、给予性和白白性是因信称义教义的应有之义和根本前提。

3. "因信称义"

路德认为，"唯有信心领受上帝之道，才能使人获救"，"领受和爱慕上帝之道，不靠任何善行，唯籍信心了"，"假如称义可依赖别的方式，那么就无需上帝之道，也自然无需信心了"③。因信称义与中世纪宣讲的因行称义是相对的，即在人如何进入与上帝正确的和

---

① 〔美〕詹姆斯·基特尔森：《改教家路德》，李瑞萍、郑小梅译，中国社会科学出版社，2009，第56页。
② 〔英〕阿利斯特·麦格拉思：《宗教改革运动思潮》，蔡锦图、陈佐人译，中国社会科学出版社，2009，第99页。
③ 《路德文集》第1卷，马丁·路德著作翻译小组译，上海三联书店，2005，第403页。

公义的关系这一称义的问题上，信仰与行为是对立的。与善行相对，人所要做的是"唯独信心"，信仰是人和上帝建立关系的正当方式和唯一态度，信仰基督是唯一的称义之途。信仰是圣灵对人所做的工作，"信心不是人的行为，而是上帝的工作。在其他方面上帝通过我们，需要我们相助；惟独在信上，祂对我们独自做工，不要我们相助"①。信仰不是善行，"善行——即所有人的努力——属于律法的范畴，而信仰和称义——神的作为，不具有人的特性——则属于福音的范畴"②。如若把信仰说成是依照圣经而行的善行或者是称义的唯一善行，则是对路德信仰概念的一种误解。③ 因此，"'因信'是宗教改革运动最被误解和歪曲的短语"④。在《基督徒的自由》一文里，路德赋予了信仰以新的理解。第一，拯救的信心不是相信有关基督的历史性知识，而是"关乎信仰和信靠基督是为我们而生，并且是个别地为我们而生，而且为我们成就了拯救的工作"⑤。第二，信心是信靠，信靠上帝之应许。正是上帝的应许完成了上帝的诫命和律法，"上帝的应许是圣洁、真实、公义、自由、平安的应许"，"那么本着坚信依附于它们的灵魂"在与其紧密结合和完全沉浸的过程中，"不仅分享应许的一切权能，并且为这些权能所渗透和充满"⑥。依赖上帝之道

---

① 《路德文集》第 1 卷，马丁·路德著作翻译小组译，上海三联书店，2005，第329页。

② 〔美〕冈察雷斯：《基督教思想史》第 3 卷，陈泽民等译，译林出版社，2008，第55页。

③ 信仰是接受恩典，不是善行，是上帝的作为，路德正是从强调信仰的接受性质出发来定义信仰概念的。路德反对天主教把信仰与行为并列在一起作为称义的先决条件，也反对把信仰本身说成是称义的先决条件。因为路德认为人是全然败坏的，信仰指被接纳的接受性，而不是指做了一件信仰的善功，因为信仰的缘故而在上帝面前成为义。称义不是靠着信仰的作用，而是以信仰的方式靠着恩典的作用。"这个短语不应被了解为'只因信仰'，而应了解为'只因单独通过信仰而得到的神恩'。"参见〔美〕保罗·蒂利希《基督教思想史——从其犹太和希腊发端到存在主义》，尹大贻译，东方出版社，2008，第214页。

④ 〔美〕保罗·蒂利希：《基督教思想史——从其犹太和希腊发端到存在主义》，尹大贻译，东方出版社，2008，第214页。

⑤ 〔英〕阿利斯特·麦格拉思：《宗教改革运动思潮》，蔡锦图、陈佐人译，中国社会科学出版社，2009，第106页。

⑥ 《路德文集》第 1 卷，马丁·路德著作翻译小组译，上海三联书店，2005，第405页。

的信心所获致的大能，在视上帝为真实和信实下进一步表现为以极度的崇敬和虔诚来荣耀所信靠者。"因此，当心灵坚信上帝的应许，他便视上帝为信实的和公义的。"① 也就是说，在信仰活动中，"信心的内容比它的强度更为要紧"②。第三，信心将灵魂与基督联合起来，从而使信徒联合"在基督里"。路德使用婚姻的比喻来形容"在基督里"的奥秘联合："因此，凡相信的人便能以基督的所有而自夸，并以此为荣，就如同属于自己一般。而凡属灵魂所有的一切，基督也自称为己所有。……基督满是恩典、生命和救恩，灵魂却满有罪恶、死亡和诅咒。如果让信心参与其间，那么罪孽、死亡和诅咒便归了基督，恩典、生命与救恩便为灵魂所有。"③ 因信心的"结婚指环"，基督真实地临在信徒的生命中，由此信徒对基督是全人的回应和委身。基督与信徒之间相互委身和联合的"在基督里"理论，是路德建构救赎论及教会理论的关键。

4. "异己的义"

因信称义的基础是"法律式称义"，即白白赐给人的上帝之义是上帝归算于而不是授予信徒的，对信徒而言上帝之义是外在的而不是内在的。就称义之义在什么地方的问题，路德区别于奥古斯丁：前者认为上帝之义在信徒之外在，后者认为上帝之义在信徒之内在；前者借此做了称义与成圣（重生）的区分，而后者把称义理解为人性重生与更新的缓慢渐进过程；后者认为"称义是包括了一个事件和一个过程的——借着基督的工作而被宣告为义的事件，以及借着圣灵的内在工作而成为义人的过程"④，前者在梅兰希通的影响下认为称义是一个事件，与重

---

① 《路德文集》第1卷，马丁·路德著作翻译小组译，上海三联书店，2005，第406页。
② 〔英〕阿利斯特·麦格拉思：《宗教改革运动思潮》，蔡锦图、陈佐人译，中国社会科学出版社，2009，第108页。
③ 《路德文集》第1卷，马丁·路德著作翻译小组译，上海三联书店，2005，第407页。
④ 〔英〕阿利斯特·麦格拉思：《宗教改革运动思潮》，蔡锦图、陈佐人译，中国社会科学出版社，2009，第122页。

生过程相互补充。① 路德与奥古斯丁在称义论上的区别，反映了新教与天主教在神学范式、神学思维上的内在差异及彼此对立的关系，外在的宗教实践（圣礼）和教会组织的变革由此成为新教与天主教分裂的标志。路德认为，称义改变的是罪人在上帝眼中的外在地位，而不是人的天性或品质。在上帝的眼中，外在的是义人；但在自己眼中，内在的仍是罪人，因为人之罪被基督的义遮盖了。一个信徒"同时是义人，同时是罪人"。因此，因信称义的结果是一个"在基督里"的新创造。借着信心，信徒与基督在十字架上的"甜美喜乐的交换"，一方面是通过基督罪得赦免并得到外在的义，另一方面是创造了新人（里面之人，属灵之人），因其经历了从旧人到新人的内在生命的更新与重生，以人之义及善行去取悦上帝，其中决定性因素是上帝的作为——借着基督罪得赦免以及赋予人新的价值。路德以矛盾的表达方式揭示了基督徒生存的矛盾处境：因信称义的基督徒"同时是义人，同时是罪人"，罪和义的并存处于张力之中，在整个现世生活中基督徒继续是肉体之人，里面的人与外面的人、灵性与肉体处在斗争之中，信仰而来的新人开启了"一段从义走向义的灵性历程；从上帝归于我们开始，到上帝使我们真正称义为止"②，所以因信称义的基督徒处于从称义（在上帝那里获致了称义的外在地位）到成圣（成为义人）的过渡阶段之中、处在罪人的事实与义人的盼望的现世阶段之中、生活在已经和正在得救与尚未得救的等待状态之中。路德对基督徒"同时是义人，同时是罪

---

① 路德与奥古斯丁在称义问题上的不同，竟在宗教改革运动的发展中成为新教与天主教之间的典型差别。在新教方面，从路德所理解的罪人称义是外在的义出发，梅兰希通进一步提出"法律式称义"的观念，区分被宣告为义的事件与成为义的过程以及划分称义与成圣或重生的概念，这标志着在称义的问题上新教与天主教传统的完全决裂，而大部分改教家在不同程度上都采纳了这个观念。在天主教方面，特兰托公会议最终维护了奥古斯丁以来的中世纪传统，认为称义概念包含事件和过程两方面。新教与天主教对称义概念的不同理解，造成了双方在很长时间内的误解与分裂。直至 20 世纪 60 年代，在倡导基督教合一的梵二会议上，双方肯定了称义学说在神学层面不再分裂教会。

② 〔美〕冈察雷斯：《基督教思想史》第 3 卷，陈泽民等译，译林出版社，2008，第 56 页。

人"的辩证理解，是其双重预定论、教会以及圣礼理论、神学政治理论的基础。

5. "上帝就是上帝"

就十字架的吊诡而言，称义终究是上帝似是而非的创造活动的一部分，是上帝以超越人类理性的矛盾方式展开的创造活动。称义意味着上帝创造的新开端，上帝将基督作为补偿达成与人和解的新约定（福音）。十字架神学里的上帝观是路德思考一切神学问题的基点，"上帝就是上帝"的信念和认知是路德从因行称义到因信称义的转变契机。因此，"路德的突破却在于体认上帝提供了一切称义的所需，以致罪人要做的，就只是接受它。因此，在称义中，上帝是主动的，而人是被动的"①。在因信称义教义里，路德是从上帝中心和基督中心的立场出发来确定称义、信仰等神学概念的。"路德明确地声明，他的教义以上帝为中心论的特性是其真理性的标准。他的教义由于让上帝做上帝，颂扬上帝之名以及把荣耀给上帝而不给人而被证明是真理。"②由此可见，十字架神学所体现的神本主义的神学思维在因信称义教义里进一步得到贯彻和落实，而神本主义的神学向度是理解路德所开创的因信称义教义的前提和基础。路德的因信称义教义具有独特性，新教内部从不同的神学理论出发在对因信称义教义的接受与理解上出现了分歧乃至分裂。

所以，路德在称义教义上革命性的神学突破致使神学体系发生了一次范式转换——从律法范式转换为福音范式，从此路德把神学的基础牢牢地建立在福音范式之上。正如汉斯·昆所言："回归福音以抗议传统教会和传统神学中的错误发展与错误态度，是新的宗教改革典范——教会与神学的抗议的、福音的典范——的出发点。路德对福音的新理解以

① 〔英〕阿利斯特·麦格拉思：《宗教改革运动思潮》，蔡锦图、陈佐人译，中国社会科学出版社，2009，第108～109页。
② 〔德〕保罗·阿尔托依兹：《马丁·路德的神学》，段琦、孙善玲译，译林出版社，1998，第114～115页。

及成义理论的全新地位，实际上给予整个神学一个新方向，给予教会一个新结构：这是典型的典范转移。"[1] 从中世纪神学的律法范式转换到新教神学的福音范式，这是神学领域的一次哥白尼革命，实现了从人类中心论到上帝中心论的范式转换。福音范式的路德神学，意味着一套全新的针对圣经和基督教的解释模式，意味着不同的神学概念、神学方法以及问题域，意味着一种新的神学的思维方式和世界观，而在实践上意味着一种革命性的教会结构和社会政治理想，在宗教生活中意味着一种全新的宗教精神、宗教观念及世俗价值。同样，路德的福音范式具有独特性，体现了神本主义取向的神学思维。路德认为，面对上帝之道的两种具体形式——律法和福音，因信称义教义表达了律法与福音之间的对立统一关系：一方面，通过律法与福音的区分以福音为中心来理解上帝之道，上帝之道"就是上帝的福音，关乎祂儿子道成肉身、受难、死而复活，并凭着使人成圣的圣灵而得荣耀的福音。传基督就是哺育灵魂，使其称义、被释和得救，如果它相信所传福音"[2]，福音就是上帝的应许，宣告罪人因恩典而得救；另一方面，律法与福音是对立统一的。律法作为上帝的意志有两个主要作用——一个是世俗的民法，旨在建立社会政治秩序以约束坏人，二是神学的律法或诫命，旨在教人认识自己的罪性、无能为善以及无法以善行完成律法而被定罪。律法用以表明人的罪性，是指向福音的，律法或诫命是福音的预备阶段和前提，律法与福音的统一构成了完整的福音救赎。而福音是上帝的恩典，意味着律法的成全和解放。因信称义的结果是人既是义人又是罪人，因此在福音的基础上律法仍是必要的。在圣灵的影响下，罪人对律法的遵守从被动转为主动，进入主动的顺服状态为取悦上帝而行善，作为指导善行的道德律法是律法的第三种有益的功能。总之，律法—福音的辩证法是路

---

[1] 〔德〕汉斯·昆：《基督教大思想家》，包利民译，社会科学文献出版社，2001，第137页。

[2] 《路德文集》第1卷，马丁·路德著作翻译小组译，上海三联书店，2005，第403页。

德神学的中心，是以信仰立场解释世俗世界的基本原则。① 特别是信心和行为之间的辩证关系，在称义的问题上，信心是与善行相对的，不靠善行而唯借信心领受上帝之道和灵魂称义，信心是"公义的源泉和本体"②，是善行的源泉和基础，而善行是信心的自然结果，正如"坏树不能结好果子，好树不能结坏果子"③。因此，在宗教与伦理的关系上，路德强调宗教的在先性与基础性，宗教是在先于伦理的，是伦理的基础，而伦理是宗教的逻辑结果。

从逻辑上说，路德在把真正的神学确立为十字架神学并把神学主题规定为因信称义的救赎论的理论突破下，在神学领域实现了具有神本主义倾向的思维转向和范式转换。从荣耀神学到十字架神学，从律法范式到福音范式，在路德看来，根本上是从天主教的人文主义取向到新教的神本主义取向的神学思维，从天主教的神学与哲学的联盟结构到新教的神学与哲学的分离结构。因此，路德神学不单单是一次神学突破与变革，实现了神学领域的哥白尼革命（从人类中心论到上帝中心论），更是一次文化突破与变革，使西方文化完成了从传统形态到现代形态的过渡和转型。路德神学是西方现代性文化之源头与开端，在神学自主性的要求下以神学与哲学之间的分离结构开创了一种以哲学与神学分离为基本性状的西方现代文化类型，当然西方现代性文化将在下一个从神学主题到哲学主题范式转换的启蒙时代真正得以实现，路德神学以及新教文化只是具有从传统到现代过渡的关键之义。因此，路德神学在理论上所

① 律法与福音之间的辩证关系，表明路德反对的是律法范式的称义，而不是作为体现上帝意志的律法。对福音范式的称义而言，律法是基本而且必要的。在称义的问题上，律法范式代表的是将人的行为、能力以及教会作为救赎的标准尺度，而福音范式是将神主动的行为作为救赎应许以及人通过信心的回应和委身。律法—福音的辩证法完整地表现了路德福音范式的称义理论，无论是称义之前还是称义之后律法都是必要的，这是路德通过对人的罪性的深刻洞察而领悟到的。因此，在路德那里，律法一词往往有好几层含义和对应的功用，容易造成理解上的偏差。路德就此一直与热心派、唯信论者展开论争。
② 《路德文集》第1卷，马丁·路德著作翻译小组译，上海三联书店，2005，第409页。
③ 《路德文集》第1卷，马丁·路德著作翻译小组译，上海三联书店，2005，第415页。

实现的教义突破、思维转向和范式转换，最终具备了突破和变革天主教神学理论与教会实践的力量。而称义教义所具有的社会意义，使路德神学所实现的范式转换——从因行称义的律法范式变革为因信称义的福音范式——不可能只停留在理论层面，在由赎罪券之争引发的神学争辩的历史事件的推动下，路德神学从神学的、文化的变革转向社会的、政治的变革。

二　社会结构变革——宗教与政治的职能分离

从宗教改革运动的理论起点（路德神学）来看，神学理论的突破和变革在路德个人与天主教教会的神学争辩和学术斗争中必然推进至教会的理论变革。基于中世纪政教二元的政治结构，对教会的改革最终演变为一场全面参与和全面变革的宗教改革运动。1517 年的赎罪券之争点燃了西欧改革教会的热情，一场直指罗马教会和教皇权威的宗教改革运动已悄然登上了世界历史的舞台。正如路德的天主教对手所指明的，对赎罪券的任何批判其实都是对教皇权威的正当性的否定，神的权威还是教皇权威成为改革和反改革的分水岭。路德神学因信称义的福音范式与天主教神学因行称义的律法范式形成了鲜明的对照，因此以称义理论为根基的教会理论及其实践必然会呈现巨大反差——上帝之道与使徒建立的历史传统孰优孰劣呢？路德神学的一致性，直接地表现为从神学到教会、从教会到社会的逻辑次序，也直接地表现为福音范式是路德建构教会、社会和政治理论的基本尺度。从"因信称义"教义和"在基督里"理论出发，路德进一步指明了福音范式的教会本质及其定义，确定了福音教会的圣礼理论、基督徒与教士的职责以及组织形式，规划了信仰社会里教会与国家的职能和关系。因此，由福音范式确立的教会理论与政治原则，不仅对罗马教会的政治统一局面构成了威胁，从而以两种范式教会共存的形式造成了西方基督教的"第二次"分裂和新教地区与天主教地区的政治对峙，而且在新教地区实现了宗教与政治职能分离的社会结构变革，从而成为西方社会现代化的开端。

（一）从历史性到功能性的教会定义变革

路德把作为启示宗教的基督教本质确立为福音范式，而把天主教、伊斯兰教、犹太教等其他启示宗教形式归纳为律法范式。[①] 因信称义的福音范式恢复了上帝与个人的正确关系，在救赎之途上基督成为上帝与人之间唯一的中保，因此这种关于个人与上帝关系的新见解否定了罗马教会和教皇作为信徒与上帝之间唯一在世的救赎中介的功用，以及以对信徒的救赎事业的垄断为由所拥有的属灵特权和世俗权力，实际上已经把制度化的教会边缘化了。"故此，路德宣称他的唯独因信称义的教义是'教会站立或跌倒所据的条文'。"[②] 罗马教会用历史性来强调与使徒教会的延续性，用大公性来强化教会之外无救赎，进而反对教会的分裂。而因信称义的救赎论引发了路德对教会本质的新理解，从恩典出发理解教会的本质，从神学（或教义）延续性的角度给予了教会一个功能性的定义。路德认为，真正的教会是宣讲上帝之道的地方，教会的最高权威是上帝之道，贬低教会实体组织的意义而在理解"圣徒相通"的同时，强调教会只是以上帝的名义集结的信徒团契。路德把福音范式与律法范式对立起来，在给予教会功能性定义的基础上把体现两种范式的教会也对立起来，以上帝之道的权威否定了历史性、大公性、等级化、世俗化和专制性的罗马教会权威。

[①] 福音范式是路德对启示宗教根本认识，因此他总是把福音范式与其他形式的启示宗教对立起来，而把天主教、伊斯兰教和犹太教归结在一起，认为这些宗教或多或少都是律法范式的。路德认为这些宗教都属于因行称义的范畴，以道德、律法、教会法规与修道戒律等外在形式来支撑外在性、人为性的教会权威，而福音范式以信基督的因信称义方式强调上帝之道和神的权威的中心地位。因而，路德更为反对的是天主教的神学体系，将天主教组织形式（教阶制度和教皇至上）以及道德腐化现象作为次一级的批判重心。正是从神学根本点的差异出发，路德对所创建的福音教会的看法是微妙的，正如对大公性的罗马教会的看法一样，路德在教会理论上仍保留了教会最终合一和不会分裂的开放性愿景，存有天主教自我革新的期待。基于律法范式的观点，他曾著文要求驱逐犹太人，表达过土耳其教会比罗马教会更有道德的观点。

[②] 〔英〕阿利斯特·麦格拉思：《宗教改革运动思潮》，蔡锦图、陈佐人译，中国社会科学出版社，2009，第190页。

路德神学的革命意义和时代影响正在于因信称义的福音范式的教会观及其实践。①

具体地说，路德的教会观有这样几个特点。第一，因信称义教义既有救赎的个体性一面又有救赎的教会性、群体性一面。"在基督里"是路德建构教会观的理论出发点，是上帝与人之间唯一的沟通方式和救赎方式，因信称义的新人是处在"在基督里"的生存状态中的，教会作为上帝对现世生活的拯救是先于个体的，作为基督的神圣身体是"在基督里"的可见形式。所以，对基督徒的拯救事业而言，教会生活是基本的。路德积极肯定教会的重要性，他与天主教教会的分歧在于对教会的本质、定义及权威的理解不同。"因此，路德既不是一个对基督教的一体性缺乏见识的个人主义者，也不是一个对基督教传统毫不同情的激进革新者。"② 路德肯定"教会是母亲"和教会之外无救赎的观点。第二，根据因信称义教义，路德给予了教会一个功能性的定义——宣讲上帝之道的地方，传讲福音的才是真教会。同时接受了奥古斯丁"混合的身体"的教会观③，因信称义的结

① 一个新的革命性理论从抽象的理论、思想到具体的实践、现实是有一定差距的，同样理论中具体实践的观点总会引发革命运动，而这个理论具有革命性与开创性的原因在于革命时代总是被忽视或误读。路德神学遭受过这种对待：宗教改革运动总是关注赎罪券、教阶体制、教皇权威、圣礼制度、修道主义等对天主教罗马教会的具体批判，并在理论上将对抗于因行称义的因信称义教义作为神学出发点，但在对因信称义教义的理解上，在没有理解路德神学变革性意义（教义突破、思维转向和范式转换）的前提下径直以各自的神学理论或世俗目的嫁接因信称义教义而导致了宗教改革运动的多元化发展。因此，在宗教改革运动时代，路德神学的直接影响与时代意义是其基本教义和观点，但路德神学内在的神本主义取向（作为理论突破的理论动因）却在宗教改革运动四百年之后作为一种神学的思维方式得以再现和被正视。

② 〔美〕冈察雷斯：《基督教思想史》第 3 卷，陈泽民等译，译林出版社，2008，第59 页。

③ 奥古斯丁为解决北非的多纳徒派对教会的分裂而提出了著名的"混合的身体"的教会观。多纳徒派强调教会的圣洁一面而反对叛教者，奥古斯丁针对教会的圣洁性认为教会是"混合的身体"，因为基督徒的罪性，所以教会不是一个圣徒的群体，而是罪人与义人的混合，区分的决定权不在现世，而在于末日的上帝审判。圣洁在于基督，教会被基督圣化为圣洁的。因此，奥古斯丁肯定教会的人公性而反对教会的分裂。

果是人同时是义人又是罪人,教会是罪人和义人的"混合的身体"。他进一步把教会分为可见的形式和不可见的形式,教会既是可见的又是不可见的,既是显明的又是隐藏的,"不可见教会是可见教会的属灵的性质,而可见教会是经验的,始终是属灵的教会的被歪曲的实现"①,不可见的教会是信仰的对象。因此,就教会的属灵性质或宣讲福音来说,路德认为天主教教会有正确的基督教和圣徒,于是主张通过天主教的内在改革以及宗教公会议的召开来实现教会的合一,强调大公性(普世性)神学的延续性而不是历史的延续性。② 基于此,路德的福音教会是其神学理论中最薄弱的环节,"天主教与极端派的教会观拥有相当程度的内在一致性和融和性,这正是路德的观点有时看似缺乏的"③。第三,在信仰社会里,建制教会是必要的,路德强调教会是实在可见的和建制性的,以此区别于极端派的真教会。路德与承认建制教会的改教家的改革进路是寻求该地世俗权威的政治支持,使教会与国家保持紧密联系。④ 由此,路德呼吁世俗日耳曼贵族召开宗教公会议来进行教会改革,而路德宗的扩展往往依赖于世

① 〔美〕保罗·蒂利希:《基督教思想史——从其犹太和希腊发端到存在主义》,尹大贻译,东方出版社,2008,第228页。

② 路德对待教会的态度是既肯定教会的作用又不主张教会的分裂。因此,宗教改革运动在这点上是被动的,受制于天主教教会的最终决定。1517~1520年,赎罪券之争引发了神学争辩和著书立说,路德在表达基督教改革思想的同时也主张通过召开宗教公会议等内部途径来进行改革。1520年,一个非此即彼的选择(改革还是不改革)摆在西方世界面前,接受路德改革思想的人被斥为非法的,由此路德在得到世俗政权的支持下开启了建设福音教会的新阶段。但路德与其他改教家并不认为这是对教会的分裂,仍然在寻找有效的教会合一的途径。在这种微妙的情形下,路德没有把福音教会的定义、标准、记号以及纪律、管理与统一看作教会理论的重心,只是确立了福音教会的基本教义、实践原则和政治原则。特兰托公会议的召开正是为了寻求和解的可能,但是1547年的特兰托公会议最终谴责了新教的基本改革思想,这样新教面临的最大问题便是新教教会的合法性问题,福音派教会作为永久的分离实体,必须得到神学的支持,而这个任务留给了第二代改教家加尔文。

③ 〔英〕阿利斯特·麦格拉思:《宗教改革运动思潮》,蔡锦图、陈佐人译,中国社会科学出版社,2009,第200页。

④ 站在建制教会的立场上,路德、茨温利、布塞、加尔文等宪制的(主流的)宗教改革运动人物在对待教会与国家的关系问题上趋向一致,即都认同世俗政权的政治支持和政教合一的政治体制。西方中世纪不同的政治实体,包括帝国、王国、(转下页注)

俗贵族的主动改革。福音教会作为建制教会是与现实政治妥协的结果，由于缺乏逻辑的内在一致性，新教意识形态只是短暂的、不稳定的，最终朝着从教会到教派以及与政治相分离的趋向发展。第四，路德的福音教会依赖于上帝之道的神学根基，路德从福音范式的角度理解上帝之道，认为上帝之道就是上帝的应许。其他改教家对福音和上帝之道的不同理解，直接造成了新教的内部分裂。从根本上来说，福音教会的症结在于"理由是天主教的体系没有被代替，而且因为反权威主义和反教阶体制的新教思维形式，不能以具有相等权力的新教体系去确定地代替它"①。

（二）从七个到两个圣礼的教会实践简化

圣礼是上帝不可见的恩典的可见记号和渠道，其作为崇拜礼仪直接关涉平信徒的信仰方式和宗教生活，所以对福音教会而言，圣礼是至关重要的。中世纪经院哲学以善功救赎论为起点发展出一套复杂精细的圣礼神学，伦巴德将之归纳为七个圣礼——洗礼、圣餐礼、补赎礼、坚振礼、婚礼、按立礼和临终涂油礼。中世纪教会的圣礼制度不仅使教会控制了平信徒从摇篮到坟墓的整个现世生活，而且使教会以圣礼的神秘运作方式获致了教士特权并建构了教阶制度。根据中世纪神学的恩典观和

（接上页注④）诸侯领地、城市、教会领地等，使改教家处于不同的政治现实之中，论证世俗政权的合理化是改教家的共同任务，如路德赞成君主制度，茨温利倾向贵族政治，布塞认为世俗政权的形式是无关紧要的，加尔文认为任何政府形式都是合法的。因此，路德宗和加尔文宗的创建人根据建制教会的立场对世俗权柄表示了肯定。如若建制教会处于不合法的地位，教会或教派为求其生存就会转变为挑战和反抗世俗政权，路德宗在1555年奥格斯堡合约里获得了帝国的合法地位而丧失了世俗的批判维度，一直没有合法地位的加尔文宗在加尔文主义的发展中挑战了不同的君主制度。"路德主义与'加尔文主义'彼此之间的价值评估，往往是基于其政治观点，前者经常被视为赞成君主政体，而后者则被认为赞同共和政体。这些宗教制度之创始者的政治处境，似乎被提升为不同政体的基本信念。"参见〔英〕阿利斯特·麦格拉思《宗教改革运动思潮》，蔡锦图、陈佐人译，中国社会科学出版社，2009，第225页。实际上，路德神学的神本主义取向造成了其教会理论与政治理论的缺陷——只注重朝向来世生活的宗教革新而非真正具有源于现世生活的政治理想，决定了新教的教会观与政治原则只具备过渡阶段的历史意义。

① 〔美〕保罗·蒂利希：《基督教思想史——从其犹太和希腊发端到存在主义》，尹大贻译，东方出版社，2008，第228页。

因行称义论，圣礼与获得或授予恩典是紧密相连的，圣礼是恩典的可见记号和授予恩典的工具或方式。① 路德通过对称义论的突破否认了圣礼作为授予恩典的手段的功能，改变了圣礼的神学基础、定义以及功能，由此"简化圣礼"的教会实践成为新教教会的标志与风格。"宗教改革运动的一个中心主题，在于强调圣礼对福音教会灵性的重要，即是对人类软弱的神圣'俯就'。"② 但圣礼不是经院派所认为的传达恩典的能力，而是确定和传达上帝赦罪应许的能力。与因信称义理论的神本主义取向一致，路德始终强调圣礼作为上帝的恩赐体现了上帝的主动性作为，而否认人在圣礼中的任何能动性。"然而，路德认为上帝与人的每次遭遇，其基本特点都是被动性的，人的全部活动都只是纯粹的、相应的接受。"③ 路德认为圣礼的功效在于上帝之应许与信心的相互配合，而不是"人效"。④ 圣礼的意义体现在上帝之道与信仰的关系上，圣礼的功能体现为信徒在信仰中聆听上帝之道，并更加坚定对上帝应许的信

① 中世纪神学的恩典观、称义论与圣礼理论是紧密地联系在一起的，构成了罪人救赎的完整意义。恩典是超自然的实体，通过中介性方式（洗礼和补赎的圣礼）以及人的信心和爱心行为，把上帝之义注入罪人的灵魂，使人性发生内在的变化，从而开启了义人的称义进程，通过习惯性的恩典（洗礼）、圣礼和悔改，罪人逐渐达到完美的境地以满足称义的先决条件，依靠一直延伸到炼狱的称义行为最终在末日审判中被上帝宣布为义人从而进入天堂。漫长的称义过程成为天主教教会建立圣礼制度、获致教士特权的理论根源，因此天主教教会得以成为上帝与人之间的中介和救赎权威。在这种称义论体系中，圣礼成为授予恩典的工具并具有了物质化、巫术性、外在性、仪式化等特征。
② 〔英〕阿利斯特·麦格拉思：《宗教改革运动思潮》，蔡锦图、陈佐人译，中国社会科学出版社，2009，第165页。
③ 〔德〕保罗·阿尔托依兹：《马丁·路德的神学》，段琦、孙善玲译，译林出版社，1998，第396页。
④ 要理解路德神学，尤其是因信称义教义以及由之而定的教会的方方面面，最根本的一点是要对信仰概念有正确认识。按照路德的说法，"信心不是人的行为，而是上帝的工作。在其他方面上帝通过我们，需要我们相助；唯独在信上，祂对我们独自做工，不要我们相助"。参见《路德文集》第1卷，马丁·路德著作翻译小组译，上海三联书店，2005，第329页。因此，对路德而言，圣礼的功效在于上帝之应许和受者的信心，是"事效"，而不是"人效"（教士或者信众）。圣礼神学的神本主义取向，是路德持守奥秘主义圣礼并与坚持理性主义或主观主义圣礼的其他改教家产生分歧的根源。而圣礼的分歧，在实践中直接造成了新教的内部分裂，以及教派的分裂。

心。借着圣礼，上帝保证了基督徒是基督身体的真正成员，是上帝之国的继承者。圣礼的评判在于有无上帝的赦罪应许和基督设立的外在记号，因此只承认两种圣礼——洗礼和圣餐，反对罗马教会设立的没有圣经依据的其他圣礼。

洗礼预示着死亡和复活，是充分和完全的称义。像基督借着上帝的荣耀死而复活一样，人们在洗礼中借着上帝的工作完成了罪人的死亡和义人的新生。路德与建制教会的改教家的一致之处在于保留了婴儿受洗的传统习俗，因为他认为信心是上帝的恩赐，圣礼本身也可以产生信心，即面对婴儿的时候，洗礼不需要以信心为前提。而再洗礼派认为婴儿受洗与因信称义教义是相互矛盾的，因信称义的逻辑表明应该把信心作为洗礼的前提与条件，只有具备信心的成人的洗礼才是有效的。但是在路德看来，有无信心作为洗礼是否有效的标准，实际上已经成为一种新形式的因行称义了。圣餐是基督所立的遗约，代表了上帝以基督之死为印证而赐予的罪得赦免的应许，因此圣餐是十分重要的。从圣餐只守一类到平信徒同领饼酒，从变质说到同质说，从教士代为献祭到唯独信心，路德废止了天主教对圣餐礼的滥用。圣餐礼中最具有争议的是关于基督临在的问题，天主教以亚里士多德的实体与属性的关系来解释基督如何真正临在圣餐，是把一个奥秘加以理性化的哲学尝试，而路德在十字架神学里反对用哲学方法解释神学教义的经院做法，进而反对以变质说理论来解释基督临在问题。"路德所反对的不是'真实临在'的观念，而是对那临在的一个独特解释。"[1] 由此可见，路德反对天主教对圣餐礼的哲学方法的理性解释，而对奥义本身（基督真正临在圣餐）是认可的。坚持基督身体的临在和圣礼的奥秘性，反对圣餐礼的理性主义解读，以及茨温利的圣餐纪念说（认为圣餐里的基督是象征性或属灵的存在）。对于圣餐礼的分歧，体现了改教家之间基督论的差异，造

---

① 〔英〕阿利斯特·麦格拉思：《宗教改革运动思潮》，蔡锦图、陈佐人译，中国社会科学出版社，2009，第172页。

成了新教内部的分裂、宗教改革运动的分化和多元发展。① 福音教会作为建制教会，在圣礼上的理论困境是"既不能放弃祝谢餐杯的个人主义，而又不能放弃洗礼盆的集体主义"②。

因信称义的圣礼神学和"简化圣礼"的教会实践是宗教改革运动的武器和标志，"是一把致命的匕首，直刺圣礼主义、教权主义和修道主义的要害，是对罗马教训和实践的毁灭性攻击，标志着路德与罗马教会的最终决裂"③。对教会而言，圣礼变革意味着教会观的革新，是一种全新的教会职能、教会实践和牧师工作。废除了中世纪圣礼的仪式主义、巫术主义（献祭行为）以及教士主义（修道主义），排除了圣礼之有效依据的任何世俗或人为因素，福音教会的圣礼以上帝之道和信心为根本，使它的有效依据回归于上帝从而在教会母体中实现了上帝与人的直接交流。因此，福音教会的圣礼观不仅批判和消解了以上帝现在的观念为支撑的圣事世界观，以及罗马教会和其教阶体制的神圣性，而且确立了一套以宣讲福音和讲解圣经为主要活动的教会职责，以上帝临在的限定性的观点仅仅维护了圣礼（洗礼和圣餐礼）的神圣性。④ 对平信徒而言，"简化圣礼"的实质是宗教生活的革新和世俗生活的再生。由于中世纪的七个圣礼统辖着信徒在现世的灵性生活和世俗生活，"简化圣

---

① 在圣餐礼的神学解释上，路德使用的是十字架神学的矛盾吊诡方法以及神本主义取向的思维方式，并以此来解释基督论神人二性的属性相通原则。而对灵肉关系的理解分歧——是以罪看待灵肉的对立，还是以二元论或唯灵论的方式看待灵肉的对立，造成了在圣餐上究竟是基督的真正临在还是属灵临在的分歧，这不仅成为路德与茨温利争论的焦点，也成为路德宗与加尔文宗争论的焦点。

② 〔美〕罗伦培登：《这是我的立场：马丁·路德传记》，陆中石、古乐人译，译林出版社，1993，第 118 页。

③ 《路德文集》第 1 卷，马丁·路德著作翻译小组译，上海三联书店，2005，第 281 页。

④ "圣事的世界观是一种认为神是现在出现于事物中、于行为中、于任何可见的和实在的事物中被看见的东西的世界观。"参见〔美〕保罗·蒂利希《基督教思想史——从其犹太和希腊发端到存在主义》，尹大贻译，东方出版社，2008，第 215 页。因此，在上帝现在出现的观念的影响下，罗马教会、圣礼、教士都获致了神圣性的意义和特权，而路德对上帝临在限定性的理解，把道成肉身或启示的途径限定在三种方式里——基督、圣经和圣餐礼，因而保留了圣餐礼的神圣性和神秘性。而茨温利在属灵意义临在的理解下进一步消解了圣餐礼及圣礼的奥秘性。

礼"一方面意味着宗教生活以福音和信心为主，从中世纪的权威主义、专制主义变为平等主义、自由主义，另一方面意味着世俗生活（如婚礼等）不再具有圣事的意义，促使新教强调世俗生活的神圣性和内在价值。因此，圣礼变革导致"上帝与人之间的关系是通过话语和信仰。这表明朝着通向世界世俗化以及信仰的精神化方面迈出了明显的一步"①。

（三）从"两个阶层"到"人人皆祭司"的组织形式变革

中世纪罗马教会在修道制度的基础上对圣职人员与平信徒做了绝对的、本体上的区分，教皇、主教、教士和修士被称为"属灵阶层"，而皇帝、贵族、农民等被称为"世俗阶层"，属灵阶层有对世俗阶层的宗教特权，可以介入世俗事务的管理。因此，中世纪在两个阶层相区分的前提下实现了宗教管辖权和世俗管辖权的分离，罗马教会在"两个阶层"和圣礼理论下确立了自上而下的教阶制度和教皇至上原则，并在掌控宗教管辖权的基础上进一步对世俗事务行使管辖权。② 路德认为，两个阶层的区分是人的发明，而不是上帝的命令。所有基督徒受洗礼、福音和信心的影响，都是祭司和属灵的。因信称义的结果便是在基督里的自由，基督作为祭司和君主是教会的首脑，基督徒分享了基督的祭司职分和君主职分，"借着洗礼，我们全都成为圣洁的祭司"。神职人员和平信徒之间唯一的区别是"功能"和"工作"的不同，牧师是受上帝的呼召被拣选出来承担这个职务的，反映了各自被上帝赋予的能力。职务呼召由社会做证，通过中介的方式、人的工具，一般由诸侯、地方行政官或会众发出，否认直接来自圣灵的呼召。"故此，

---

① 〔德〕里夏德·范迪尔门：《欧洲近代生活：宗教、巫术、启蒙运动》，王亚平译，东方出版社，2005，第43页。

② 罗马教会在"教皇革命"之后获致了自主性、独立性和"教会自由"，"两个阶级""两把剑"理论和教会法赋予了罗马教廷在欧洲的最高统治权，从此罗马教会成为一个独立的宗教实体和政治实体，成为一个悖论的存在。从逻辑上来说，罗马教会以教士的救赎特权和特权阶级为前提，发展了一系列世俗特权——欧洲最大的封建领主、由圣礼而来的民事权和公民权管理以及军队。罗马教会的生命和基础正在于圣礼和僧侣阶级，路德消解罗马教会的神圣性正是从圣礼、僧侣阶级开始的。

承认所有信徒是平等的，并非意味着所有信徒的身份也是一样的。"①
由此可见，因信称义教义表达了在属灵（宗教）事务上的个人主义
和自由主义，而"人人皆祭司"理论进一步明确了宗教领域的平等
主义，激进地批判了天主教在宗教领域的集体主义、专制主义和等
级主义。"人人皆祭司"是宗教改革运动的革命口号，而平等思想是
教会改革的基本原则。

　　"人人皆祭司"的实践意义指向了宗教改革运动的几个发展趋势。
第一，就继续批判罗马教会而言，瓦解了罗马教会所依托的圣礼和属
灵阶层的神圣性之后，批判矛头直指罗马教会的教皇制度，教皇制度
以其最终权威性和神圣性保证了自上而下的教阶体制的独立性而使罗
马教会成为欧洲的国际中心。路德认为，其使命是摧毁专制罗马教会
这个新耶利哥城的三道墙：一是以"人人皆祭司"来消除罗马教会规
定的属灵与世俗的阶层划分、权力分野；二是以基督徒人人有权解释
圣经来反对教皇享有对圣经的最终解释权的专制行径；三是以呼召世
俗诸侯召开改革公议会来反对唯有教皇具有召开宗教公会议的特权。
在宗教领域人人平等的教会思想获致了革命动力与群众基础，以平等
思想为指导原则的宗教改革运动最终以福音教会或教派的实践成果打
破了罗马教会大一统的专制局面、打击了教皇的至上权威、攻击了罗
马教会对宗教管辖权的僭越和滥用。第二，就福音教会的行政建制而
言，结合当地的政治现实，福音教会（教派）依据福音的理解选择了
不同形式的组织结构：路德宗在专制的诸侯领地依照福音是上帝之应
许的理解选择了主教制，体现了诸侯呼召主教的任命原则和维护福音
或教义的一致性与正统性的初衷；加尔文宗在城市依照福音是新律法
的理解选择了长老制，体现了信众呼召长老的管理模式和强化教会行
政、结构的独特管理形式的诉求。第三，就新教地区的教会生活而

---

① 〔英〕阿利斯特·麦格拉思：《宗教改革运动思潮》，蔡锦图、陈佐人译，中国社会科
　学出版社，2009，第216页。

言，新教教义表达了对宗教生活的个体、自由和平等的理论诉求，实现了教会生活的民主化，开创了西方现代民主思潮与革命运动的先河。而自由、平等的教会生活激起了人们对世俗世界自由、平等的渴望，由信仰自由的逻辑推演而来的教派分离与纷争的情势演化为一场清教徒运动，以"宗教外衣"的形式在英国进行了一场资产阶级性质的现代革命，建立了资产阶级君主立宪政权，初步表达了资产阶级对自由民主的现代国家的革命诉求。

（四）从"两把剑"到"两个国度"的政治原则转向

中世纪的教皇革命提出了教权高于王权、教皇高于皇帝的"两把剑"理论，并在西方形成了独特的政教二元的政治格局。路德从因信称义教义出发，以福音范式的教会理论消解了罗马教会的圣礼和属灵阶层的神圣性，进而消解了教皇的神圣性和权威性。在政教合一的信仰社会里，教权缺位造成了混乱的社会局势，路德由此提出了福音范式的政治思想。因为西方政教二元的政治结构体现了教权和王权之间的相互依赖性与依存性，教权有赖于王权的现实支持，而王权有赖于教权的理论支撑，路德对教权的限制和教皇权威的废除必然引发世俗统治的危机，必然引起社会政治秩序的混乱。又因为福音教会的基本内涵涉及与政治联盟的建制性以及福音职能的限定性，因此路德是以福音范式来规定教会的本质、实践以及职能的，即作为建制的福音教会的基本职能是福音事务，福音教会应该是"纯内在形式的政府，'一个灵魂的政府'，与世俗万事毫无干系，而且是全然致力于帮助信徒得到拯救的"[1]。所以，"路德的神学前提使他不仅必然要攻击教会的管辖权力，而且要相应地维护世俗当局，从而填补前者造成的权力真空"[2]。为了给现实政治的权威统治提供宗教意识形态的合理依据，为了在政权的支持下使福音教

---

[1] 〔英〕斯金纳：《近代政治思想的基础》（下），奚瑞森、亚方译，商务印书馆，2002，第20页。

[2] 〔英〕斯金纳：《近代政治思想的基础》（下），奚瑞森、亚方译，商务印书馆，2002，第21页。

会的观念现实化，路德以"两个国度"的政治神学来取代罗马教会"两把剑"的政治神学，以福音范式的新教意识形态来继续维持中世纪世俗秩序的现有结构。① 路德认为，上帝建立并统治着两个国度——一个是用律法管辖的行使世俗职能的世俗的国度，另一个是福音管辖的行使属灵职能的上帝的国度，这两个国度是相互区别的，而不是相互对立的，是上帝对罪恶世界进行管治的两个层面。② 路德从真基督徒出发来论证两个国度的教义，以真基督徒的标准把人类分为两部分——一部分属于上帝之国，一部分属于属世之国，因为真基督徒是不需要世俗统治和律法的，律法是惩罚恶人和保护义人的。所以在真基督徒太少的前提下，两个国度都是必需的。基于称义与成圣的区分，因信称义的结果是人同时是义人又是罪人，实际上所有的基督徒同时生活在两个国度中，同时受到两个国度的管治。"上帝命定了两种治理权力，属灵的那种是在基督里通过圣灵造成基督徒和义人，而世上的政府约束非基督徒和恶人……并迫使他们维持俗世的和平。"③ 上帝管理教会是依靠福音和圣灵，而上帝管治世界是借着刀剑和法律。因此，教会的属灵权柄是归导性的，关注的是人的灵魂，而国家的属世权柄是强制性的，关注的是人的身体与财产。两个国度的区分意味着职业伦理

---

① 以法律形式确立的多元的世俗政治秩序是西方中世纪末期的政治现实，也是宗教改革运动所面对的政治现实。从改教家不同的政治处境出发，以肯定政治权威的建制教会立场为前提发展出对不同的政府形式的认同。这是福音范式的政治神学的根本原则和一致之处。

② 路德的政治神学的根基在于神学本身，应该从律法与福音的辩证原则来理解两个国度的教义。"因此，由于律法与福音之间的界线，既非常重要，又没有明确地加以规定，所以这两个国度之间的分界线尽管很重要，但不能简单地同教会与国家之间的区别等同起来，也不能同宗教的与世俗的这两种不同活动之间的区别等同起来。参见〔美〕冈察雷斯《基督教思想史》第 3 卷，陈泽民等译，译林出版社，2008，第 66~67 页。路德仍旧强调和突出福音的独特性（完全是上帝的作为），受福音管辖的上帝之国既有"在基督里"、不可见的教会的现世维度，又有天堂的末日维度。路德政治神学中作为基本概念的上帝之国竟是一个完全意义上的神学概念，这意味着其政治神学仍是完全神学理论上的，属于从神学理论出发论证世俗权柄的范畴。

③ 〔德〕马丁·路德、〔法〕约翰·加尔文：《论政府》，吴玲玲译，贵州人民出版社，2004，第 9 页。

观层面个人道德与公共道德的区分，在允许基督徒担任公职的情况下
消除了两种道德观的内在张力，尤其是解决了作为杀人的士兵一职的
存在合理性问题。因此，两个国度都是神的意志的体现，是神的创
造、命令和作为。在此前提下，两个国度在职能、权力上是相互区分
的，是有明确权限而不得彼此僭越的。路德政治神学两个国度的区分
是直接针对中世纪的教皇权力通过教会法对两种权柄的混淆和僭越，
而以福音教会的实践成果真正实现了宗教（福音）和政治职能分离的
社会结构变革。[①]

　　具体来说，路德从福音的角度确立了世俗权威的地位、权限和职
责。第一，世俗权威的神圣性。世俗之国的世俗权威与世俗秩序是上帝
建立和赐予的，君主、贵族和官员被赋予强制性权力（刀剑和法律）
来管治世界和维护和平，君主和官员作为神的工具（面具）以权柄来
服事上帝，正如其他基督徒以其他世俗工作来服事上帝一样，从而肯定
了封建等级制度与秩序。"在上有权柄的，人人当顺服他；因为没有权
柄不是出于神的，凡掌权的都是神所命的。"[②]《罗马书》中记载，"成
为有关整个宗教改革时代政治生活的基础"[③]，这种"君权神授"理论
肯定了世俗权威的神圣性以及基督徒对世俗权威服从的义务。第二，世
俗权威的独立性。福音管辖的上帝之国与律法管辖的世俗之国的区分，
体现了路德"凯撒的物当归给凯撒；神的物当归给神"[④] 的分权思想，

[①]　路德的"两个国度"理论认为，属灵权柄和属世权柄是相互区分的，属灵职能和属
　　世职能是相互分离的，因此其政治理论在实践上实现了宗教和政治的职能分离。本
　　书所说的宗教与政治的职能分离是从实践的角度提出的，是从社会变革的层面提出
　　的。也就是说，路德"两个国度"的政治神学以福音自由为口号在政治上实现了宗
　　教与政治的职能分离，教皇革命以教会自由为口号强调宗教管辖权和政治管辖权的
　　分离，而在政治上却导致了宗教与政治职能的混淆。

[②]　〔德〕马丁·路德、〔法〕约翰·加尔文：《论政府》，吴玲玲译，贵州人民出版社，
　　2004，第 4 页。

[③]　〔英〕斯金纳：《近代政治思想的基础》（下），奚瑞森、亚方译，商务印书馆，
　　2002，第 22 页。

[④]　〔德〕马丁·路德、〔法〕约翰·加尔文：《论政府》，吴玲玲译，贵州人民出版社，
　　2004，第 28 页。

在扩大世俗当局权力的前提下加强了世俗权威的独立性、自主性，满足了16世纪王权和世俗权力兴起的时代需求。"其实，因为在教会与国家连接之处，一方总是强于另一方，结果不是神权政治制，便是国王兼教宗制。"① 由此，路德宗在教会与国家的关系上选择了扩大君主权力的国王兼教宗制。② 第三，世俗权威的有限性。区分也是限定，世俗权威的权限止于福音（天堂和灵魂），武力和法律止于人的信仰和灵魂。因为福音是归导性的，人的信仰问题是教会的属灵职责，政府不得越权侵犯上帝之国。在政治层面肯定信仰问题是非强制性的，有利于形成信仰自由的宗教精神和政治氛围。③ 如若君主不义，尤其是危害到福音自由时，路德就会将"顺从神，不顺从人，是应当的"④ 作为应对暴君之策。即面对暴君，作为基督徒的臣民应该既不服从也不积极反抗，这一原则成为路德应对各种政治形势的一贯立场。⑤ 第四，世俗权威的职责。路德以基

---

① 〔美〕罗伦培登：《这是我的立场：马丁·路德传记》，陆中石、古乐人译，译林出版社，1993，第223~224页。

② 路德是把福音管辖权与世俗管辖权区分开来的，是把上帝之国与世俗之国区别开来的，因此"世俗当局必然拥有可以行使包括管制教会的权力在内的一切强制权力的唯一权力"。参见〔英〕斯金纳《近代政治思想的基础》（下），奚瑞森、亚方译，商务印书馆，2002，第21页。在路德宗地区，世俗政府（诸侯等）享有对教会事务的管辖权和神职人员的任免权，拥有对平信徒的管辖权，以世俗法接管了婚姻、道德犯罪、教育、贫困救助和慈善领域等前罗马教会的外在性事务。

③ 路德是从福音角度得出信仰自由的政治理念的，信仰问题不是政府的权限，不可使用武力和法律等强制手段来解决，而应该是教会的职责所在，但教会只能归导信仰，不能强制信仰。如在异端问题上，路德认为世俗权威无权制止异端，教会有权对异端进行福音归导，因为唯有上帝之道可以消灭异端。当然，路德得到的只是消极的信仰自由，只规定了强迫信仰、镇压异端的非法性，但没有赋予对强迫信仰进行反抗的合法性。

④ 〔德〕马丁·路德、〔法〕约翰·加尔文：《论政府》，吴玲玲译，贵州人民出版社，2004，第28页。

⑤ 路德以两个国度的教义既肯定了世俗权威的独立性又限制了世俗权威的无限性，对王权的限制成为新教发展出反抗理论的根源。路德本人持消极的政治观，认为面对世俗权威的暴政，基督徒应该本着良知不服从、不反抗，唯有忍受。路德正是以这个立场来看待农民起义的，以不抵抗理论来反对政治激进主义与政治革命，这表明了路德认为世俗秩序（封建等级制度）也是上帝建立的。同时，路德认为上帝之国是平等的，基督是上帝之国的唯一首领，进而积极反抗罗马教皇的暴政。两个国度的教义推导出面对教权、王权暴政的两种态度，因此，路德神学理论具有逻辑的一致性，没有在政治形势的变化中退让、转变与妥协。

督徒的身份设定了君主的四重职责："第一，对上帝要有真正的信赖和诚实的祈祷；第二，对国民要有仁爱和基督徒般的服事；第三，对自己的僚属和谋士要有自由的理性和不受捆绑的判断力；第四，对作恶的人要有适当严厉的态度和惩罚。"① 因而，路德主要从基督徒的身份出发来规定管治基督教社会的君主职责。促进福音的宣讲和维护真正的信仰是路德对君主职分的最高要求。

路德神学遵循了一种以神学视角去理解教会和政治秩序的解释进路，贯彻了从福音范式的神学变革出发去规定福音教会和世俗权威的基本原则，实际上体现了一种彻底的神学理论（神本主义取向的福音范式），实现了神学领域"理论的解放"。因此，其理论本身既表现出批判、变革的激进一面（指向教会现实的教会观），又表现出辩护、顺从的保守一面（指向政治现实的政治观）。这种两面性既体现了神本主义神学思维的固有本性和基本局限，又表明了教会与国家之间关系的理解分歧所导致的宗教改革运动的分化——教会类型和教派类型的出现。在新教创立时期，建制教会是其主导力量，而在其正统化时期，各种福音教派成为活跃的力量。因此，福音范式的教会理论和政治神学是新教理论最薄弱的环节，既停留于神学层面而缺乏对世俗层面的批判维度和革命意愿，又提供了一种个人主义的新教思维而缺乏像天主教外在权威般的同等权力，因而福音教会从创建伊始便呈现多元化、可变性的发展态势，新教意识形态只是西方国家从传统到现代意识形态过渡的产物。因为，路德政治神学的逻辑只是"目的把手段合理化了"②，即路德及其他改教家为了福音自由和达到上帝之国的目的而把政治权柄的手段合理化和神圣化了。福音范式的政治神学的弱点在于目的是第一位的和绝对

① 〔德〕马丁·路德、〔法〕约翰·加尔文：《论政府》，吴玲玲译，贵州人民出版社，2004，第42页。
② 〔英〕阿利斯特·麦格拉思：《宗教改革运动思潮》，蔡锦图、陈佐人译，中国社会科学出版社，2009，第220页。

的，而手段是次要的和相对的。① 正是基于此理论弊端，路德的政治神学中关于消极的政治服从理论有着相当的模糊性和不一致性。在新教地区以及新教军事联盟的合法性问题上，路德依从封建制度和帝国宪法默认了诸侯武力反抗皇帝的合法性，同时要在理论上为两种政治现象负责：一是诸侯绝对化与专制主义；二是反犹太人现象。

总之，路德神学表征西方现代性源头意义之处正在于其全面的结构变革——神学与哲学的学科分离的文化结构变革、宗教与政治的职能分离的社会结构变革。从统一到分离的结构变革成为西方历史的转折点，在打破了中世纪罗马教会大一统的思想政治局面的基础上，"分离"及其独立、自主等基本原则成为西方现代性努力的方向：在文化上，从经院式的神学形而上学体系中挣脱出来的学科分离的新教文化促成并塑造了哲学的自主以及哲学与神学分离的现代性走向；在社会上，从罗马教会世界性的政治实体中解体而来的职能分离的新教教会推动并培育了世俗国家的建立和政教分离的现代国家制度。因而，路德神学及其福音范式的新教文化以分离的变革结果成为西方世俗化的开端，世俗化浪潮以不可逆转和不断深化的方式塑造了西方现代性的基本性状。

三　价值观念变革——西方现代性的早期生成

具体来说，路德神学的文化和社会结构变革对历史的影响主要是通过价值观念的革新来实现的，一套新的观念价值体系直接表征着西方现代性之早期生成。福音范式对西方社会和各阶层最直接和普遍的影响正在于其提供了一种新的宗教思维、宗教精神和宗教文化，以及由此而来

---

① 因信称义教义体现了路德把上帝的归于上帝的神学思维，其教会理论和政治神学也体现了把上帝的归于上帝、把世俗的归于世俗的逻辑进路。因此，在神本主义的福音范式里，上帝之道以及人的救赎是目的，世俗权威以及人的世俗秩序是这个目的的手段。因此，相比属灵教会、上帝之国的神学概念的根本性地位，建制教会、世俗之国在路德神学的理论体系里是次一级的概念。由此可见，福音范式的新教意识形态始终把世俗权威和世俗秩序的神圣性放在第二位，世俗的政体形式是无关紧要的，根据当地的政治现实既可以发展出路德宗的君主专制主义，又可以发展出加尔文宗的立宪共和主义。

的新的信仰方式、宗教观念和世俗价值。路德神学的主要贡献在于
"把人的位格和基督神性位格统一起来的、已遭破坏或已干枯的联系在
这一经验中即使没有得到恢复，至少也活跃了起来。外在物重新变为内
在，多重变为单一，一般性变成教会性，变成个体性"①。因此，神本
主义取向的福音范式和新教意识形态表现为宗教生活中的个人主义、自
由主义和世俗主义等精神倾向，以此突破和变革天主教意识形态所代表
的集体主义、专制主义和信仰主义的传统价值体系，最终以新教思维和
新教观念推进了西方现代性的发轫。

（一）从集体主义到个人主义

福音范式的本质是"上帝就是上帝"的信仰立场，其内在生命力
是神本主义的价值取向，因而神学思维在人性观上就表现为人与神之间
不可逆转的关系，其中上帝是第一位的、根本的及主动的。相对上帝而
言，人只是第二位的、次要的及被动的。由此，因信称义教义在人性观
上获得了两个方面的内在规定：从逻辑前提来看，关系性维度的人性观
要求的是对人的罪性的自我意识，信靠自我还是上帝成为信仰立场的分
水岭；从逻辑结果来看，"在基督里"既表现出人与上帝之间直接性、
个体性的关系，又表现出教会性、统一性的关系，但人既是义人又是罪
人的救赎确定性表明了上帝救赎世人的普世主义的一面，同时在末世论
的基础上显示了上帝赐予人信心的预定、拣选的一面。② 这是路德神学
人性观的全部内涵与基本逻辑，其中人与上帝的关系在具有普遍性和变

---

① 〔俄〕梅列日科夫斯基：《宗教精神：路德与加尔文》，杨德友译，学林出版社，1999，第
　12页。
② 路德神学展现了一种神本主义取向的人性观。矛盾吊诡的上帝观体现了一种矛盾吊
　诡的人性观，怜悯的上帝和自由的上帝的内在冲突体现为普世的救赎和预定的拣选
　之间的内在张力，而路德神学的逻辑实际上是把信心的确定性作为救赎标准，当然
　路德本人反对任何人为的、外在的救赎标准，在救赎事务上上帝是主动的一方。"而
　从路德的神学观点来看，信本身又是一个'被动的'美德，是神的恩典将之恩赐给
　他所选择的那些人，即他的'特选子民'。"参见〔美〕伯尔曼《法律与革命——新
　教改革对西方法律传统的影响》，袁瑜琤、苗文龙译，法律出版社，2008，第43页。
　这种矛盾的人性观反映了宗教改革运动思潮的逻辑进程，第一波是用称义来表达上
　帝恩典的方式，第二波的核心概念则演变为用预定、拣选来谈论恩典。

革性的意义上成为新教思维的首要特点和基本原则。新教思维首先意味着人与上帝之间直接的、个人的关系，从而突破了天主教思维的教会中介性。"天主教的系统是为了给人以永恒的快乐而建立一种上帝与人之间的客观的、量化的、相对的关系"，因此"罗马教会的体系是一种神－人的管理体系，是由教会的管理来代表和实现的"①。新教使上帝与人之间建立了个人的、性质的、绝对的关系，因而个体性、个人关系成为新教思维的起点，新教实现了从集体主义到个人主义的观念变革和价值转向。打破了教会的中介环节和外在权威，新教在救赎上对信仰的个体性的强调最终形成了宗教生活中的个人主义和教派主义，有利于近现代个人主义思潮的产生和兴起。

（二）从信仰专制到信仰自由

路德一方面在称义问题上强调人的被动性并否定人的自由意志，进而站在神学世界观的立场上否定了信仰之外的自由，另一方面又肯定了信仰之内的自由以及人的能动性。路德从福音自由推导出基督徒的属灵自由。"在基督里"信心的大能使基督徒分享了基督的君王职分和祭司职分，"就君王职分来说，每位基督徒皆因信心而被提升高于一切，籍属灵的权能毫无例外地成为了万有之主"②，这是基督徒的属灵权柄和自由；而就祭司职分来说，"人人皆祭司"（行使在上帝面前的代祷和传福音的祭司职责）消除了人与上帝之间的专制性中介（牧师、教皇和教会）。在路德看来，信心是自由的根源，属灵自由使人的心灵摆脱了罪孽、律法和诫命，从而超越了一切外在自由；信心是良心的根据，称义之后人从被动转为主动地遵行律法和诫命，为取悦上帝而主动行善，为末日的成圣而主动服事邻人和世俗权威。因此，在路德看来，信心"不单是靠基督接受和得到称义的接收器，而且还是基督教徒整个

---

① 〔美〕保罗·蒂利希：《基督教思想史——从其犹太和希腊发端到存在主义》，尹大贻译，东方出版社，2008，第208页。
② 《路德文集》第1卷，马丁·路德著作翻译小组译，上海三联书店，2005，第410页。

生活和工作中的能动工具——信也就是我们的生命"①。因此，有关基督徒的自由可以归结为两个相矛盾的命题——"基督徒是全然自由的众人之主，不受任何人辖管"以及"基督徒是全然忠顺的众人之仆，受所有人辖管"②。路德对自由的吊诡和属灵性质的理解在新教的发展中进一步表现为新教思维的自由精神，从而使新教实现了从信仰专制到信仰自由的观念变革和价值转向。具体来说，信仰自由的新教观念具有如下现代内涵。其一，主观性原则。"这就是路德的宗教信仰，按照这个信仰，人与上帝发生了关系，在这种关系中，人必须作为这个人出现、存在着，即是说，他的虔诚和他的得救的希望以及一切诸如此类的东西都要求他的心、他的灵魂在场。他的感情、他的信仰，简言之全部属于自己的东西，都是所要求的，——他的主观性，他内在最深处对自己的确信；在他对上帝的关系中只有这才真正值得考虑。"③人与上帝关系的个体性表明个人的信仰、良心、意志获得了普遍、一般的形式。以宗教形式并与上帝发生关系的方式表现出来的主观性原则成为现代主体意识的最初环节，"我信"助推了自主性的"我思"的产生。其二，内在性原则。新教中人与上帝关系的直接性表明从外在形式到内在自由的信仰转变，撤除一切中介性环节和外在形式（僧侣、教皇、教会、圣徒、圣母等），也就清除了一切奴性服从和自我异化，一种内在的、个体的信仰权利和自由形式以宗教的形式表现出来，因而精神自由的主体构成了主观性原则成立的基本条件。"这便是'宗教改革'的根本内容；人类靠自己是注定要变成自由的。"④其三，精神自由。以与上帝发生绝对关系的方式并以表象的形式和历史上的形式来把握宗教的具体内容，新教以胚胎状态实现了精神的解放和与自

---

① 〔英〕托马斯·马丁·林赛：《宗教改革史》，孔祥民等译，商务印书馆，1992，第388页。

② 《路德文集》第1卷，马丁·路德著作翻译小组译，上海三联书店，2005，第401页。

③ 〔德〕黑格尔：《哲学史讲演录》第3卷，贺麟、王太庆译，商务印书馆，1959，第378页。

④ 〔德〕黑格尔：《历史哲学》，王造时译，上海书店出版社，2006，第391页。

身的和解，达到了现代精神自由的最初阶段。黑格尔认为，"成为宗教改革的原则的，是精神深入自身这个环节、自由这个环节、回归于自己这个环节；自由正意味着：在某一特定的内容中自己对自己发生关系"①。"精神自由是路德'因信称义'思想的内在实质"②，宗教解放是现代"理论的解放"的开端。"的确，路德战胜了虔信造成的奴役制，是因为他用信念造成的奴役制代替了它。他破除了对权威的信仰，是因为他恢复了信仰的权威，他把僧侣变成了世俗人，是因为他把世俗人变成了僧侣。他把人从外在的宗教笃诚解放出来，是因为他把宗教笃诚变成了人的内在世界。他把肉体从锁链中解放出来，是因为他给人的心灵套上了锁链。"③ 同时，理论领域的精神自由（路德宗）在宗教改革运动的发展中进一步扩展为实践领域的政治自由（安立甘宗）和经济自由（加尔文宗），在宗教宽容的客观影响下有利于信仰自由的真正实现。总之，信仰自由所包含的自由、平等和解放的人的观念以及自由与民主的教会观念是西方自由主义和民主共和等现代精神在宗教形式上的最初体现，信仰自由的新教观念促进了西方现代性之生成。

（三）从否定到肯定俗世

路德克服了天主教实体性的思维方式，在世界观上实现了从二元世界到一元世界的变革。"天主教的世界观在本质上是二元论的——自然和超自然。"④ 天主教深受柏拉图形式与物质的二元创世论的影响，其一直提供着一种希腊化的二元实在结构的创世论。在自然和超自然的二元论的、等级制的实在结构中，超自然的神恩实体补充自然实体，超自然实体是

---

① 〔德〕黑格尔：《哲学史讲演录》第3卷，贺麟、王太庆译，商务印书馆，1959，第384页。
② 赵林：《基督教思想文化的演进》，人民出版社，2007，第137页。
③ 《〈黑格尔法哲学批判〉导言》，载《马克思恩格斯选集》第1卷，人民出版社，1995，第10页。
④ 〔美〕保罗·蒂利希：《基督教思想史——从其犹太和希腊发端到存在主义》，尹大贻译，东方出版社，2008，第177页。

根本的和中介性的，具体表现为教阶体制和圣礼活动，而自然实体是次要的和依赖性的，在实践中表现为否定世界、否定世俗的价值观。同样，天主教在人性观上的灵肉分离的二元论发展出否认肉体的禁欲主义和修道主义，二元论在现实领域表现为精神王国和世俗王国的分裂、教皇和皇帝的对立以及僧侣和俗人的区分。新教思维从上帝与人关系的直接性出发，要重新确立一个一元世界的神圣目标（在基督里和上帝之国等神学概念），以此肯定被创造世界的圆满性与自足性，进而以肯定世俗世界的神学结果实现了从否定到肯定世俗世界的价值转向。因此，新教观念开启了从传统到现代转型的世俗化进程。① 从二元世界到一元世界的世界观变革、从否定世界到肯定世界的价值转向，以及神学与哲学的学科分离、宗教与政治的职能分离，都说明了新教在根本上是具有世俗化性质的一种宗教文化，所以新教文化以宗教观念的方式塑造并推进西方现代的世俗化进程。"这种从神圣到世俗的转化，蕴含着西方文化现代化转型的所有奥秘。"② 路德赋予"呼召"观念以新的时代精神并创造了"圣召"或"天职"观念（德文为 beruf，英文为 calling），最初体现在"人人皆祭司"的理论中，以此反对天主教神圣与世俗阶层的等级之别、命令与劝告的道德诫命区分和修道制度。用"被呼召在世界中服侍上帝"的思想来补充"人人皆祭司"教义，使"圣召"观念从祭司职分延展到世俗日常工作，从而赋予了世俗日常工作以宗教根据和道德意义，并确立了新教框架内的职业伦理观。马克斯·韦伯指出了路德"天职"观念的深远影响："如此赋予俗世职业生活以道德意义，事实上正是宗教改革，特别是路德影响深远的一大

---

① "世俗化的开端"是宗教改革运动的核心成果，是其实践领域的世俗成效的理论源头，究其根本，是新教思维的一元世界对天主教二元世界的克服和超越所致。从逻辑上来说，是上帝观以及相应的人性观的变革带来了神学世界观的变革。路德在十字架神学上以吊诡的表述方式来理解上帝外在超越而又内在临在的奥秘性，在因信称义教义上强调上帝的主动性作为，实现了从静态到动态的上帝观变革，实现了从上帝本体论到上帝功能论的转向，并以此建立了上帝与世界、上帝与人之间的直接性关系，从而以世俗世界的神圣根据为前提提供了一种肯定世俗世界的价值取向、肯定人的现世生活的神学观念以及肯定世俗权威的意识形态。

② 赵林：《基督教思想文化的演进》，人民出版社，2007，第 141 页。

成就。"① "天职" 观念在新教发展中体现了新教徒对世俗世界的积极态度以及对日常工作的正面态度，从而推动了新教伦理从出世到入世的禁欲主义的转向，这种入世的禁欲主义的工作伦理观因与理性化的资本主义精神有着内在的亲和性从而刺激了资本主义社会的原始积累和经济发展。正是路德所开创的神圣与世俗内在转化的一元论新教思维，使加尔文在其理论发展中更侧重上帝与世界、上帝与人之间的律法关系，从而促进了新教地区现代科学的兴起和政治革命的萌芽。因此，新教作为世俗化开端的积极意义在于："宗教改革运动所如此特有的对俗世秩序的积极和委身的态度，在一连串神学的设想上，承担起塑造现代西方文化的重要责任。"②

总而言之，路德神学以神本主义取向的福音范式对抗人文主义取向的律法范式的革命动力带来了一场宗教文化的变革，同时作为宗教改革运动的理论起点而发展为西方从传统形态到现代形态转型的历史事件。福音范式所体现的 "唯独恩典与信心" "唯独圣经" "人人皆祭司" 等基本教义成为宗教改革运动的目标；福音范式所实现的神学与哲学学科分离、宗教与政治职能分离的结构性变革塑造了西方从统一到分离的现代性走向；福音范式所蕴含的个人关系、自由精神、一元世界的新教思维转向以宗教的形式培育了西方个人主义、自由主义和世俗化的现代精神。路德神学作为西方现代性之源头的理论价值正在于其对宗教理论、宗教文化的变革以及宗教精神、宗教生活的重塑，不仅是对西方传统形态的突破、瓦解和变革，而且是对西方现代形态的推进、塑造和培育。所以，宗教改革运动的理论起点是一种神本主义的神学体系，是一种以神的名义来对抗神圣权威与肯定世俗权威的宗教意识形态，而宗教改革运动从一开始便面临着新教分裂的多元发展趋势。

---

① 〔德〕马克斯·韦伯：《新教伦理与资本主义精神》，康乐、简惠美译，广西师范大学出版社，2007，第 56 页。
② 〔英〕阿利斯特·麦格拉思：《宗教改革运动思潮》，蔡锦图、陈佐人译，中国社会科学出版社，2009，第 253 页。

第二节 宗教改革运动思潮多元化的
发展路径

路德神学提供了一种可资取代天主教的神学取向、范式基础和宗教精神，这样一种抽象、彻底和普遍的宗教理论构成了宗教改革运动的共同信念和核心思想。马丁·路德开创了一个新世界，其"颠覆世界"的理论贡献使西方处于非此即彼的选择时刻，进行宗教改革或追随教皇维护天主教成为西方世界的世俗权威和宗教人士不得不做的决定，西方世界由此从中世纪统一的思想政治状态走向了近代文化、教会及国家的分裂。一方面，没有路德神学的思维转向和范式转换，宗教改革运动是不可想象的，唯有路德的福音范式才能成为中世纪末期以来混乱而又多元的改革方案的整合平台；另一方面，以路德神学的福音范式和基本教义为共同信念的宗教改革运动并没有停留于路德神学之中而出现统一的改革势态，在诸多因素的共同作用下，宗教改革运动从一开始便存在不同的发展路径。为实现世俗权威获取教会领地的经济政治利益的世俗目的以及满足不同阶级对固有封建制度进行改革或革命的政治愿望，消解权威的新教内部沦为神学观念和教义厮杀的战场，以教会革新为初衷的宗教改革运动陷入抗争与迫害的困境中。因此，宗教改革运动思潮多元化的发展路径体现了西欧各民族国家现代化进程的哲学形态、文化风格和民族特性，为西欧各国不同领域的宗教自由和民族解放开辟了道路。

一 路德主义的发展与福音教派

路德神学是与宗教改革运动同步发展的，因此参与宗教改革运动的各股势力从一开始就表现出既建基于路德神学又超出路德神学范围的改革势头。① 一方面，被哈纳克称为"还原的天才"的路德把基督教原则归结为"因信称义"、"唯独圣经"和"人人皆祭司"等简单原理，并发展为宗教改革运动的共同信念和整合平台；另一方面，宗教改革运动在路德思想的基础上发展出不同的派别，既有茨温利和加尔文领导的加尔文宗左派以及再洗礼派等激进派别，又有梅兰希顿等人文主义路德宗的温和右派以及罗马天主教反宗教改革运动的保守右派。对路德神学保守还是激进的价值取舍决定了改革各派在路德神学神本主义取向的基础上所发展出的人文主义、激进主义、教派主义、革命主义、理性主义、律法主义、道德主义等多元的宗教走向。这种共同的范式基础和多元的宗教走向共同构成了新教文化的基本特性，多元的宗教意识形态（新教和天主教）塑造了西方现代各国的民族特质和文化特性。

（一）人文主义

被喻为"德国的导师"的菲利普·梅兰希顿是路德宗的建设者和路德主义的提倡者，有着人文主义精神治学背景的他开辟了路德神学系统化、实践化和人文主义化的发展进路。把人文主义精神引入路德神学，"这也使得他能够使德国的宗教改革运动比较接近人文主义的传统"②，从而弥补路德神学与人文主义的分歧和隔阂。路德

---

① 一部分是由路德神学的不足造成的——路德并没有提出系统神学，其神学思想也有待完善；一部分是由路德神学的独特性造成的——"矛盾吊诡乃是路德正常的表达方式，因为他认为，神以及神的道终究是奥秘的，并且超乎人类的理解力之外"，参见〔美〕奥尔森《基督教神学思想史》，吴瑞诚、徐成德译，北京大学出版社，2003，第429页；一部分是由路德神学的悖论造成的——对人性持有一种悲观主义态度，人是全然败坏的罪性（包括人的理性与自由意志）以及"律法和理性之光无法照亮信心的幽暗"，参见〔美〕约翰·卡洛尔《西方文化的衰落：人文主义复探》，叶安宁译，新星出版社，2007，第57页。这种悲观主义的人性观与文艺复兴时期人文主义者乐观主义的人性观形成了鲜明对比。路德神学以一种逆时代精神的反叛方式促进了现代精神的到来，也预示着人类中心主义的现代精神在与神圣渊源进一步分离的情境中陷入虚无主义的深渊与相对主义的泥淖中。

② 〔美〕冈察雷斯：《基督教思想史》第3卷，陈泽民等译，译林出版社，2008，第112页。

与伊拉斯谟的自由意志之争展现了基督教人文主义者与宗教改革运动之间的张力：基督教人文主义者把圣经权威建立在古典著作的流畅性、远古性与简朴性之上，把福音理解为一种生活方式；路德则把圣经的权威建立在其与上帝之道的关系上，把福音视为上帝之救赎应许，从信仰而不是理性和自由意志的立场来认识上帝，从而着重于神学的教义变革、范式转换和思维转向。梅兰希顿于1521年出版的《教义要点》是关于新教基本信条的第一部系统化著作，基本秉持路德的人性悲观主义态度，而《教义要点》的再版则体现了对路德神学的修改和人文主义的努力。"主要不同在于预定论和圣餐礼。"[1] 第一，在称义的问题上，梅兰希顿发展了路德的"外在的义"概念而提出了"法律式称义"教义。"梅兰希顿清楚划分了被宣称为义的事件与成为义的过程，称呼前者为'称义'，而后者则是'成圣'或'重生'"[2]，但他放弃了路德的预定论和人的纯粹被动性，在皈依时有三个因素同时发生作用——上帝之道、圣灵和人的意志，进而发展出在救赎事务上上帝与人协作的"协同作用说"。在称义的问题上引进人的意志作用而弱化了路德悲观主义人性观的定调，企图以神本主义和人文主义的综合形式来促成路德宗与天主教（以及人文主义者）的团结与合一。第二，路德认同神性和人性神秘相通的基督论并坚持圣餐上基督真实临在的观点，这与茨温利对圣餐礼的象征性解释的灵性主义立场存有本质差异，正是圣餐礼的分歧导致了新教内部的分裂。在圣餐礼上，梅兰希顿本着与新教和解的原则而倾向于茨温利的基督的灵性临在，删除了《奥格斯堡信经》里的"真实临在"字样。但是本着团结精神的《奥格斯堡信经》的"《更改》版非但没有促成同改革派各教会的友好关系，反而在路德派阵营内部造成激烈的争论，并

---

① 〔美〕G. F. 穆尔：《基督教简史》，福建师范大学外语系编译室译，商务印书馆，1981，第247页。

② 〔英〕阿利斯特·麦格拉思：《宗教改革运动思潮》，蔡锦图、陈佐人译，中国社会科学出版社，2009，第116页。

进一步巩固了路德派关于圣餐的主张，从而同加尔文派对圣餐的解释针锋相对"①。因此，梅兰希顿人文主义的宗教取向以及团结和解的精神气质在教会分裂的政治现实面前不可能取得实质性进展，反而在接受《莱比锡临时文件》时直接引发了路德宗的内在纷争——菲利普主义和原路德主义之间的争论，在原罪、人的自由意志问题上的争论以及与隐藏的加尔文派的诸多争论，最终导致了1577年的《协和信条》的出台。《协和信条》不仅促成了路德宗内部的团结和教义的统一，成功地与加尔文派划清了界限，而且为路德宗正统主义时期教条化、体系化的发展奠定了基础。

梅兰希顿"德国导师"的作用更多地表现在教会实践方面，其人文主义精神对路德宗的建制发展做出了贡献。"路德宗关于地上王国和天上王国之间的关系的观念，关于法律和信仰的关系的观念，不仅是一套全新的神学理论的渊源，而且是一套全新的政治科学与法学理论的渊源。"② 路德认为，良知源自信仰，是"人与神的关系的载体"，理性是从属于良知的，这颠覆了天主教所持的理性独立并高于良知的观点。两个国度的政治思想表明，不论是神法、自然法还是人法（世俗法）都是上帝为世俗王国所颁布的，以实证主义进路揭示了法律具有世俗、神学和教化方面的用途。路德宣扬的是神的正义，而梅兰希顿宣扬的是社会正义，其在路德的基础上发展出一套系统的法律哲学并以自然法为中介建构了神法（《十诫》）、自然法（理性所认识的先天的道德原则）和实在法之间的内在结构。"自然之光"是神赐给人的先天的知识和道德原则，这些与生俱来的道德观念是理性的前提，同时原罪人理性的败坏需要信仰的指导，否则理性无法正确认识并运用道德观念，因此梅兰希顿的自然法在困境中导引向圣经律法（神法），《十诫》而非理性是自然法的渊源和根基。"这

---

① 〔美〕冈察雷斯：《基督教思想史》第3卷，陈泽民等译，译林出版社，2008，第111页。
② 〔美〕伯尔曼：《法律与革命——新教改革对西方法律传统的影响》，袁瑜琤、苗文龙译，法律出版社，2008，第77页。

就代表着信仰和理性的一个新的调和方式。与传统的罗马天主教思想相反，梅兰登宣称人的理性只有在信仰的指导下才能辨识神法和自然法。而与此同时，他的神法与自然法合而为一，都对应于《十诫》。"① 梅兰希顿通过强调自然法对世俗社会的教育作用是引导罪人认识政治之义，从而建立了自然法与实在法之间的关系——具有一般原则的自然法是具体的实在法的渊源和根基。正是通过神法、自然法和实在法内在结构的建构，梅兰希顿以《十诫》为一切法律的内在根据，进一步推动了世俗的神圣化和道德化，在路德两个国度分离的意义上强化了世俗之国与上帝之国的紧密关系，进而在主题方法论上建立起一套新的法律哲学——"把视法律为体现立法者意志之正式规则的实证主义理论和通过诉诸路德宗法官的神启良知来实施规则的自然法理论结合起来"②。在路德宗的法律哲学中，个人良知成为自然法的渊源，"路德宗的自然法理论从根本上来说是道德理论，而不是法律理论"③。总之，路德福音与律法的辩证法对梅兰希顿而言更多地意味着在路德福音与律法分离的基础上进一步推动律法在世俗之国的实现；神圣与世俗内在转化的一元论对梅兰希顿而言更多地意味着在路德神圣世俗化的基础上进一步发展世俗神圣化的一面。

（二）激进主义

除了将寻求世俗政权支持的宪制主义作为中流砥柱以外，宗教改革运动从改革伊始便分裂出对世俗政权予以置疑、分离或反抗的激进主义和教派主义，并作为宗教改革运动的左翼而被置于世俗政

---

① 〔美〕伯尔曼：《法律与革命——新教改革对西方法律传统的影响》，袁瑜琤、苗文龙译，法律出版社，2008，第86页。

② 〔美〕伯尔曼：《法律与革命——新教改革对西方法律传统的影响》，袁瑜琤、苗文龙译，法律出版社，2008，第8页。

③ 〔美〕伯尔曼：《法律与革命——新教改革对西方法律传统的影响》，袁瑜琤、苗文龙译，法律出版社，2008，第105页。

权的压制之下。① "路德敏感于他所处的政治现实，借着强调建制教会的需要，以抗衡他的极端派批评者在这一点上的看法。正如他借着诉诸传统，以缓和对'唯独圣经'的极端引申，他也同样试图通过坚持教会作为历史建制的看法，借此缓和他对真教会本质所潜藏的极端立场。"② 路德承认使徒传统的圣经解释、使徒信经、三位一体教义、婴儿受洗的传统习俗以及教会与国家合作的保守立场，这使福音激进派认为路德的改革在半路上停了下来而做出妥协，并以"敌视妥协、敌视文化"③ 的激进作风发展了救赎理论的极端性。总体而言，"激进的宗教改革既包括普世性的，也包括宗派性的；既包括暴力反抗，又包括非暴力不合作；既包括禁欲主义和神秘主义，又包括中世纪后期的理性主义萌芽"④。福音激进派的神学基础各有不同，有的根据圣经，有的根据理性，还有的根据圣灵；关涉重心也有所不同，有的关注整个教会的改革，有的关心个人的灵性生活，由此，对抗传统信念的激进主义的共同之处主要在于教派类型。福音激进派抛弃了使徒时代的口头传统，"这种对待传统的方式将个人看法置于教会集体意见之上，开辟了通往个人主义的道路"⑤，灵性的个人主义是其教派类型的主要特征。福音激进派以"唯独圣经"和"回到本源"的极端立场全面恢复了使徒教

---

① 激进主义与宪制主义对待世俗政权的态度是不同的，这也是它们的本质差别。宪制的宗教改革运动以路德的两个国度的政治思想为基础，主张以建制教会的方式来实现政教合一的传统社会形态，并以寻求世俗政权支持的自上而下的改革方式来完成宗教改革和教会建制；而激进的宗教改革运动因对世俗权威持怀疑态度而采取了积极主动的改革方式，由于破坏了传统权威、传统结构和传统信念而招致了宪制主义的排挤和世俗政权的压制，进而提出了与世俗政权分离的和平主义以及反抗世俗权威的革命主义。福音激进教派大致包括三个教派团体——再洗礼派、灵修派和反三位一体派。

② 〔英〕阿利斯特·麦格拉思：《宗教改革运动思潮》，蔡锦图、陈佐人译，中国社会科学出版社，2009，第199页。

③ 〔德〕特洛尔奇：《基督教理论与现代》，刘小枫编，朱雁冰等译，华夏出版社，2004，第76页。

④ 〔美〕蒂莫西·乔治：《改教家的神学思想》，王丽译，中国社会科学出版社，2009，第235页。

⑤ 〔英〕麦格拉思：《基督教概论》，马树林、孙毅译，北京大学出版社，2003，第196页。

会的基本教义、敬拜仪式、教会政务以及生活方式的本来面貌，因此福音激进派所采取的教会与国家分离的教派类型与成人受洗的崇拜仪式成为其基本特征。特洛尔奇从社会学角度对教会类型与教派类型的区分有助于理解福音教派的共同精神："教会类型的本质在于，将宗教的拯救看成上帝的拯救本身和原则上已经实现的果。"① "教会类型的基本思想便成为恩典和一种只需要从信仰获得的、既成的、在基督之死中完成的救赎思想。"② 依据这种客观救赎的教会作为救赎和恩典的中保，不受个人道德完美性的影响，而在原罪不可根除的前提下与现实世界和社会的既定秩序达成妥协，并承认低于基督教义和道德律法的社会和伦理秩序的有用性。天主教和新教两大宗派都属于教会类型，只是新教简化了教义、消除了善工并强调个人称义的确定性；教派类型的 "固有特点是要求毫不妥协地贯彻福音伦理，尤其是恪守登山宝训的严格要求"③。教派是信仰成熟且坚定的基督徒自愿结合而成的神圣团契，布道、圣礼和机构仅被视为维护宗教生活的手段，而教会是人们生来就属于其中的普遍、神圣的制度化机构，教会和圣礼是独立于主体及其作为的恩典的神奇力量。教派主张克服罪而追求圣洁生活并遵守禁令及严格的道德纪律，相信彻底救赎只发生在实践基督教圣洁生活的人身上，"这种严厉的基督教极端主义处处与社会学的自然法和其他社会理想发生激烈冲突"④。因此，教会通过发展基督教自然法概念并引入绝对的教会自然法与相对自然法相区分，而与外在于基督教的社会理想和世俗文化建立起一种控制和调节的关系，天主教通过从自然到恩典的阶梯进程的神学思维以及僧侣制度来做出妥协，新教路德宗则通过职业伦理（另一种

---

① 〔德〕特洛尔奇：《基督教理论与现代》，刘小枫编，朱雁冰等译，华夏出版社，2004，第74页。

② 〔德〕特洛尔奇：《基督教理论与现代》，刘小枫编，朱雁冰等译，华夏出版社，2004，第74页。

③ 〔德〕特洛尔奇：《基督教理论与现代》，刘小枫编，朱雁冰等译，华夏出版社，2004，第75页。

④ 〔德〕特洛尔奇：《基督教理论与现代》，刘小枫编，朱雁冰等译，华夏出版社，2004，第76页。

自然法形式）即私德与公德的区分而走向保守，但是教派在强调绝对自然法与教会法的同一性基础上以和平主义和革命主义的两种进路成为宗教改革运动中积极活跃的改革力量。在此意义上，路德神学所孕育的个人主义、自由主义和世俗化的具有现代性特征的价值取向更多地被福音激进派所贯彻执行，不是新教的教会类型而是新教的教派类型直接促进了现代世界的产生，教派类型在个人主义的现代世界里因契合现代精神而引发了一次次的福音奋兴运动并激起了群众的宗教热情。①

　　首先，从路德与其追随者卡尔施塔特的分歧中可见激进主义的端倪，"茨威考的先知们是后来的激进派的先驱"②。1521 年召开的沃尔姆斯帝国会议上，路德被谴责定罪，而维腾堡的改革在卡尔施塔特的掌控之下走上了激进之路。卡尔施塔特确信路德的福音思想应该在教会的崇拜仪式、宗教生活中实现，于是他开始攻击教会生活中的修道誓愿、独身、弥撒和圣像崇拜，在维腾堡以法令形式强制实行宗教改革计划。为制止维腾堡的骚乱，路德于 1522 年返回维腾堡，开始传讲律法、福音和信心的隐藏性以恢复秩序，并以喝奶与吃干粮的比喻开启了循序渐进的宗教改革。路德本着"让上帝成为上帝"的神本主义取向和罪性意识的虚无主义根基，把上帝启示的途径限定为三种方式——基督、圣经和圣餐礼，把作为上帝恩赐于个人的圣灵与上帝之道联系在一起来解释圣经，因而强调十字架作为救赎的客观事件、圣经中历史启示的客观性以及基督中心的客观视角，而反对对圣经进行任何主观主义的解释，强调圣灵再现的灵性的个人主义，如狂热派都被路德斥为"假先知"。因此在宗教改革的实践中，路德把改革的基础建立在传讲福音和倾听福音的在先性上，认为卡尔施塔特属灵主义的神学与其激进主义的改革实

---

① 特洛尔奇对教会类型与教派类型的区分有助于我们理解新教教会类型的相对保守性与教派类型的革命性。在此意义上，现代国家的建立是新教教派类型的直接产物，而新教教会即便有着个人主义和批判能力，也与天主教一样在教会类型的影响下对传统的世俗秩序持保守主义态度。

② 〔美〕G. F. 穆尔：《基督教简史》，福建师范大学外语系编译室译，商务印书馆，1981，第 241 页。

践具有一致性，并在某种程度上与福音激进教派以及闵采尔和农民战争存有一定的关联性。具体来说，作为独立的、具有实践主义性质的激进教派基本上包括三个教派团体——再洗礼派、灵修派和反三位一体派。其一，再洗礼派发端于茨温利领导的瑞士改革地区，把茨温利对圣礼的理性主义解释运用到洗礼上，否认婴儿受洗的传统习俗。茨温利认为圣礼是教会群体间顺从与忠诚的誓言，以公开宣示信心的方式表明对教会和国家的效忠和成员身份，导致在婴儿受洗的问题上遇到困难时只能强调归属群体（教会和城市）的重要性。再洗礼派以其逻辑一致性主张成人受洗（即有意识的悔改和相信福音应该发生在洗礼之前，只有成人才具备这样的宗教能力），并站在真教会的立场上主张教会与国家的分离，以反对茨温利所强调的国家与教会之间的对等观念和联盟关系。再洗礼派认为宪制主义已深陷于君士坦丁主义和奥古斯丁主义的泥淖。"在教会观以及教会与世俗统治者的关系上，再洗礼派神学乃是激进的反君士坦丁主义者"①，其认为君士坦丁的归信破坏了使徒教会的纯洁性，真教会只能在天上，教会作为追求圣洁生活的义人团契应该与国家分离开来，基督徒本着良心自由应该不参与世俗事务、不抵抗世俗政权，基本上把反战主义作为基督徒生活的标准，但其间也出现过革命的再洗礼派（明斯特市）。"对于救恩论的观点以及基督徒的生活，它是反奥古斯丁主义者"，再洗礼派主张"个人有意识的悔改、信靠，并作基督门徒过圣洁的生活，以至于拒绝救恩乃圣礼中赐下之礼物的观念"②，否认宪制主义的神恩独作说（预定论）、法律式称义和婴儿受洗。其二，"唯独圣经"的极端原则在弃绝使徒传统的圣经解释下，合乎逻辑地发展为每个人有权在圣灵的带领下自行解释圣经，只有通过圣灵的启示才能理解圣经的真正意思或圣灵的启示高于圣经，应当把圣经

---

① 〔美〕奥尔森：《基督教神学思想史》，吴瑞诚、徐成德译，北京大学出版社，2003，第 462 页。
② 〔美〕奥尔森：《基督教神学思想史》，吴瑞诚、徐成德译，北京大学出版社，2003，第 462 页。

的外在形式放置一边而直接接受圣灵的启示。这种带有神秘主义性质的灵修派一般认为人具有神性的火花或"内在之光",强调灵性的内在生活,与18世纪英国的贵格会运动具有一定的相似性。其三,"唯独圣经"的极端原则认为婴儿受洗不符合圣经内容。反三位一体派是靠理智来理解圣经的,对三位一体教义的合理性持怀疑态度,因而成为18世纪神体一位论的前身。

(三) 现实反抗

激进的宗教改革运动一般都是宗教领域的改革激进主义,再洗礼派并没有直接提出改变世界的政治革命和社会革命的纲领,有的只是无政府主义的政治诉求。但是宗教改革与社会革命本是一体两面的,在信仰社会里,任何对宗教的改革和变革必然会被推向社会革命层面,通过披着宗教的外衣来明确地提出推翻封建等级制度和建立新的平等的"千年王国"的革命纲领。"路德通过翻译圣经给平民运动提供了一种强有力的武器。他在圣经译本中使公元最初几个世纪的纯朴基督教同当时已经封建化了的基督教形成鲜明的对照,他提供了一幅没有层层叠叠的、人为的封建等级制度的社会图景,同正在崩溃的封建社会形成鲜明的对照。"[①]"唯独圣经"的极端立场与处于中世纪封建等级秩序最底端的农民、平民阶级结合在一起,与中世纪持续不断的农民起义的革命传统结合在一起,合乎逻辑地发展为现实反抗和暴力武装的革命道路,表现为闵采尔所幻想的地上弥赛亚主义以及1524~1525年的农民战争。

具体来说,路德与闵采尔在神学观上有如下差别。其一,路德是从基督中心和福音中心来解释圣经的,他更愿意从圣经中寻找上帝之道作为客观启示;而闵采尔更倾向于个人的直接启示和主观启示,否认圣经是唯一和无误的启示;"真正的生动活泼的启示是理性",把理性与圣

---

① 《德国农民战争》,载《马克思恩格斯全集》第10卷,人民出版社,1998,第491页。

灵等同起来并与圣经相对立，"信仰无非是理性在人身上的复苏"[1]。其二，在路德与其他宪制改教家看来，上帝与人的关系既有外在的超越一面又有内在的临在一面，从上帝的主权出发着重强调上帝与人远离或疏离的正常关系，上帝在天上，而人在地上。闵采尔则强调圣灵在个人中的出现以及具有神秘主义性质的神人关系，突破了上帝观的传统教义而达到了现代泛神论的哲学水平。其三，路德在称义的确定性的基础上仅仅规定了基督徒在个人道德领域的能动性，其他宪制改教家也停留于基督徒的伦理和道德领域。而闵采尔在拣选的确定性的前提下放弃了一切圣礼的必要性，要求基督徒主动承担十字架的责任来改造恶的社会，在此世建立天堂或"千年王国"的末世论的驱动下引发了对国家和社会的革命批判以及政治和暴力革命，但是路德的末世论情结只是消极地等待基督的再来和神迹的出现，从而以上帝主动介入的方式在地上建立上帝之国。其四，路德与闵采尔在神学观上的差异，进一步表现在政治思想上——路德以"两个国度"理论提供了一种实证主义和传统主义的政治理论和社会学说而主张君主专制，闵采尔却达到了以革命的方式实现没有阶级对立、没有私有财产的平等社会之共产主义的理论高度，这个革命纲领被恩格斯誉为"无产阶级因素的解放条件的天才预见"[2]。其五，恩格斯站在唯物史观的立场上进一步分析了路德和闵采尔的意识形态和阶级立场：政治营垒的"归并是在宗教改革时期随着革命的宗教政治思想的普遍传播才开始出现的"[3]，以实际的政治经济利益为目的的宗教改革运动在闵采尔发动的农民战争之后出现了阶级分化和政治营垒的对立，从而使德国的宗教改革运动分化为三个政治营垒——以帝国政府、僧侣诸侯、部分世俗诸侯、高级贵族和高级僧侣组成的保守的天主教营垒，以世俗诸侯、低级贵族和市民阶级组成的温和的路德宗营垒，以及以农民和平民组成

---

① 《德国农民战争》，载《马克思恩格斯全集》第 10 卷，人民出版社，1998，第 494 页。
② 《德国农民战争》，载《马克思恩格斯全集》第 10 卷，人民出版社，1998，第 495 页。
③ 《德国农民战争》，载《马克思恩格斯全集》第 10 卷，人民出版社，1998，第 481 页。

的革命派营垒。路德所代表的市民阶级的改良主义与闵采尔所代表的平民和农民阶级的革命主义划清了界限。在抑制革命意志的情势下，德国宗教改革运动的成果被"出卖"给诸侯，从而形成了德国的诸侯专制主义和地方割据局面，中央集权和地方分治的内在张力促使德国16～17世纪两次宗教战争的爆发，极大地阻碍了德国资本主义的兴起和发展。

以路德神学的福音范式为理论源头，德国路德宗（路德主义）在内部分化的基础上实现了神本主义与人文主义的新的结合与发展，在外部分化①的基础上走上了一条实证主义的、君主专制主义的自上而下的改良道路。作为新教意识形态的路德主义具体表现为实践领域的保守主义立场和理论领域的人文主义的渗透，实际发展为诸侯领导的主教制的国家教会的形式，在《协和信条》的基础上最终被确立为路德主义的正统化（新教经院哲学）的发展道路，从而使路德神学以及正统主义

---

① 路德宗（或路德主义）的最终发展是由天主教反宗教改革运动的保守主义、再洗礼派的激进主义、农民战争的革命主义以及加尔文宗（加尔文主义）的理性主义几个因素共同制约而以独立形式确立下来的，反之亦然。天主教的反宗教改革运动是宗教改革运动思潮多元发展的有机组成部分，但本文着重论述新教地区和新教文化，天主教的内部改革就不再加以论述了。特伦托公会议是天主教对宗教改革运动的回应，是天主教、新教自身发展的转折点。天主教的内部改革有以下几个趋势。第一，"这个两条战线上的改革方案——健全的神学学术研究和坚决镇压持异议者——后来成了整个天主教改革时期的特点。"参见〔美〕冈察雷斯《基督教思想史》第3卷，陈泽民等译，译林出版社，2008，第210页。以镇压异端和发表《严禁书籍目录》的宗教法庭的专制形式，教皇权威和教阶制度在不触动教会传统及其体制的保守式的改革前提下，在宗教领域得到巩固和加强，15世纪兴起的教皇至上主义和公会议至上主义的理论冲突最终以教皇权威的强化而结束。第二，中世纪后期相对混乱而多元的教义发展在区别开新教教义的目的下得以综合，托马斯主义成为天主教神学的解释权威和理解模式，在神学教义的发展上，天主教也是持保守主义立场的，凡是路德和新教所攻击和批判的都成为天主教的正式教义。第三，新的修会方式的兴起（罗耀拉创立的耶稣会）成为天主教改革中最具活力之处，对新世界的传教和皈依成为耶稣会的基本宗旨；由此，当新教热衷于在欧洲传播的时候，天主教已经展开对新世界和殖民地的传教活动，在传教活动方面，新教是远远落后于天主教的。第四，改革渠道在于处理道德事务和灵性事务，解决中世纪末期罗马教会经济腐败、道德腐化等问题，圣职买卖和违背独身誓言等被严格禁止，严肃的道德生活、灵性的教牧工作和虔诚的宗教热忱成为天主教改革的主要方向。

的神学体系成为德国近现代文化的主要塑造力量。当然，由于作为神圣罗马帝国的德国处在诸侯割据分裂的政治环境中，16 世纪的宗教战争和 1555 年的《奥格斯堡和约》、1618～1648 年的三十年战争和 1648 年的《威斯特伐利亚和约》分别承认了路德宗和加尔文宗的合法地位，这表明了塑造德国近现代文化的宗教因素的多元性，宗教改革运动的多元思潮造就了作为德国民族文化灵魂的德国哲学的多样性和丰富性。其中，传承德国中世纪神秘主义宗教精神的路德主义是主要力量，在路德以及路德主义所实现的"理论的解放"和"精神自由"的思想氛围中孕育了"具有世界意义"的德国哲学及其浪漫主义和唯心主义的流派传统。[①]

二 加尔文与加尔文主义的发展

随着中世纪经院神学文化和封建社会的解体、新的资本主义经济的萌芽以及民族国家的崛起，改革具有世界性质的政治实体的罗马教会成为欧洲各国的普遍心声。16 世纪初是欧洲宗教改革的成熟期，无论是通过国王和教皇的权力较量来实现中央集权的政治目的而继续保留天主教的保守方式（主要指法国和西班牙），还是直接以改革神学教义或教会实践的激进方式来对抗和制衡罗马教会。路德受惑于罪与恩典、人与上帝的关系，从个体性的属灵经验出发首先进行了神学的教义改革，强调宗教领域的个体意识和神学教义的重要性。相比较而言，茨温利出于爱国主义和理性的政治目的率先进行教会的实践改革，从而相对独立地开创了关注宗教领域的团体意识和道德纪律的改

---

① 在一定意义上，宗教改革运动的多元思潮形塑了西欧各民族国家现代性文化的哲学形态和理论风格，西方现代文化的民族特性是由宗教改革运动这一历史事件造就的。仅仅从中世纪经院哲学的唯实论与唯名论的分野来说明西方近代哲学的不同发展走向是不够充分的，用来说明德国哲学的丰富样式也是困难的，连接中世纪经院哲学与近代哲学的新教文化，才是解释近代哲学不同形态的理论钥匙。因此，对于德国哲学，路德以及路德主义是其主要塑造力量，同加尔文主义和天主教传统一起造就了德国哲学的多样性，这与单一性的英国哲学、法国哲学形成了鲜明对照。

革宗传统。茨温利"一部分依赖于路德，一部分独立于路德"①，形成了更适合新兴的市民阶级的教会—城市模式的改革宗传统。1529年以建立军事联盟为目的旨在联合改革两派和达成神学共识的马尔堡会议上，"路德和慈温利之间在圣餐解释上的冲突，象征着对神学的两种不同的探讨方法"②。经由布塞和布林格的努力，最终约翰·加尔文通过《基督教要义》的神学体系化的努力使改革神学在具有独特形式的前提下与路德神学的福音范式实现了全新的综合。由此在相互区别的前提下，加尔文的神学成为改革宗的基本范式，通过具有国际性特征的加尔文主义与清教徒运动，影响和塑造了西方现代文化以及英美等国的现代文化传统。

（一）中间环节：与茨温利的圣礼之争和新教教派的分裂

作为古典的、宪制的宗教改革运动的重要人物，路德和加尔文分别代表了新教两派的神学形式、改革模式和宗教精神，但从路德到加尔文的逻辑脉络中存在一个无法跨越的中介环节——正是作为改革宗传统源头的茨温利在相对独立的改革尝试下造成了新教教派的永久分裂。"由于慈温利的缘故，瑞士的宗教改革运动在路德和人文主义的深刻影响下，形成了自己的独特模式，但也是瑞士当时出现的特殊的政治和社会情况的一种产物。"③ 茨温利所开创的改革宗的独特形式经过加尔文的综合和体系化而趋向于路德的观点，但在加尔文主义的世界性的扩张和发展中（尤其在英国），茨温利主义得以再次抬头。因此，茨温利神学对改革宗和宗教改革运动思潮的研究来说是格外重要的，以圣礼纷争为标志，茨温利神学与路德神学之间的差异成为新教教派分裂的理论源头。具体来说，茨温利神学与路德神学的差别如

---

① 〔美〕保罗·蒂利希：《基督教思想史——从其犹太和希腊发端到存在主义》，尹大贻译，东方出版社，2008，第232页。
② 〔美〕冈察雷斯：《基督教思想史》第3卷，陈泽民等译，译林出版社，2008，第137页。
③ 〔美〕冈察雷斯：《基督教思想史》第3卷，陈泽民等译，译林出版社，2008，第84页。

下。第一，知识背景。路德是通过经院哲学唯名论的教育和神秘主义神学的熏陶来实现神学教义变革的，而茨温利是在经院哲学唯实论的哲学基础上接受了人文主义的改革方案，以推进教会变革为首要目的而逐渐实现神学观变革的。因而，不像路德开创了一套自成体系的神学方法、思维方式和语言风格而转向圣经神学，实现了神学与哲学的学科分离，"茨温利把希腊哲学、基督教自然神学（深受阿奎那的影响）、亚里士多德的逻辑、圣经神学交织在一起，并且又诉诸基督教传统"①，肯定"哲学具有正面的价值，完全与路德反哲学的神学方法大相径庭"②，在人文主义和理性主义的改革走向上接纳了路德的恩典及因信称义思想。第二，圣经的解释方法。路德在灵性生活的焦虑和神学思考的斗争中发现了圣经与传统的内在矛盾并确认了"唯独圣经"的新教原则，但茨温利是从人文主义者发展为新教改教家并采用人文主义方法来研究圣经，回到圣经作为基督教复兴的途径是人文主义者以复兴古代文化为己任"回到本源"（古代文本）的一部分。不同于路德在字面意义的基础上所做的字面历史性与字面预言性的意义区分，茨温利发展了伊拉斯谟对圣经字与灵之区分的解释方法而把圣经的自然意义作为理解圣经的重心。"当路德倾向把圣经视作主要关乎向信徒宣讲上帝的恩慈应许时"，"伊拉斯谟、布塞和茨温利把重点放在了圣经的道德性或借喻性意义上"，以道德主义的态度"把圣经描述成是一个'新律法'"③。"同样地，当伊拉斯谟与布塞把圣经的借喻性意义视之为界定信徒必须要做的事情时，路德在他神学突破之际却把同一意义解释成界定上帝在基督里为信徒已做的事情。"④ 由此，"对

① 〔美〕奥尔森：《基督教神学思想史》，吴瑞诚、徐成德译，北京大学出版社，2003，第434页。
② 〔美〕奥尔森：《基督教神学思想史》，吴瑞诚、徐成德译，北京大学出版社，2003，第434页。
③ 〔英〕阿利斯特·麦格拉思：《宗教改革运动思潮》，蔡锦图、陈佐人译，中国社会科学出版社，2009，第154页。
④ 〔英〕阿利斯特·麦格拉思：《宗教改革运动思潮》，蔡锦图、陈佐人译，中国社会科学出版社，2009，第154页。

路德来说，圣经宣称了上帝的应许，那是释放和安抚着信徒的；它所关注的基本上是叙述和宣称上帝在基督里为有罪的人类所做的事。对茨温利来说，圣经列出了上帝对信徒而作的道德要求；它关注的基本上是指出人类在回应基督提供的榜样所必须做的事"①。圣经解释方法的差异性决定了人们对待圣经的两种立场，也决定了两者有着不同的宗教精神和神学气质。路德神学保有神本主义取向和悲观主义态度，与之相反，茨温利神学始终保有人文主义倾向和相对的乐观主义态度。第三，神学起点和性质。路德神学的出发点是上帝之道，以矛盾吊诡的方式彰显上帝之道和上帝本性的内在张力而主张神学聚焦于上帝之道；茨温利则把基督论和上帝论、圣经和圣灵、神学和哲学的内在矛盾以综合形式保留了下来。因而，路德辩证地解释并坚持了基督教的传统教义——上帝既是外在超越的又是内在临在的，以神秘的上帝观来解释上帝与世界、上帝与人之间非理性的关系。反之，"茨温利神学最根本的出发点就是创造者与被创造物的绝对分开"②。茨温利由此开创了强调上帝与人之间绝对超越的改革宗传统，并主张通过自然法建立上帝与世界之间的理性关系。他没有离开经院主义传统，而是在护佑和创造的语境里谈预定论，"把神的至高主权当作基督教思想的第一个原则"③ 和中心，在把神的拣选与预定作为预知原因的前提下颠覆了阿奎那经院传统的预知在先根据，拒绝了预定论里人的自由意志的进入，进而把理性演绎而来的体现上帝自由意志的双重预定论作为接受和理解路德因信称义救赎论的神学根基。在对待罪的问题上，路德认为人类最根本的罪是人类的自我中心；但对茨温利而言，"人性最大的罪就是偶像崇拜"，"宗教改革本质上是一场从偶像崇拜到服侍独一真神

① 〔英〕阿利斯特·麦格拉思：《宗教改革运动思潮》，蔡锦图、陈佐人译，中国社会科学出版社，2009，第 118 页。
② 〔美〕蒂莫西·乔治：《改教家的神学思想》，王丽译，中国社会科学出版社，2009，第 105 页。
③ 〔美〕奥尔森：《基督教神学思想史》，吴瑞诚、徐成德译，北京大学出版社，2003，第 435 页。

上帝的运动"①，"上帝的全能和人类的无能"② 的基本观念成为宗教改革的重要特征，以后加尔文主义的发展更多地继承了茨温利的预定论教义与神的绝对主权思想。第四，称义理论。称义理论是新教改革的突破点，神恩独作说和神人合作说成为新教和天主教的基本分歧，新教教派的分裂直接地表现在称义理论的理解分歧上：路德重视的是救赎的客观根据——上帝的恩慈和救赎罪人的福音事实，关注的是个体性的救赎；而茨温利所开创的改革宗传统更注重救赎的效果——"福音的道德结果"③，瑞士宗教改革的基本特色是道德性的，更多地关注教会和社会整体性的道德和属灵更新。在对基督的认识上，路德强调基督在基督徒中的个体性临在，而茨温利倾向于把基督看作一个外在的道德榜样。在律法和福音的关系上，路德从对立统一的角度来构建律法和福音的辩证关系、确立福音的中心地位，但茨温利弱化了路德所提出的福音与律法的区别理论，转而以"福音的律法"来强调律法和福音是不可分割与相互补充的，神的律法（《十诫》）是上帝对公义和圣洁生活的旨意表达。延续唯名论和人文主义的福音律法理论，使"宗教改革思想有一种天主教因素，即福音可以解释为一种新的律法的观念"④。因此，对注重成圣和律法的改革宗来说，宗教改革不单单是神学教义变革，更是道德实践和政治实践变革。福音律法把改革重心引向教会整体的道德建设和仪式变革，在"福音的律法应当是国家律法基础的原则"⑤ 下将其引向教会—城市这种神权政治模式的道德建设。改革宗的一个显著差别

---

① 〔美〕蒂莫西·乔治：《改教家的神学思想》，王丽译，中国社会科学出版社，2009，第 105 页。

② 〔英〕阿利斯特·麦格拉思：《宗教改革运动思潮》，蔡锦图、陈佐人译，中国社会科学出版社，2009，第 128 页。

③ 〔英〕阿利斯特·麦格拉思：《宗教改革运动思潮》，蔡锦图、陈佐人译，中国社会科学出版社，2009，第 117 页。

④ 〔美〕保罗·蒂利希：《基督教思想史——从其犹太和希腊发端到存在主义》，尹大贻译，东方出版社，2008，第 234 页。

⑤ 〔美〕保罗·蒂利希：《基督教思想史——从其犹太和希腊发端到存在主义》，尹大贻译，东方出版社，2008，第 235 页。

就在于福音律法所体现的行为主义。

　　两种改革理路的分歧不仅体现在神学理论上，而且更直接地表现在宗教实践领域。其一，圣礼纷争。1529 年在联合改革两派建立军事联盟并达成神学共识的马尔堡会议上，路德和茨温利在圣餐礼上的冲突体现了两种不同的宗教精神和"宗教经验类型"："一种是对圣事的神秘主义解释，另一种是理智的解释。"① 路德以"遗约"概念发展了圣礼理论，圣礼的功能在于上帝以神圣设立的有形记号向信徒保证赦罪应许、增强信徒的信心并保证"在基督里"的圣徒的联合，以基督在圣餐上真实临在的基督论来强调圣礼和教会的神秘性；而茨温利以"誓约"概念发展了理性主义和属灵主义的圣礼理论，以圣礼从属于宣讲上帝之道的逻辑使圣礼的理解从上帝对信徒的信实保证转向了信徒间顺从与忠诚的誓言，圣礼成为信徒公开宣示信心以表明其对教会和国家效忠及成员身份的方式，以圣餐上基督的灵性临在的基督论消除了圣礼和教会的神秘性。茨温利的圣礼观造成了与路德的圣餐之争和新教教派的永久分裂，圣餐争论的中心是经文"这是我的身体"中"是"的意义，路德以圣经字面主义的解经方法强调圣餐中基督的身体临在。相反，茨温利以人文主义的解经方法从象征意义上表明圣餐里基督的灵性临在。圣餐分歧的根源在于基督论的分歧——在基督的复活与再来的中间阶段，基督的身体无处不在还是限定在天堂，认同前者教义的路德持有基督神性与人性"属性相通"的基督论，并把"属性相通"的基督从地上扩展至天堂，同时驳斥茨温利的见解过于天真；认同后者教义的茨温利持有精神和身体分离的观点以及基督的神性与人性相分离的基督论，基督的身体是限制在天堂的，圣餐只是对基督的纪念，认为对方犯了偶像崇拜的大罪。从哲学术语上讲，路德认为"有限能承载无限"，相反茨温利认为"有限不能承载无限"，这种宗

---

① 〔美〕保罗·蒂利希：《基督教思想史——从其犹太和希腊发端到存在主义》，尹大贻译，东方出版社，2008，第235页。

教思维上的差别"首先表现在基督论中，后来推广到整个圣事生活和对自然界的关系"①，从而形成了路德宗和改革宗的根本差别和两种极端立场。茨温利的圣礼观又造成了再洗礼派的分裂与被迫害以及教派类型的兴起。再洗礼派发端于瑞士宗教改革地区并非偶然，是理性主义和属灵主义的圣礼理论的逻辑必然。"决定性的差异在于，茨温利有一种更完整地得到发展的圣灵的学说，路德和其他宗教改革者都缺少这种学说。"② 圣灵的救赎可以直接地、无中介地恩赐给人，这样道成肉身和圣灵的关系问题就有了相当大的模糊性和变动性，在救赎上既有通过上帝之道的圣灵的日常工作方式，又包括救赎如苏格拉底等哲学家的特殊工作方式，在圣礼上以灵性主义立场反对圣餐是道成肉身的延续。圣灵学说成为个人主义和教派类型滋生的温床。从建制教会的逻辑出发，茨温利发展了圣礼对群体归属感的政治功用，以婴儿受洗的强制规定为支点维护了教会的统一和城市秩序的稳定。而从圣灵学说出发，再洗礼派以成人受洗为象征提出了一种教会与国家分离的教派类型的信仰模式。

其二，教会和国家。宪制改教家一般都认同路德所提出的可见教会与不可见教会的区别以及"两个国度"理论，但由于有着不同的神学根基，路德宗和改革宗开创了不同的改革实践模式。根本差异在于律法和福音的关系：路德是在福音和律法相区别的前提下谈两者的统一关系的，在理论上倾向于教会的属灵权柄与国家的属世权柄的区别和分离；在实践上，路德宗在教会事务从属于、隶属于国家事务的逻辑下形成了国家教会的政教形式；而茨温利在预定论的基础上主张福音和律法的同一和协调，在理论上以"基督的国度也是完全外在的"③ 这一社会理想促使教

---

① 〔美〕保罗·蒂利希：《基督教思想史——从其犹太和希腊发端到存在主义》，尹大贻译，东方出版社，2008，第236~237页。
② 〔美〕保罗·蒂利希：《基督教思想史——从其犹太和希腊发端到存在主义》，尹大贻译，东方出版社，2008，第232页。
③ 〔美〕蒂莫西·乔治：《改教家的神学思想》，王丽译，中国社会科学出版社，2009，第115页。

会和国家建立起相互依赖的关系，①　在实践上，苏黎世的改革宗在同一逻辑下却形成了教会国家的政教形式。在教会生活方面，茨温利在反对偶像崇拜和仪式的同时对教会生活进行了激进改革，剔除了中世纪虔诚的礼仪性仪式和宗教装饰，而路德保留了圣经中没有明文禁止的崇拜仪式和教会传统。在国家组织方面，茨温利明确地探讨了几种世俗政权的政治制度（君主政体、贵族政体和民主政体）的优劣，在苏黎世寡头政体的政治现实面前赞同贵族政体的形式，并在反抗义务问题上与其他古典的宪制改教家不同，他积极地论证了下级官员具有反抗暴君的义务，也暗示过杀死暴君的可能。其三，基督徒的生活。在社会层面，改教家与当地的政治经济现实是相互影响和塑造的，路德与日耳曼君主国、茨温利与瑞士城市之间的互生关系表明了改教家是从政治、社会、经济和文化等现实层面来决定基督徒的生活的。"路德有一种基督教生活的动态形式"②，以矛盾的方式表现了基督教生活的矛盾性和动态性以及群体衰落和兴旺的发展走向，而"茨温利和加尔文一样提出一种静态的形式"，"信仰是心理的健康"，"信仰是更趋向于人文主义的，它与健康的资产阶级的理想颇相类似"③。"因此，茨温利与路德之间的基本不同在于：基督教生活的矛盾与基督教生活的合理的进步主义之间的对立。"④　路德及路德宗在德意志发展了一种"乡村与小城市的小农

---

① "对于茨温利来说，'教会'与'国家'只是理解苏黎世城市的不同角度，而不是两个独立的个体。""茨温利把苏黎世视为神治的政体，换言之，整个城市群体的生活都是在上帝的管治之下：牧师与地方官员都是受命宣讲与执行那管治。"参见〔英〕阿利斯特·麦格拉思《宗教改革运动思潮》，蔡锦图、陈佐人译，中国社会科学出版社，2009，第220~221页。"与其他改革城市比起来，苏黎世的教会与市民团体更是一个不可分割的整体，由属灵的和世俗的长官共同管理，他们都将圣经权威的原则作为其共同统治的基础来接受。"参见〔美〕蒂莫西·乔治《改教家的神学思想》，王丽译，中国社会科学出版社，2009，第116页。
② 〔美〕保罗·蒂利希：《基督教思想史——从其犹太和希腊发端到存在主义》，尹大贻译，东方出版社，2008，第232页。
③ 〔美〕保罗·蒂利希：《基督教思想史——从其犹太和希腊发端到存在主义》，尹大贻译，东方出版社，2008，第232页。
④ 〔美〕保罗·蒂利希：《基督教思想史——从其犹太和希腊发端到存在主义》，尹大贻译，东方出版社，2008，第233页。

以及小手工业者的家长式文化"①，而茨温利及改革宗在商业和工业中心的瑞士发展了一种具有工商业和世界视野的文化。

（二）新的综合：加尔文对新教神学系统化与实践化的发展

"瑞士的宗教改革是宗教改革与人文主义的综合"②，茨温利神学表明了基督教人文主义改革方案可以激进的方式与宗教改革的基本范式相糅合，象征性地体现了宗教改革运动思潮与中世纪末期多元改革传统的连续性。与路德及路德宗相比，茨温利相对独立地发展了一种兼有人文主义、理性主义和灵性主义特点的神学类型，一种教会—城市的实践模式以及具有市民阶级文化性质的改革宗传统。经由布塞和布林格，宗教改革运动初期的两种极端对立的改革形式最终得以统一，并在从茨温利到路德的发展逻辑下最终以加尔文为名确立了改革宗（即加尔文宗）的基本范式和独特形式。宗教改革运动的改革情势已经转变为天主教势力对新教势力的反扑、镇压，新教教派的生存危机使两派意图在达成神学共识的基础上建立军事联盟、实现新教统一。相比第一代改教家具有突破性和独立性的神学根基（路德的因信称义教义和茨温利的预定论教义），第二代改教家的改革目标主要是逻辑化、系统化和综合性的神学根基，实践主义的宗教精神以及组织性强的教会形式，在日内瓦改革的加尔文承担了这一历史使命——以其清晰流畅的表达和系统条理的神学特点综合了路德神学的福音范式和茨温利神学的改革宗遗产，并推动宗教改革运动迈向新的阶段、走向新的天地。在此消彼长的较量中，路德神学从改革初期影响整个西方到后来仅仅局限于德国和北欧。与此同时，加尔文神学在理论、实践上都赋予了宗教改革运动以新的活力并以取代路德神学的势头从日内瓦扩展到整个西方（法国、英国、荷兰和德国）。从路德神学到加尔文

---

① 〔美〕保罗·蒂利希：《基督教思想史——从其犹太和希腊发端到存在主义》，尹大贻译，东方出版社，2008，第237页。

② 〔美〕保罗·蒂利希：《基督教思想史——从其犹太和希腊发端到存在主义》，尹大贻译，东方出版社，2008，第233页。

神学，从路德主义到加尔文主义，宗教改革运动的中心从德国转向瑞士和英法等地。

与第一代改教家路德和茨温利相比，作为第二代改教家的加尔文有着不同的神学重心和独特的改教经验。首先，从神学方法和思维来看，加尔文从关系的角度进一步发展了茨温利所开辟的上帝与人之间绝对超越的改革宗传统。加尔文认为，通过人类语言的媒介，上帝彰显自己与人交流，并让复活的基督与信徒相见从而改变信徒的一生。面对上帝的全能与罪人的无能之间的巨大鸿沟，加尔文用人文主义的修辞学手法发展了"俯就原则"来解释启示逻辑："'俯就'一语在此的意思是'调校或适应以面对处境的需要和人类理解它的能力'。"[1] 上帝在启示中通过调整自己来适应人的智性能力，从而以圣经为载体，并以人类语言的形式启示着上帝之话语。"启示是上帝屈尊纡贵的作为"[2]，上帝以俯就原则透过启示跨越了人神之间的鸿沟。加尔文正是以俯就的解释原则来论证上帝的人格化属性和道成肉身教义，以此维护了上帝在创造和拯救上的主权地位。他从启示逻辑出发遇到的是全能的上帝，看到的是上帝的崇高和神性。相比之下，路德从启示逻辑的矛盾吊诡出发遇到的是苦难的上帝，看到的是上帝的人性。这样在对圣经的解释上，加尔文主要从福音律法的角度来理解圣经，从而摆脱了圣经字面主义的束缚并解除了圣经经文权威性的负担。同时，加尔文把俯就原则具体化为以道成肉身的基督论为基础的单一模式和公式来贯穿其神学始终，即以"可以区分但不可以分割"的关系模式来理解基督论，在耶稣基督的位格里，神性和人性在互不融合的情况下合而为一。"加尔文的思想完全以基督为中心"，"道成肉身就能阐释上帝与人类之间的关系"。[3] 加尔文神学

---

① 〔英〕阿利斯特·麦格拉思：《宗教改革运动思潮》，蔡锦图、陈佐人译，中国社会科学出版社，2009，第267页。

② 〔英〕阿利斯特·麦格拉思：《加尔文传——现代西方文化的塑造者》，甘霖译，中国社会科学出版社，2009，第134页。

③ 〔英〕阿利斯特·麦格拉思：《加尔文传——现代西方文化的塑造者》，甘霖译，中国社会科学出版社，2009，第152页。

集中于"上帝的知识与我们的知识"，以"可以区分但不可以分割"的关系模式支配上帝与世界、上帝与人之间的关系方式，进而使这一原则"遍布在《基督教要义》中的写作结构：见于上帝的话语与人在教导中的话语之间的关系；见于信徒与基督之间在称义上的关系，在其中存在着人真正的相交共融，而不是存有的融合；而且见于俗世与属灵力量之间的关系"①。由此可见，从启示逻辑和基督中心出发，路德和加尔文作为新教两派的灵魂人物发展出不同的神学方法、塑造了不同的宗教精神和观念：前者以"神的统一性"为根本出发点维护了上帝与人之间外在超越而又内在临在的奥义及属性相通的基督论，后者以"神人之别"为出发点体现了上帝与人之间"可以区分但不可以分割"的关系模式和属性分离的基督论；前者以矛盾吊诡的辩证方法揭示了上帝的矛盾性，进而强调作为上帝之道的两种形式的福音和律法的区分和统一，而后者更多地强调上帝与人的范畴区分以维护上帝的主权和神性，进而提倡福音的新律法；前者从神秘主义和非理性的视角来理解上帝与人、上帝与世界的关系问题，通过世界、自然和人的面具看到了上帝神圣介入的临在意义，而后者强调理性和律法的视角，从而在相对薄弱的联合关系中使世界和人类具有了相对的自足性；当后者延续奥古斯丁的灵魂和身体的实体二分的人性观时，前者突破了中世纪天主教的希腊二元的人学传统而转向了犹太文化的整体人性观；当前者在与哲学学科分离的前提下提出了具有神本主义取向、虚无主义根基及神秘主义性质的一元论时，后者在相对薄弱的联合关系中提出了上帝与人走向分离的二元论，进一步强化了中世纪末期以来神圣领域与世俗领域的分离趋势；在末世论情结的超越维度下，前者以克服异化和罪的动态思维去追求与上帝重新联合的个体性的基督徒生活，而后者以承认异化的静态思

---

① 〔英〕阿利斯特·麦格拉思：《宗教改革运动思潮》，蔡锦图、陈佐人译，中国社会科学出版社，2009，第185页。

维去追求世俗领域强调上帝律法的团体性的基督徒生活①；前者造成了人的被动性与上帝的主动性的关系分裂，而后者造成了人的有限性与上帝的无限性的关系分裂。因此，宗教改革运动最终形塑了西方的信仰版图和民族宗教，决定了西方国家不同的宗教背景和文化特性。路德神学与加尔文神学的差异，以及路德主义和加尔文主义的不同发展路径，直接地体现在德英两国的哲学形态和宗教学说等现代性文化之中。

其次，从神学体系和结构来看，1535～1559 年修订再版的《基督教要义》因表达清晰、内容全面为改革宗留下了一个具有系统和组织的神学结构，由此加尔文神学主导了新教的理论思想。② 1559 年版的《基督教要义》分为四卷，分别探讨了对上帝的认识、救赎的基础、救

---

① 加尔文的神学思维丧失了路德神学所独有的对信仰的动态把握、无我之境的属灵体验以及神人之间非此即彼的选择，神人之间的紧张关系在加尔文那里以悖论和矛盾的方式被保留下来。加尔文把新教矛盾转变为信仰植根于悖论之中的理解进路，"悖论和矛盾现在成了积极的动因"，参见〔美〕约翰·卡洛尔《西方文化的衰落：人文主义复探》，叶安宁译，新星出版社，2007，第 67 页，"加尔文以其'因信称义，无自由意志，命运先定，然而人类仍有十足的负罪感和责任感，从而导致职业的必要性'这一复杂的循环"，参见〔美〕约翰·卡洛尔《西方文化的衰落：人文主义复探》，叶安宁译，新星出版社，2007，第 72 页。面对路德所提供的福音范式，在几乎与路德同步发展的情势之下，无论是路德主义的发展还是改革宗的开创和发展都以不同的方式消除了福音范式所内蕴的虚无主义根基、缓和了其神本主义取向并淡化了其神秘主义性质，从而更多的是在延续性的意义上以新的神学方法建构了一种福音范式和中世纪基督教神学的综合理论。

② 一般认为，加尔文的神学思想从预定论的核心教义的统一性原则出发建构了一个严密的逻辑体系。其实，将加尔文神学界定为一个"体系"是不完全正确的，加尔文与加尔文主义在这点上有着微妙的差异。圣经神学和人文主义方法，都反对以"体系化"和"一致性"为口号的经院神学。加尔文的神学思想缺少后来加尔文主义的亚里士多德的方法论，"并没有'核心教义'、'基本原则'、'中心前提'或者'要素'"。参见〔英〕阿利斯特·麦格拉思《加尔文传——现代西方文化的塑造者》，甘霖译，中国社会科学出版社，2009，第 151 页。加尔文使用的是分析和归纳的方法，而加尔文主义使用的是演绎和综合的方法。"加尔文在《基督教要义》1559 年版所呈现的宗教思想，是基于教学的考虑而作出的系统性编排；不过，它们不是基于一个主导性的理论原则而作出的系统性推论。"参见〔英〕阿利斯特·麦格拉思《宗教改革运动思潮》，蔡锦图、陈佐人译，中国社会科学出版社，2009，第 135 页。 （转下页注）

赎的实现以及教会。加尔文神学的出发点是"上帝的知识与我们的知识"：一方面透过上帝的创造物（人类、世界和历史）可以认识到作为创造主的上帝，这种认识的主观基础是每个人内心"对上帝的感觉"或者"宗教的种子"，而客观基础是人通过对世界秩序的思考去认识上帝的智慧和公义，但是这种普遍启示囿于人与上帝在认识上的距离以及人之罪对这一认识事实的恶化而不足以使人完整地了解上帝的本性、行为和目的，从而使上帝以圣经启示的方式传递了上帝的信息并强化了普遍启示，人唯有透过圣经的记载才能认识耶稣基督，唯有透过耶稣基督才能充分认识上帝，因而作为认识和救赎中保的耶稣基督完美地彰显了上帝的荣耀，按照上帝的形象和样式而被创造的人就其本性也是"上帝荣耀的镜子"。因此，加尔文神学有着"强烈的基督中心论色彩"①，但在上帝观上做了造物主上帝和救赎主上帝的区分。在救赎的基础上，加尔文强化了律法和福音、旧约和新约之间的连续性和同一性关系②，并强调了道德律法的第三种功用是向信徒显示上帝的旨意并激励信徒完全顺服上帝的旨意，从而使重视道德律法成为改革宗的传统。论及基督的位格和作为，加尔文指出为了拯救罪人，基督以人的身份顺服上帝从而偿还罪债和战胜死亡。基督有先知、祭司和君王三种职分，基督的功劳取决于上帝选择赋予它价值并区别于路德所持的基督之死的固有价值。在救赎的实现上，加尔文开创了因信称义教义的解释范式，以"双重恩典"的提法实现了个人在

（接上页注②）从加尔文到加尔文主义，表明西方经历了方法论上的转折——对体系化和方法论的重视是新的时代精神的要求。因此，加尔文神学不是一个"体系"但拥有内在一致的系统思想，预定论是加尔文主义的核心教义。

① 〔英〕阿利斯特·麦格拉思：《加尔文传——现代西方文化的塑造者》，甘霖译，中国社会科学出版社，2009，第158页。

② 加尔文认为，律法是预表基督中保到来的准备阶段，是上帝借着先知摩西赐给犹太人的恩典之礼，其作为拯救人类神圣计划的第一步预表了基督的到来从而实现律法的预表和应许。从预表基督到来的角度去理解旧约，可以发现旧约和新约、律法和福音之间在实质和内容上有了更多的一致性、相似性和连续性，存在的只是形式上的差别，因而新约和旧约作为一个整体共同反映和见证了基督的存在和作为。

信心里与基督的"神秘的合一"。一方面基督在称义中的外在性理解不像法庭式称义那样把基督的属性或益处归给信徒，而是基督在信徒中的真实个人性临在，加尔文通过信徒借着信心与基督在灵里联合的方式把两种观点统一起来；另一方面解决了上帝的主动和人的回应之间的关系问题，撇开称义和成圣之因果关系的论述，加尔文强调称义和成圣是信徒和基督联合的直接结果，表明改革宗比路德宗更加注重道德律法和成圣对基督徒生活的重要性。在恩典教义之后，加尔文探讨了改革宗的核心教义预定论。就其结构安排而言，他主要从人类回应恩典的经验事实出发，以后验的、事后回溯式的解释路径提出了作为上帝启示奥秘的预定论，而不是基于上帝的全能推论的先验推论。①由此可见，加尔文的《基督教要义》一书以清晰流畅的表达和系统完整的结构提供了一种综合路德神学的福音范式和茨温利神学的改革宗遗产的神学体系，从而使加尔文的神学方法和教义理解成为新教理论的权威典范。

再次，从教会和国家改革来看，加尔文神学优于路德神学并获得成

---

① 对预定论的论述调整是加尔文对《基督教要义》几次修改再版所做的重大变动，从一开始把预定论与护佑联系起来到最终把预定论排在恩典之后，表明加尔文对预定论的理解有一个从茨温利到路德的过程。在加尔文看来，预定教义的基本功能是以事后的解释方式探讨人对福音的回应。"加尔文的预定论涉及对于人类经验资料的后验反省，基于圣经作出解释，而不是某些建基在上帝全能的成见上的先验推论。"参见〔英〕阿利斯特·麦格拉思《宗教改革运动思潮》，蔡锦图、陈佐人译，中国社会科学出版社，2009，第133页。加尔文以双重预定论教义来进一步表明上帝的旨意是道德观念的基础，上帝的决定是智慧和公义的，上帝的绝对能力与其命定能力之间是辩证的关系。"因此，预定并不是加尔文的神学'系统'……的中心前提，而是一个补充性的教义，关乎解释恩典的福音之宣讲结果的一个困惑层面。"参见〔英〕阿利斯特·麦格拉思《宗教改革运动思潮》，蔡锦图、陈佐人译，中国社会科学出版社，2009，第135页。"对加尔文来说，预定论首先是一个实用的教义，这个教义加强了因信称义，同时也为教会论提供了基础。"参见〔美〕冈察雷斯《基督教思想史》第3卷，陈泽民等译，译林出版社，2008，第166页。但是，加尔文主义在对加尔文神学的体系化、逻辑化和演绎性发展中，把上帝的拣选和预定作为神学体系的逻辑起点和核心教义，从此在加尔文主义那里，"预定的教义呈现出决定性原则的地位"。参见〔英〕阿利斯特·麦格拉思《宗教改革运动思潮》，蔡锦图、陈佐人译，中国社会科学出版社，2009，第136页。

功之处正在于实践主义的宗教精神、组织性强的教会形式以及符合资本主义精神的宗教观念适应了革命形势并满足了资产阶级的发展需要，从而以充满活力的优势发展成为宗教改革运动的新中心和主力军。第一，加尔文对两种极端对立的改革形式的中庸态度表现在对圣礼的解释上，圣礼作为上帝对人类信心不足的回应和恩慈"俯就"用来保证真教会是上帝所赐予的恩典媒介的存在。在圣餐解释上，以"可以区分但不可以分割"的基督论理解模式来分析圣礼的记号及其所代表的属灵恩赐之间的关系，记号是可见和属物的，而恩赐是不可见和属灵的，但象征之物和所象征的恩赐之间又有紧密关联，这样基督的身体留在天上而不是实质地存在于圣餐中，并通过圣灵的力量使信徒与基督的身体结合。所以，加尔文主义既站在路德一边维护了圣餐礼的神秘性和奥义，又站在茨温利一边保留了圣餐礼的理性和灵性。在洗礼解释上，加尔文既吸收了洗礼是信徒效忠上帝的一次公开宣示和见证的茨温利因素，又吸引了洗礼代表罪得赦免和信徒在基督里生命更新的路德因素。"加尔文的圣餐教义的历史重要性，以及他由于这个教义而同路德派进行的争论的历史重要性，在于这个教义和争论标志着改革传统和路德传统之间的明确的决裂。"[1] 因此，加尔文的综合在政治和新教意识形态对峙的情势下最终表现为加尔文主义和路德主义的极端区分和相互对立。第二，加尔文作为第二代改教家在教会永久分离的新形势下积极论证了改革教会的身份问题，真教会的记号在于宣讲上帝的话语和正确地施行圣礼，而在可见与不可见的教会区分上，"路德认为看不见的教会只是可见的教会的精神性质，而加尔文则认为看不见的教会是那些预定的人们的团体"[2]。路德与加尔文在改革目标上表现出根本不同——"对路德

① 〔美〕冈察雷斯：《基督教思想史》第 3 卷，陈泽民等译，译林出版社，2008，第181 页。
② 〔美〕保罗·蒂利希：《基督教思想史——从其犹太和希腊发端到存在主义》，尹大贻译，东方出版社，2008，第 245 页。

来说，教会制度是永远要取决于世俗情况的某种东西"①，因而路德宗表现出五花八门的组织形式；"而对加尔文和改革传统来说，教会制度是教会性质本身的一部分"②，因而加尔文宗有着独特的教会管理模式。加尔文主张，圣经规定了教会结构和行政的独特形式，教会有着牧师、教师、长老等职事秩序，这从根本上解决了教会分裂与对立时期的教会行政建制问题。而成功之处在于加尔文创建了宗教法庭，扭转了教会纪律从属于地方行政的改革模式，因而以维护宗教正统教义和保证宗教纪律为基本功能的宗教法庭使改革宗获致了相对独立于世俗行政的宗教权力，使加尔文主义在纪律性和组织性强的教会优势下得以在敌对环境中生存和发展。第三，加尔文在"两个国度"政治神学的基础上探讨了教会与国家之间相互区别又相互补充的关系："地方官员与牧师都是同一位上帝的器皿与仆人，受托同一使命，只是其行动的范围与方式有分别。"③ 国家与教会的权力是互补的，地方官员与牧师的责任是彼此补足的，但地方官员以强制权力施行政治权柄包括维持政治和教会秩序以及维护正统教义，并赋予地方官员以福音律法对政治环境的运用功能，而牧师依凭教导的属灵权柄来推广德行。在日内瓦的改革中，加尔文常常因教会纪律等问题而处于教会与国家之间巨大的张力和紧张的冲突之中，因而在面对政治现实的妥协时承认了三种政体形式（君主政体、贵族政体和民主政体）的合法性，由上帝所赋予的任何形式的世俗政权与真教会之间都是一致的，即便站在人文主义立场也更倾向于贵族政治与民主政治合一的制度，以及一个有选举权、代表制和共和政体的宪政主义政府。面对政治权威，加尔文一直支持消极的政治服从理论和不抵抗学说，即便其"两个例外"在加尔文主义的发展危机下演变为革

---

① 〔美〕冈察雷斯：《基督教思想史》第3卷，陈泽民等译，译林出版社，2008，第171页。

② 〔美〕冈察雷斯：《基督教思想史》第3卷，陈泽民等译，译林出版社，2008，第171页。

③ 〔英〕阿利斯特·麦格拉思：《宗教改革运动思潮》，蔡锦图、陈佐人译，中国社会科学出版社，2009，第225页。

命理论的思想源头。第四，面对不同的政治现实和社会环境，加尔文在日内瓦的城市改革中顺应并反映了世俗主义和资本主义兴起的时代要求，从修道院到大城市的转变"成为基督徒思想和行为的新模式的摇篮和熔炉"①，从离弃世界的修道主义到委身世界的世俗主义的转变成为新教宗教观念和信仰生活的显著特点。当路德满足于灵性思考、私人道德和教义统一等宗教理论的时候，加尔文以理论与实践相联系的实践主义作风冲破了灵性得救的个体性樊篱，从荣耀上帝的目的出发，以世界为"上帝荣耀的剧场"将神圣世俗化，因而加尔文委身世界的行动主义和世俗主义成为加尔文主义的道德、经济和政治行动主义之理论源头。加尔文从创造和救赎的教义出发，通过承认创造物和上帝之间的关系赋予肯定和委身世界以荣耀上帝的目的和救赎的宗教动机，以及研究世界的理性视角，有利于西方世俗文化和现代科学的萌芽。从天职和呼召观念出发，加尔文发展了路德的天职观，构成了新教工作伦理的重要层面。工作既是人蒙上帝呼召来参与世俗生活，又是使用上帝所赐的能力和天赋的活动方式，赋予工作以宗教动力和入世禁欲的工作伦理有利于加尔文神学在中产阶级和城市中的传播，有助于新兴资本主义的快速发展。总而言之，加尔文神学取代路德神学成为宗教改革运动的权威典范，并以加尔文主义国际性运动的神学影响塑造了西方现代文化。

（三）妥协发展：安立甘宗的独特发展形式

宗教改革运动有四个主要的新教传统，包括教会类型的路德宗传统、改革宗传统和安立甘宗传统以及教派类型的再洗礼派。相比路德宗改革开端的神学性和宗教性以及改革宗传统源头的教会性和实践性，英国国教传统的改革动因是政治性和实用性的。英国宗教改革的直接原因是英国中央集权的政治诉求，改革结果是与罗马天主教决裂的英国国家

---

① 〔英〕阿利斯特·麦格拉思：《宗教改革运动思潮》，蔡锦图、陈佐人译，中国社会科学出版社，2009，第 256 页。

教会的独立，改革主导权一直掌握在英国国王手中。① 由于政治主导，英国宗教改革运动从一开始就缺乏一种完整而独立的方法，在国王的支配下出现了天主教与新教神学（从路德思想到加尔文思想的变更）的妥协、圣礼主义的实践性等特征。英国宗教改革运动源自威克利夫的改教传统和神学思想，英国改教家的神学基础是圣经权威，把圣经作为最终权威的圣经主义既是与欧洲大陆宗教改革"唯独圣经"相联系的纽带，也是因缺乏统一的神学方法而导致教派滋生的理论根源。因为受制于英国国王的更迭和君主信仰的变迁，英国改革运动出现了新教与天主教反复交替的状况和宗教迫害的政治局面，所以最终的解决方案是综合了天主教传统和新教形式的中间立场的神学基础以及坚持崇拜仪式的一致性（出于信仰一致性和宗教安定的考虑）。从新教教会来看，路德宗的显著特点是强调教义的统一性，加尔文宗强调教会纪律和伦理规范，安立甘宗则表现出崇拜仪式的一致性特点。但是，伊丽莎白最终的解决方案带给英国的只是短暂的宗教安定和政治稳定，安立甘宗妥协性的神学根基与仪式一致性的改革结果因缺乏系统的神学理论而最终导致了英国国教的分离和清教徒运动的展开。在新教接受方面，英国国教改革经历了从路德思想到加尔文思想的转变，最终解决方案"三十九条教规"对加尔文思想的接纳，使加尔文主义得以在英国生根并迅速发展起来。继日内瓦之后，英国的加尔文主义承接了宗教改革运动的接力棒并使英国成为新教改革的中心。通过英国的加尔文主义，加尔文最终推动了现代世界发展的进程并塑造了西方现代文化及英美文化的形式。

_____

① 英国宗教改革运动与欧洲大陆的宗教改革运动相比有相对的独立性，政治起因和国王主导成为英国宗教改革运动的显著特点。英国宗教改革运动的直接起因是英王亨利八世的离婚一案，为了加强中央集权和巩固王权，亨利八世需要以离婚为代价来解决王位继承问题，但离婚一案招致罗马教皇的反对，于是亨利八世通过宗教改革运动，以英国国家教会的改革成果而独立于教皇权威的天主教统一体系，以宗教服务于政治的方式达到了中央集权的政治目的。因此，英国的宗教改革运动由于受制于英国国王的政治情势以及缺乏独立、一致和系统的神学根基而表现出多变性和复杂性，不稳定性、妥协性等改教特征使英国成为宗教改革运动的下一个中心和教派类型产生的温床。

当马丁·路德宣称"我们处在新时代的破晓之时"①，其引领和推动了被喻为"中古时代期终跟着那种黎明的曙光升起来的光照万物的太阳"②的宗教改革运动而把整个西方推向现代世界的边缘。从宗教改革运动的宗教因素和思想层面来看，路德为宗教改革运动提供了一种取代天主教的范式基础、宗教精神和观念价值，从而使宗教改革运动在路德神学统一平台的基础上呈现多元化发展趋势，路德主义、福音教派、加尔文及加尔文主义的发展共同构成了宗教改革运动及其思潮的一致性、复杂性和多样性的基本特征。作为宗教改革运动的理论源头，路德神学在突破中世纪传统的意义上体现了神本主义取向、虚无主义根基和神秘主义性质，随着宗教改革运动的深入和发展，新教神学或在延续中世纪传统的意义上表现出人文主义、理性主义、律法主义和道德主义的综合性宗教走向，或在激进的意义上表现出激进主义、教派主义和革命主义的彻底性发展走势。一方面，宗教改革运动作为"中世权威的一种溶剂"③，瓦解了教皇权威和天主教神学的统一体系并导致民族教会的兴起和新教教派的分裂，信仰统一性的丧失标志着西方中古世界的解体，象征着现代世界的临近。从此，作为维系西方传统社会统一性纽带和力量的神学受到了直接冲击，宗教改革运动不仅有利于神学复兴、信仰虔诚和道德建设，还带来了其副产品——宗教的怀疑和神学的危机，"由于其分裂为多数教派并且继续分裂的事实，新教运动同时也为宗教的怀疑主义铺路"④。统一性根基由神圣转向世俗成为西方现代世界所苦苦寻求的。另一方面，宗教改革运动的现代影响在于路德神学的福音范式所表征的神学与哲学的学科分离、宗教与政治的职能分离的现代趋

---

① 〔美〕伯尔曼：《法律与革命——新教改革对西方法律传统的影响》，袁瑜珺、苗文龙译，法律出版社，2008，第390页。
② 〔德〕黑格尔：《历史哲学》，王造时译，上海书店出版社，2006，第386页。
③ 〔美〕布林顿：《西方近代思想史》，王德昭译，华东师范大学出版社，2005，第127页。
④ 〔美〕布林顿：《西方近代思想史》，王德昭译，华东师范大学出版社，2005，第127页。

向以及个人主义、思想自由和世俗主义等具有现代性特征的新教精神。随后，新的综合的加尔文神学进一步强化了上帝与人之间分离的现代趋向，分离主义作为从传统到现代的转型或过渡阶段的时代精神有助于世俗的现代文化的兴起和发展。因此，宗教改革运动和新教理论作为西方现代性的源头，是西方现代性文化的奥秘所在，是塑造和影响西方现代性文化的积极力量。

第三章　西方现代文化的源头意义
和深远影响、发展
趋向和结构症结

　　宗教改革运动从性质上看是一场意识形态的变革——从封建主义的传统天主教变革为资本主义的新教，是资产阶级的第一次革命。宗教改革运动在全面性结构变革的意义上促成了西方文化和社会从传统形态到现代形态的转型，新教意识形态（路德主义和加尔文主义）是西方近代过渡性的政权基础和文化类型。新教文化对以世俗化为基本特性的西方现代性的源头意义和深远影响有以下几点。从政治层面看，加尔文主义所提出的民众主权和革命反抗的激进政治思想奠定了现代政治思想和革命意识形态的基础，加尔文主义在不同的国家挑战了专制主义制度，成为封建专制制度转变为现代民主政体的关键一环。从社会层面看，路德的"天职"宗教观念及其新教工作伦理，在加尔文主义的发展中形成了入世禁欲的新教伦理观，以一种理性化的生活样式和经济风格孕育了理性化的现代资本主义精神，加尔文主义是适应资本主义经济的过渡型文化形态。从文化层面看，新教作为宗教与哲学分离性的文化类型促进了近代科学和哲学的产生与发展，西方文化实现了从信仰主义到理性主义的文化类型转换和世俗化转向，哲学人本化的发展趋势构成了近现代哲学的历史任务，因而理智文化与信仰文化之间的交锋和对抗构成了启蒙运动以来西方现代性文化的实质性基调。哲学与宗教相分离的基本情状成为西方现代性文化思考的起点，路德神学依凭神本主义的神学思维影响着现代基督教的理论建构，同时凭借福音范式在"世俗化"的现代社会里强化了现代基督教的影响。

总之，新教提出了一系列具有现代性特征的宗教观念，孕育和培植了西方现代性的自由思想以及民族国家、民主政治、经济伦理、科学理性精神和理性主义哲学等。新教作为西方过渡性的宗教文化促进了西方现代性的生成和世俗化转向，同时作为西方现代性文化之源头在世俗化和分离性的现代文化中以积极开放的心态和兼收并蓄的方法参与了这场现代文化选择。

第一节　社会层面：世俗文化取代宗教文化

路德神学及其宗教改革运动思潮从根本上说是一场意识形态的变革——从封建主义的宗教意识形态变革为资本主义的宗教意识形态，因而宗教改革运动是资产阶级的第一次革命，是资产阶级反封建的第一次"大决战"，以路德神学和加尔文神学为基本范式的新教意识形态是资产阶级革命的"宗教外衣"。宗教改革运动以从理论到实践的革命方式和全面的结构变革不可逆转地促成了西方社会从传统形态到现代形态的转型，西方社会由此开启了以世俗化为基本特征的现代化进程。相比路德主义的实证主义，加尔文主义的世俗行为主义的基本特性使其成为西方社会世俗化转向的主要推动者和担纲者。宗教改革的教会分裂促成了西方政治世俗化的现代趋势，新教意识形态是具有过渡性和双重性的，从消极服从到积极反抗，再从反抗义务到反抗权利，胡格诺派的政治观点出现了从宗教目的和神学教义到政治目的和世俗理论的世俗化转向，加尔文主义所提出的民众主权和革命反抗的激进思想为现代政治思想和革命意识形态的形成奠定了基础。其中，加尔文主义在不同国家的发展直接决定了西方现代国家政治面貌的独特性和多样性。政治与神学相分离，政治作为一门独立的世俗学科从神学中解放出来，政治哲学取代政治神学等是政治世俗化的基本方向，西方现代国家的基本政策是政教分离、宗教自由和宗教宽容。宗教改革运动的一个直接产物是"天职"宗教观念及新教工作伦理，在加尔文主义的发展中形成了入世禁欲的新教伦理观，入世（肯定世界并投身于工作之中）与禁欲的生活样式（理性化方法的善行）的完美结合使加尔文主义产生了一种理性化的生活样式，并在客观上形成了一种理性化的经济风格而孕育了理性化的现代资本主义精神。因此，在从入世禁欲的新教伦理到纯粹世俗的功利主义伦理的解体过程中，加尔文主义作为一种独特的宗教文化孕育和塑造了现代资本主义精神，是适应资本主义经济的过渡性文化形态。

一　从封建主义宗教变革为资本主义宗教

宗教改革运动不能仅仅从宗教视域或从文化层面来考察，也不能简单地理解为一场宗教的范式转换、思维转向和观念革新的思潮，或者一场宗教虔诚、道德更新和灵性觉醒的属灵运动，本质上更应该从社会、经济和政治等世俗角度来考察，或更应该理解为一场意识形态的变革——从封建主义宗教变革为资本主义宗教。"宗教改革决不是要否定宗教本身，而是要否定宗教的封建性，把宗教改造成适应市民资产阶级社会生活的新教，即资产阶级的宗教。"① 例如，彻底和典型的加尔文教"就其结果所言，为一种最适于工商业资本主义中等阶级的宇宙观的、神学的、伦理的信仰体系"②。马克思哲学中的意识形态理论曾就宗教改革运动做了很多精彩的分析，从经济、社会和政治的角度阐释了宗教改革运动的经济基础变革、新教观念变革及其基本性质。

经济基础的变革。根据唯物史观来理解宗教改革运动，一场以宗教信仰变革为形式的意识形态变革，首先要从经济基础的变革以及生产力

---

① 高文新：《欧洲哲学史专题研究》，吉林人民出版社，1994，第130页。
② 〔美〕布林顿：《西方近代思想史》，王德昭译，华东师范大学出版社，2005，第76页。

与生产关系的相互冲突等方面来考察。封建社会末期，随着生产力的提高，以及地理大发现的刺激，欧洲社会出现了新的分工，由封建社会的行会过渡到资本主义性质的工场手工业，而工场手工业成为现代大工业的起点。随着经济的巨变，旧有的适应封建生产力的生产关系成为时代的桎梏，新的生产力与固有的生产关系处于相互冲突的状态之中。经济基础的变革成为其他一切变革的基础，正是生产力和生产关系的矛盾运动推动了意识形态的变革，在资产阶级兴起和王权实力增强的阶级前提下展开了一场反对罗马教会的宗教改革运动。因此，"十三世纪至十七世纪发生的一切宗教改革运动，以及在宗教幌子下进行的与此有关的斗争，从它们的理论方面来看，都只是市民阶级、城市平民，以及同他们一起参加暴动的农民使旧的神学世界观适应于改变了的经济条件和新阶级的生活方式的反复尝试"①。

新教观念的变革。经济基础的变革在深层次上表现为经济原则与经济精神的变化。工场手工业推动了商业的发展与市场经济的形成，以等价交换为主的自由竞争的资本主义精神逐渐取代了以自给自足为主的封建依附的经济关系。新的生产关系和经济精神必然要在意识形态上得到反映，相应地，新兴的意识形态也要与这种新的生产关系和经济精神相适应以促进其快速发展。这样，欧洲近代意识形态的变革一方面必然表现为宗教变革的形式，另一方面必然与资本主义的经济精神相适应。因此，一方面基于西方信仰社会的政治现实和宗教文化的特性，宗教和神学是西方传统文化统一性的根基以及封建性质的意识形态的综合力量，罗马教会作为国际政治实体是维系西方中世纪封建社会的纽带和稳定社会政治秩序的精神力量，西方社会必然以宗教改革这一意识形态实现第一次资产阶级革命和第一次现代社会的转型。另一方面，新教观念与资本主义经济精神的适应性表现在抽象人性论、自由平等观等基本观念

---

① 《法学家的社会主义》，载《马克思恩格斯全集》第 21 卷，人民出版社，1965，第 545～546 页。

中。其一，抽象人性论。商品生产的原则是把劳动抽象化，相应地在新教中表现为人的抽象化。"在商品生产者的社会里，一般的社会生产关系是这样的：生产者把他们的产品当作商品，从而当作价值来对待，而且通过这种物的形式，把他们的私人劳动当作等同的人类劳动来互相发生关系。对于这种社会来说，崇拜抽象人的基督教，特别是资产阶级发展阶段的基督教，如新教、自然神教等等，是最适当的宗教形式。"①其二，自由平等观。市场等价交换原则要求人实现抽象的自由与平等，在新教里表现为人与上帝的直接关系，去除人与上帝之间的中介（教会、教皇、牧师），使信仰上帝的人之间实现抽象的自由平等。"然而，只有能够自由地支配自己的人身、行动和财产并且彼此权利平等的人们才能缔结契约。创造这种'自由'而'平等'的人们，正是资本主义生产的主要工作之一。虽然这在最初不过是半自觉地发生的，并且穿上了宗教的外衣，但是自路德和加尔文的宗教改革以来，就牢固地确立了一个原则，即一个人只有在他握有意志的完全自由去行动时，他才能对他的这些行动负完全的责任，而对于任何强迫人从事不道德行为的做法进行反抗，乃是道德上的义务。"② 由此，宗教改革的意识形态成果就是把适应农业社会的封建主义基督教变革为适应工业社会的资本主义基督教。

宗教改革的性质。从阶级角度来考察，宗教改革运动首先有着相当的复杂性，这是因为参与宗教改革的阶级本身的复杂性。恩格斯在《德国农民战争》中用唯物史观的方法详细而全面地描述了德国宗教改革运动的过程，并用来揭示各个阶级的本性。他从阶级立场出发，分析了参与阶级不仅包括帝国政府、僧侣诸侯、部分世俗诸侯、高级贵族和高级僧侣所组成的保守的天主教营垒，由世俗诸侯、低级贵族和市民阶级组成的温和的路德宗营垒，也包括农民和平民所组成的革命派营垒。

---

① 《马克思恩格斯选集》第 2 卷，人民出版社，1995，第 142 页。
② 《家庭、私有制和国家的起源》，载《马克思恩格斯选集》第 4 卷，人民出版社，1995，第 78 页。

他积极肯定了路德在宗教改革前期反对罗马教会的新教理论成果，以及路德翻译圣经对德国革命的贡献，同时严厉地指出了路德面对农民起义的转变表现出市民阶级的软弱性、妥协性和不彻底性，从而使德国宗教改革运动这场资产阶级的大决战最后蜕变为诸侯与中央政权的斗争。恩格斯的目的在于总结 1848 年革命失败的原因，揭露资产阶级固有的革命与反动的双重性，同时站在同情农民阶级的立场上对路德的转变给予了严厉批判。这也影响了马克思对路德的历史评价，以至在其晚年所写的《历史学笔记》中对路德的转变予以批判。由此可见，马克思恩格斯难免夹杂着深厚的民族感情来看待德国历史人物，并根据自身共产主义革命实践的需要来评判德国历史上的转型人物。所以，我们应该根据马克思唯物史观的基本原理对其路德研究进行鉴别与取舍。因此，恩格斯晚年进一步就当时处于上升阶段的资产阶级展开讨论，指出宗教改革运动在性质上是资产阶级反封建的第一次"大决战"，而新教理论是资产阶级革命的"宗教外衣"和宗教意识形态，并对新教理论即路德派与加尔文派进行比较，指出加尔文教更为彻底的资本主义性质推动了资产阶级的第二次革命。

二　新教教派与西方现代政治思想

宗教改革运动的直接结果是基督教世界从统一走向了分裂，分裂作为改革的手段不仅直接造成了西方教会的分裂，而且成为西方政治和社会分裂的源头。"基督教分裂为多个信仰不同信条的共同体，这成为政治骚动和宗教战争的一个原因。每一个这样的新共同体都延续了如下的中世纪思想，即把教会当作公共秩序的精神分支，这一分支地位的维持要依靠世俗的权力机构，而后者的主要职能就是捍卫教会。"[1] 也就是说，新教虽然有着古老的政治信念，即政教合一的形式，但是新教存在

---

① 〔美〕沃格林：《政治观念史稿》第 5 卷，霍伟岸译，华东师范大学出版社，2009，第 20 页。

的事实已经腐蚀了这一古老的政治信念的根基，罗马教会充当中世纪统一纽带的政治功能的破灭导致了中世纪社会的全面解体，而教会多元化的事实使无论退回到旧的罗马教会还是联合成新的统一教会都是不可能的。改革的目的一旦使分裂的手段合法化，分裂的指针就会从教会指向社会和政治，教会多元化事实的不可逆转性预示着一种新的政治趋势的出现——教会共存和宗教宽容是 17 世纪宗教战争之后西方社会保持和平的唯一出路。因此，宗教改革不可逆转地开启了西方政治世俗化的现代进程，政治统治合法性问题第一次在西方政治思想史上被提出来，福音和政治之间的紧张关系促使西方的政治基础从传统的宗教支撑急速转向世俗原则，后宗教改革和后宗教战争的历史情势是作为政治神学替代物的政治哲学得以出场和兴起的直接原因。① 因而，西方现代政治的前提和基础是政治与宗教背景的剥离、国家与教会的分离、宗教信仰从公共事务转向个人领域以及宗教宽容等世俗主义的宗教政策。其中，除了开始于马基雅维利的世俗主义的现代政治思想，作为新教中最具活力和行动精神的加尔文主义是这一政治世俗化趋势的主要推动者和担纲者。

（一）　从消极服从到积极反抗

在宗教改革运动的古典时期，改教者的政治立场基本上都秉持着消极的政治服从理论和不抵抗学说，以便新教理论能够顺利得到当局的鼎力支持。但新教势力一旦形成，首先就会遭遇传统势力——天主教及其地区的反扑和镇压，新教改革的成败也将悬于一线。路德和加尔文都曾有过暧昧的言语和含糊的立场，他们的只言片语成为其追随者提出革命理论的有力证据。从路德及路德宗方面来看，反对以皇帝为首的天主教

---

① 西方政治世俗化的趋势从其开端来说有两股势力，一股是试图直接把政治建立在人性观础上的现代政治哲学之路，另一股是宗教改革以建立新的信仰共同体加剧了政治世俗化进程。西方现代性的开端是复杂的，宗教和哲学在相互作用又相互分离的关系中共同开启了西方现代社会之门，因而单论其中任何一个都无法真正理解西方现代性的源头。

联盟的新教军事联盟和军事抵抗皇帝的合法性问题在 1529 年以后成为新教意识形态的首要问题。一方从德国帝国制度的观点、现实政治的封建和各邦自主独立的理论出发，形成了有关反抗的黑森派立宪主义理论；另一方将私法的修正理论（即某些情况使用暴力不一定构成伤害）作为立论基础来论证以武力击退非正义的武力的合法性，以及把宗教法规中反抗不公正的法官的合法性用于论证在信仰问题上对越权皇帝抵抗的合法性，布吕克所提出的萨克森法学家的私法理论在路德和梅兰希顿那里都得到了体现。总体而言，私法理论的激进意义——暗示了个人、平民有合法反抗和从事政治暴力活动的可能性——被规避并予以明文否定，双方都维护下级行政长官合法地反抗越权、邪恶的上级行政长官的激进立场。因此，从新教反抗理论渊薮来看，"是路德而非加尔文首先把积极抵抗的概念引进了关于'行政长官制度'改革的政治理论中"①，加尔文主义者"提出的赞成反抗的基本论据主要是重复我们已经分析过的路德教派的立宪主义反抗学说"②。另外，从加尔文及其加尔文宗来看，加尔文的"两个例外"强化了加尔文主义积极抵抗的趋势。加尔文认为，一个例外是对统治者的服从不应当"使我们偏离对神的服从，因为所有国王的意愿都应该受神的意志支配"③，另一个例外是人民抵抗的可能，"倘若万民'要求得到神的帮助'，神的反应有时候可能是'在其仆人之中'培养'公开的复仇者'，'以它的谕令'武装他们，'要他们去惩罚邪恶的政府，并解救不公正地备受种种压迫的万民脱离水深火热的灾难'"④。加尔文晚年时曾把私法论点的暗示发展成反抗暴君的理论，认为君王若贬损神的荣耀或权利就不配为君王、不再拥

---

① 〔英〕斯金纳：《近代政治思想的基础》（下），奚瑞森、亚方译，商务印书馆，2002，第 290 页。
② 〔英〕斯金纳：《近代政治思想的基础》（下），奚瑞森、亚方译，商务印书馆，2002，第 295 页。
③ 〔英〕斯金纳：《近代政治思想的基础》（下），奚瑞森、亚方译，商务印书馆，2002，第 270 页。
④ 〔英〕斯金纳：《近代政治思想的基础》（下），奚瑞森、亚方译，商务印书馆，2002，第 270 页。

有君王的权力。汲取了加尔文政治思想的革命潜力后，加尔文主义在多种源头的发展之下逐渐形成了两种反抗观点："一方面大陆上的加尔文主义者往往满足于重申比较谨慎的关于下级行政长官进行反抗的学说，另一方面，苏格兰和英格兰的革命者则开始利用私法论点的比较个人主义和比较激进的民粹主义的推论。"① 历史上路德主义服从的一面和加尔文主义反抗的一面存在巨大反差这一事实可以从两个方面来说明。第一，1555 年《奥格斯堡和约》确立了"教随国定"的宗教原则，从而以法律形式赋予了路德宗及其地区的合法地位，但和约没有列入加尔文宗而导致加尔文宗长期处于非法的境地，因而《奥格斯堡和约》成为新教两大派别发展的转折点——路德主义得到合法承认而回到了消极的政治服从理论和不抵抗学说的改革起点，加尔文主义则因非法身份继承和发展了反抗理论和现代革命意识形态。第二，就路德神学与加尔文神学的比较而言，路德突出自然法的相对性，而加尔文保持了绝对的自然法与相对的自然法之间的基本张力。路德使用职业伦理的学说来维护传统社会等级特权的自然法，"自然法确保在这一职业体系之内不包含与基督教精神不相容的职业，从而已经将批发商、投机、借贷以及任何给社会阶层结构造成动荡的革命思想排除在外"②，又通过私德与公德的区分使"自然法成为对权力的极端保守的颂扬、对等级与职业体系的家长制的服从"③。因此，"路德宗的这种特点一直延续至今：颂扬权力的、极端保守的、家长制的自然法，和固有宗教信念对政治—社会所持的内在的漠然态度，后者在今天的情况下表现为路德宗教会在社会和政治上的无力"④。"加尔文不了解灵性基督教与职责或职业伦理之间的内

---

① 〔英〕斯金纳：《近代政治思想的基础》（下），奚瑞森、亚方译，商务印书馆，2002，第296页。
② 〔德〕特洛尔奇：《基督教理论与现代》，刘小枫编，朱雁冰等译，华夏出版社，2004，第83页。
③ 〔英〕斯金纳：《近代政治思想的基础》（下），奚瑞森、亚方译，商务印书馆，2002，第83页。
④ 〔德〕特洛尔奇：《基督教理论与现代》，刘小枫编，朱雁冰等译，华夏出版社，2004，第83页。

在分割，正是这一分割状态使路德的社会伦理虽然富于理想，但同时又表现出被动和冷漠。"① 加尔文使自然法和基督教伦理契合在一起，将旧约和新约的道德置于同等地位，从而使福音律法"更加强调自然法中合理的、批判性的、积极建设性的价值"②。加尔文主义从相对自然法出发并认同不平等的自然秩序，但很容易失去自然法的相对性而倒向抽象和绝对性。"在法国、荷兰、苏格兰和英格兰的伟大斗争中，加尔文主义一直行进在这样一座独木桥上，一直发展成为民主、人民主权和通过个体对社会进行合理改造的激进自然法。"③ 由此，加尔文主义作为新教的积极力量继续进行着从消极服从到积极反抗的政治立场的转换，当大陆的加尔文主义秉持下级行政官员合法反抗上级行政官员的立宪主义理论时，英国的加尔文主义率先把私法理论和宗教义务结合起来而发展出全体民众反抗合法性的激进思想。诺克斯、庞内特和古德曼提出了民众革命理论，从统治者是神所任命出发，通过限定统治者的职责和权力来规定未能履行这些职责的统治者为暴君，在暴君和神的正义的矛盾中以暴君不再是神所任命的公职人员的方式赋予反抗暴君的合法性义务，无论是从私法理论还是从圣约概念出发，均把反抗人群扩展至全体民众而把反抗权力赋予每个人，从而使民众革命的正当性被正式提出来。在新教地区，积极反抗和民众革命的政治理论从属于神学目的，从捍卫福音真理和增进神的荣耀的宗教目的出发进行反抗是一种宗教义务。

（二）从反抗义务到反抗权利

但是，反抗的合法性是一种宗教责任，即承诺维护神的律法是基础性宗教责任，加尔文主义在法国的激进发展将促使政治反抗从宗教责任

① 〔德〕特洛尔奇：《基督教理论与现代》，刘小枫编，朱雁冰等译，华夏出版社，2004，第84页。
② 〔德〕特洛尔奇：《基督教理论与现代》，刘小枫编，朱雁冰等译，华夏出版社，2004，第84页。
③ 〔德〕特洛尔奇：《基督教理论与现代》，刘小枫编，朱雁冰等译，华夏出版社，2004，第84页。

到道义权利的现代转变，反抗作为权利的现代政治概念塑造了现代革命意识形态。"关于反抗的近代理论是 16 世纪下半叶法国宗教战争期间胡格诺派首先十分明确地阐明的。然后又被荷兰的加尔文主义者所继承，此后这个理论进入英国，并开始成为 17 世纪 40 年代英国革命的意识形态背景的一个重要部分。"① 胡格诺派的发展处境决定了在法国的加尔文主义将把民众革命理论与立宪主义主流思想结合起来②，政治观点出现了从宗教目的和神学教义到政治目的和世俗理论的基础性转向，这一转向奠定了现代政治思想的基础。加尔文主义是个具有多种源头的综合体系，不仅综合了路德的反抗思想，而且综合了中世纪晚期的公会议主义思想、罗马法研究和人文主义观点。16 世纪中叶的法国充斥着各种理论，既有天主教反宗教运动的托马斯主义的立宪主义思想，又有加尔文主义的立宪主义思想，还包括超越宗教而实现了政治统一性的人文主义、立宪主义和世俗理论，这些最终都融入了胡格诺派的革命理论。法国推行消极的宗教信仰自由政策期间，从宗教统一性转向政治统一性成为当时政治学说的普遍目标。人文主义者从信仰权利出发论证信仰自由的原则，提出宗教的基础不是神学教义的真理而是可证明的道德真理，或基督教的本质在于虔诚和公正的生活方式。博丹从怀疑论出发假定了宗教信仰的核心存在不确定成分并缺乏明确的基础，这样推导出信仰的不确定性应该引发相互克制的宗教态度之激进宽容意识，以及从实际情况出发考虑政治统一性与宗教统一性两相冲突的事实，保持政治秩序的优先性有助于营造宗教宽容的政治氛围。法学家以人文主义法理学而不是经验哲学的研究方法，通过法国古代习俗和政体的历史研究而

---

① 〔英〕斯金纳：《近代政治思想的基础》（下），奚瑞森、亚方译，商务印书馆，2002，第 339 页。

② 不同于其他新教地区，法国君主专制和中央集权在宗教改革前夕完成，法国是天主教反宗教改革的理论重镇，加尔文主义在法国迅速发展起来后仅受到中产阶级和法国东南部地区的欢迎，胡格诺派缺乏广泛的群众支持而只是法国的少数派，法国当局面临着天主教和新教和平共存还是互相迫害、坚持政治统一性还是宗教统一性的选择。

不是罗马法研究，提出了一种与专制主义的意识形态相对照的立宪主义的意识形态，对国王的权力进行王规、宗教和正义等方面的约束。哲学家蒙田的禁欲主义和怀疑论具有服从现存事物秩序和政府形式的保守的政治含义，其宗教怀疑立场表明了对宗教统一性和传统宗教仪式的维护。博丹站在专制主义的政治立场上从主权概念出发以实证的方法建立了一门政治科学，强烈地反对胡格诺派的反抗理论。作为少数派的胡格诺派对法国宗教大一统的破坏加速了政治思想的世俗化，政治科学与宗教神学相分离并作为一门独立学科成为现代政治思想的起点和基础。1572 年圣巴塞罗缪节大屠杀之后，法国当局的镇压导致了胡格诺派从良心自由转向激进反抗，其新任务是"构造一种能够捍卫以信仰为由进行反抗的合法性的意识形态"并"推出一种更具立宪主义性质而较少纯宗派性质的反抗意识形态"①。因而，胡格诺派的反抗理论具有独特的形式——"强调他们有进行积极反抗的权利"但又"强调他们命令武装的局限性、立宪主义性质和本质上的防御性"②，从新教神学性基础转向经院哲学和罗马法传统的激进立宪主义的政治性基础，从合法社会的起源和性质的新教神意传统转向经院哲学概念，从合法国家建立过程的圣约概念转向世俗性的契约概念。这样，反抗理论从宗教性的圣约概念转向政治性的契约概念，反抗形式实现了从宗教责任到道义权利这一根本性转变。胡格诺派摒弃了苏格兰激进的平民革命理论而通过诉诸成文法和自然法，发展了一种虽不是民众主权理论，但更激进的代议制主权的反抗理论。"因此，胡格诺教派的立场的本质是：行政长官和民众的代表拥有以武力反抗专制政府的道义权利，这个权利的基础是握有主权的民众把国家视为保障和增进自身福利的手段的一种与生俱来的

---

① 〔英〕斯金纳：《近代政治思想的基础》（下），奚瑞森、亚方译，商务印书馆，2002，第 439 页。
② 〔英〕斯金纳：《近代政治思想的基础》（下），奚瑞森、亚方译，商务印书馆，2002，第 433 页。

天赋权利。"① 胡格诺派的政治理论作为政治世俗化的中间环节对现代政治思想产生了两方面的影响：一方面胡格诺派的综合形式是 16 世纪法国立宪主义和革命理论政治学说的重要组成部分，② "反抗暴君论"中权力有限、人民主权、天赋自由以及反抗暴政等思想为加尔文主义的进一步发展及 17 世纪的自由立宪主义奠定了理论基础；另一方面胡格诺派所提供的以世俗性理论为基础的政治学说标志着新教政治思想的转向，但胡格诺派在立宪主义的基础上把反抗的人道权利和宗教责任统一起来，把代议制主权作为核心，这些相对保守的理论将在加尔文主义的激进发展中被剔除出去，从而提供一种完全世俗的、彻底民粹的反抗权利论。

诺克斯的民众革命理论和胡格诺派的世俗立宪主义的结合形态在布坎南那里得到体现，从诺克斯的圣约概念转向纯世俗的契约概念成为布坎南及在苏格兰的加尔文主义之政治思想的新起点。布坎南以经院哲学的方法从人的自然状态来论证政治社会的应然状态，以世俗性根基而不是宗教性根基阐释了加尔文主义关于民众主权的反抗权利理论。政治学不是神学，是专门谈论权利概念而非宗教责任的，应该从神学和法学的领域中分离出来，并以政治学的独立主题恢复神学、法学和哲学的固有位置，布坎南政治学的理论建设标志着加尔文主义的政治世俗化转向。

---

① 〔英〕斯金纳：《近代政治思想的基础》（下），奚瑞森、亚方译，商务印书馆，2002，第 477~478 页。

② 作为现代政治思想开端的 16 世纪的政治理论有着复杂多元的综合形态，不仅有新教形式和天主教形式的政治学说，还出现了从法理学和哲学出发的纯粹世俗性的政治学说。因而，加尔文主义的激进政治思想是 16 世纪的政治思想的重要组成部分。以新教和天主教的分野来强调新教意识形态的革命性和天主教意识形态的保守性的传统研究方法是不合适的，以宗教划分的简单方式来研究 16 世纪的政治思想既不能正确反映当时政治思想的全貌和彼此之间相互作用的关系，也不能客观地寻找到宗教改革运动之后西方政治世俗化的转折点。从世俗化理论来讲，政治世俗化趋势是具有决定性作用的，政治理论的世俗化转向标志着西方世俗化时代精神的到来。也就是说，胡格诺派的革命意识形态是从神圣到世俗的时代精神的转折点，从此西方在理论上开启具有决定性和不可逆转性的世俗化进程并出现了现代性文化，其后清教徒革命在实践中最终促成了世俗化转向。

当然，天主教耶稣会的马里亚纳也从经院哲学的资源中得出了世俗性的民众主权理论。因此，耶稣会的马里亚纳和加尔文主义者布坎南的民众主权理论，作为纯世俗和民粹主义而不是宗教性的学说，为17世纪的立宪主义反对16世纪末的专制主义政治哲学两大传统奠定了理论基础。"这些传统之一是神意传统，亦即后来与英格兰的菲尔默以及法兰西的博絮埃具体联系在一起的传统。另一个传统起源于博丹和新托马斯主义者，并在格劳修斯和普芬多夫的自然法体系中达到顶峰的比较理性主义的传统。"① 16世纪的法理学家、奥卡姆主义者和加尔文主义者所提出的民众主权和革命权利观为17世纪以洛克为代表的自由主义的立宪主义理论奠定了基础。

（三）新教观念和现代政治思想的基础

宗教改革运动推动了现代政治思想的世俗化转向，并加强了现代社会的世俗化趋势，16世纪末形成的民众主权和革命反抗理论奠定了现代政治思想和革命意识形态的基础。加尔文主义作为新教的活跃力量是激进的立宪主义和民众革命理论的重要组成部分，是"世俗化"和现代政治哲学的主要推动者和担纲者。其中，新教观念从以下几个方面影响了西方现代政治思想并塑造了现代西方的政治面貌。第一，反抗理论从根本上改变了西方社会的基本信念，从有关现存社会结构的"既予性"转变成可变性教义，从建基于自然的中世纪传统的社会秩序转变为建基于改变的现代秩序，进而从静态的中世纪世界观转变为现代"转变的意识形态"。加尔文主义的这一具有可变性的世界观——个人在世界中的位置从传统的固定性到现代的可变性，不仅反映了处于第三等级的中产阶级的革命要求，而且以此原则提出了加尔文主义的反抗革命和有权弑君理论。第二，从加尔文的"两个主权"和"两个国度"中来的加尔文主义，在不同国家挑战了专制主义制

---

① 〔英〕斯金纳：《近代政治思想的基础》（下），奚瑞森、亚方译，商务印书馆，2002，第493页。

度，从而成为从封建专制制度过渡到现代民主政体的关键一环。在法国的加尔文主义提出了自然权利和民众主权的宪政主义的现代思想，在苏格兰的加尔文主义提出了独立教会、政教分离、宗教自由和公民自由等现代思想，在英格兰的加尔文主义通过清教徒革命最终实现并施行了"单一主权"的君主立宪政体以及政教分离、信仰自由和宗教宽容等政策，在美国的加尔文主义则培养了在上帝律法之下的宪章、盟约传统，加尔文主义在各国的不同发展直接塑造了西方现代国家政治面貌的独特性。"最终，近代自由主义的哲学家和社会学家们，以一种'祛魅'的或世俗化的形式，更广泛地传播了加尔文的思想。"①第三，从现代政治哲学的视角来看，加尔文主义的世俗化转向为其做了充分的理论准备，加尔文主义和天主教的激进政治思想构成了从文艺复兴的马基雅维利到启蒙哲学的霍布斯和洛克这一现代性政治哲学的中间环节。加尔文主义、天主教和法学、哲学的政治思想提供了作为现代政治思想重要对象的现代国家概念的先决条件——政治与神学相分离并成为一门独立的学科、国王和城邦的独立性、政治权威的唯一性以及政治社会的政治性等，16世纪的政治思想为现代政治思想奠定了基础，而加尔文主义的激进理论在其中起到了关键作用。以洛克的政治哲学为参照，其现代革命意识形态援用了加尔文主义反抗的私法理论和民众革命的权利。因此，加尔文主义不但在理论上提供了一些具有影响力的现代政治观点，而且在实践上直接推动了西方政治和社会的现代变革。

总之，路德"两个国度"的政治思想是其神学理论的薄弱环节，由此开创的新教意识形态是相对脆弱的，其基本特点是"既完全忠于和顺从国家，又立足于深刻的形而上学基础之上的新教个人主义"②。

① 〔美〕道格拉斯·F. 凯利：《自由的崛起：16～18世纪，加尔文主义和五个政府的形成》，王怡、李玉臻译，江西人民出版社，2008，第48页。

② 〔德〕特洛尔奇：《基督教理论与现代》，刘小枫编，朱雁冰等译，华夏出版社，2004，第48页。

经过加尔文以及加尔文主义的发展，新教意识形态实现了世俗化转向，在理论上提供了基本的现代观念，在实践上推动了现代国家的建立。从逻辑上说，新教意识形态（主要是加尔文主义）对现代政治具有以下重要作用。一是福音教会反对罗马教会的教阶制度和教皇至上原则，因为没有相应的权威与约束力而走上了从教会到教派的自由发展之路。福音教会以神学的延续性来对抗罗马教会的历史延续性，囿于缺乏统一的神学理解而出现了四分五裂的宗派形式（路德宗、加尔文宗、安立甘宗），而在强调个人判断和信仰确信的神学基础上进一步以与教会相分离的教派形式发展起来，宗教的分裂既是政治统一性和世俗化理论兴起的直接原因，也是传统的政治社会结构变革的现实渊薮。二是路德以国家与教会的职能分离、世俗权柄与属灵权柄分离的原则，在宗教战争以及宗教迫害时期进一步发展为限制君权和人民有权反抗暴君的思想，是现代西方推翻王权以及人民主权的民族国家在神学中的表现形式，是西方针对封建统治和不平等世俗制度的革命呼声。路德以实证主义进路来保证的世俗权威的神圣性在新教的激进发展中最终消解了世俗权威的神圣性，教会与国家相互依存关系的最终破灭为建立以政教分离为原则的世俗国家扫清了障碍。三是用福音教会来取代罗马教会的宗教改革运动引发了教会的分裂、宗教迫害、宗教战争以及教派纷争，对待宗教的绝对主义、狂热主义和以迫害为手段暴露出宗教思维的局限性，以世俗意识形态为支柱的现代国家由此确立了对宗教的自由主义、理性主义态度和宗教宽容的基本原则。四是政教的职能分离是现代国家政教实体分离的前提与基础，而从神圣到世俗根基转变的国家是实现政教的职能分离与宗教宽容的根本保障。因此，加尔文主义促进了西方现代国家的形成——以个人主义为基本精神的现代国家"是由人们组成的一个社会"，是"为了谋求、维护和增进公民们自己的利益"①，而宗教信仰是个人的私事，"教会是人们自愿组合的团体，人们加入这个团体，是因

---

① 〔英〕洛克：《论宗教宽容》，吴云贵译，商务印书馆，1982，第5页。

为他们认为能够用上帝可以允许的方式礼拜上帝，以达到拯救灵魂的目的"①。国家与教会拥有不同的职能和权限，前者管辖此生的、外在的公民利益，后者管辖来世的、内在的灵魂拯救，两者是互相分割和绝对分离的，唯有在两者分离的前提下才能实现宗教自由和宗教宽容。政教分离是西方现代国家的基本原则，"兼顾两个世界"是朝世俗化转向的现代政治思想的基本立场。

三　新教伦理与西方现代资本主义精神

西方资本主义发展的经验事实表明，新教地区（尤其是加尔文主义的传播地区）是资本主义经济发展的活跃之地，宗教改革运动所间接造成的经济结果是 17 世纪西欧经济力量崛起并一跃成为西方世界的经济中心，传统经济中心因缺乏长足的发展动力而相形见绌。②"17 世纪中叶，资本主义和加尔文主义实际上是广泛地共同存在的。"③ 加尔文主义的兴盛和资本主义的繁荣息息相关，加尔文主义和资本主义之间有着密切关系。20 世纪初韦伯命题的提出，正是为了从理论上分析和解释西方资本主义形成过程中的这个特殊现象——加尔文主义和资本主义的关系，从而引发了 20 世纪对宗教与资本主义兴起的大讨论。韦伯提出并论证了加尔文主义的伦理观与现代资本主义精神之间具有契合性和亲和性关系，进而从宗教角度解释了加尔文主义促进资本主义经济发展的经验事实。韦伯命题表明，宗教改革运动的一个直接产物是"天职"宗教观念及其

---

① 〔英〕洛克：《论宗教宽容》，吴云贵译，商务印书馆，1982，第 8 页。
② 最典型的当属天主教地区的西班牙和葡萄牙，作为新世界的开拓者和殖民主义的先锋，其在 15～16 世纪成为绝对君主专制的君主国，因此在 16 世纪一度是西方世界的经济强国和经济中心。但是这种经济优势地位很快就被新教地区赶超并取代了，从根本上来说是因为缺乏长足的经济发展动力和活力，缺乏刺激资本主义经济发展的宗教观念。在信仰天主教的法国，是加尔文主义者推动了法国资本主义的发展。17 世纪初，丹麦和瑞典为了促进本国的经济发展而从信义宗转变为荷兰加尔文主义式的资本主义贵族统治。由经验事实可知，加尔文主义和资本主义之间是存有紧密关系的。
③ 〔英〕阿利斯特·麦格拉思：《加尔文传——现代西方文化的塑造者》，甘霖译，中国社会科学出版社，2009，第 235 页。

新教工作伦理，在加尔文主义的发展中形成了入世禁欲的新教伦理观，入世（肯定世界和投身于世界）与禁欲生活样式（理性化方法的善行）的完美结合使加尔文主义产生了一种理性化的生活样式和生活态度，并在客观上形成了一种理性化的经济风格而孕育了现代资本主义精神。因此，在从入世禁欲的新教伦理到纯粹世俗的功利主义伦理的解体过程中，加尔文主义作为一种独特的宗教文化孕育了西方现代资本主义精神，是适应资本主义经济的过渡性文化形态。加尔文主义作为新教内部的积极力量，促进了西方现代资本主义经济及精神的和兴起。

（一）世俗化的开端：路德和加尔文

宗教改革的一个直接产物是"天职"观念，是西方神圣世俗化的开端。路德从"因信称义"教义出发推导出符合新教徒的道德伦理和生活样式，认为中世纪的僧侣制度、避世修道和完美道德都是善行称义的一种方式而应该加以摒弃，面向世界、进入俗世才是基督徒实践成圣生活的合宜场所。因而，天职或圣召观念从修道或圣职呼召的神圣含义转变为由"基督徒是蒙召在世界中服侍上帝的"信念支撑的"一个此世的活动或事业"① 的属世含义，世俗工作和劳动本身作为上帝所悦纳的对象被赋予了神圣价值和宗教色彩，新教工作伦理改变了中世纪轻视体力劳动的贵族主义和否定现世生活的僧侣主义的生活态度，在此意义上满足了新兴的中产阶级的宗教伦理要求。"起初，路德的经济传统主义是保罗那种漠视现世的结果，后来却变成愈来愈强化的天意信仰的表现，在此信仰下，无条件地服从神，与无条件地顺服于既定的环境，是二而一的。"② 也就是说，路德的职业概念仍旧停留在传统主义的社会结构和政治结构之中，得到的只是消极的工作伦理——"借由禁欲的义务来超越现世内的义务一事已被消除，但连带着训诫人们要服从当局

---

① 〔英〕阿利斯特·麦格拉思：《宗教改革运动思潮》，蔡锦图、陈佐人译，中国社会科学出版社，2009，第 257 页。
② 〔德〕韦伯：《新教伦理与资本主义精神》，康乐、简惠美译，广西师范大学出版社，2007，第 61~62 页。

并顺应既有的生活状态"①。通过梅兰希顿人文主义的综合，路德神学所固有的"隐藏的神"教义（表明神的奥秘旨意是恩宠状态绝对、唯一和终极的根源）作为"既危险又隐晦"的教义而被回避了，认为恩宠状态可能会消失，需要借悔改和虔信上帝之道与圣礼来重新获得。由于加尔文经历了从茨温利到路德的发展转变，加尔文神学与路德神学的共同点是居多的（都存有双重预定论和唯名论传统的"隐藏的神"），唯有不同的改教现实、神学思维成为加尔文神学与路德神学的差别所在，但在相互区分的前提下，加尔文主义与路德主义在教义绝对主义和意识形态的发展中做出了严格的教义划分——路德主义秉持因信称义的核心教义，而加尔文主义坚守预定论的核心教义。仅就加尔文而言②，他从以下几个方面承接和深化了路德神学所开创的世俗化的现代性意义。其一，在神学思维上，加尔文在路德神秘一元论的基础上进行了上帝与人之间的区分，上帝的全能与人的无能之间的鸿沟成为加尔文宗的思维起点，"有限不能承载无限"的神学思维使有限的世俗领域（自然、世界和人）获得了相对的自足性。其二，在救赎教义上，加尔文从救赎的根据（因信称义教义）到救赎的实现的理论转向发展了福音和律法的一致性、称义与成圣的统一性关系，对律法和生命成圣的重视使加尔文神学在理论上具备了"入世和反空想特点"，是"反神学的神

---

① 〔德〕韦伯：《新教伦理与资本主义精神》，康乐、简惠美译，广西师范大学出版社，2007，第63页。

② 在韦伯的论证中始终存在加尔文神学缺位的问题，韦伯有直接从路德到加尔文派的论述逻辑之嫌。这种论述逻辑导致韦伯一方面根据17世纪加尔文派或加尔文主义的观点和教义去理解和论述16世纪古典时期的加尔文神学，使加尔文神学存在理解偏差和教义混淆的问题；另一方面在文本论述中有路德与加尔文派之比较或者路德派与加尔文派之比较，唯独没有路德神学与加尔文神学的理论比较，使17世纪的路德派与加尔文派之比较缺乏理论源头比较的对照和参考。这个环节的缺失，使韦伯命题的论证过程在一定程度上丧失了客观性和可信性，从而导致韦伯命题从20世纪提出之日起便面临着误解和批判。因此，本书在论述新教理论及其发展逻辑时一直强调路德与加尔文、路德与路德主义、加尔文与加尔文主义、路德主义与加尔文主义之间的差异，在韦伯的论证逻辑中补充加尔文神学一环以彰显韦伯命题的真实意义和真正价值。

学"①；在实践上，其注重世俗领域对律法的贯彻和对成圣的重建，以及教会纪律和宗教法庭的建制作用。因此，加尔文将善行或属世行为作为确信得救和列入选民的原因使加尔文神学具有了行为主义的特点。其三，在基督徒生活上，加尔文在日内瓦的改教现实面前从宗教理论出发论证了资本主义经济的合理性，不仅为资本主义清除了宗教方面的理论障碍，承认了资本生息、人类劳动的生产性、劳动分工和人的社会性的合理性，还提出了有利于资本主义发展的工作伦理，在路德天职观的基础上又赋予了"银子"（talent）一词以现代意义。"银子"从中世纪上帝赐予虔诚信徒的属灵恩赐或恩典的神圣含义转变为"基督徒的世界呼召，以及上帝按照秩序赐给他们的能力和天赋，以致他们可以在世界中有效地发挥功能"② 的属世含义，从宗教层面建构了一种促进资本主义发展的工作伦理观，并提供了一种适应城市文化的生活样式。因此，宗教改革运动的现代影响在于从天职观而来的一种入世的宗教性的生活样式和生活态度，以从避世到入世的生活世界的变革方式开启了西方现代社会的世俗化进程。

（二）入世禁欲和彻底祛魅的加尔文主义

加尔文神学作为从路德到加尔文主义的论述逻辑中不可或缺的中间环节的意义在于从宗教理论上把肯定世界及工作与肯定资本主义的经济形态结合起来，从而使加尔文主义在肯定资本主义经济的正面价值上顺应了时代要求并获得了中产阶级的支持而成为一场国际性运动。新教（路德主义和加尔文主义）正统化成为16~17世纪新教理论发展的关键点，促进了反对路德主义正统化的17世纪的虔敬派和反对加尔文主义正统化的18世纪的卫理公会的产生。再加上从再洗礼派的教会类型中来的洗礼派、门诺派和教友派，韦伯主要分析了四个禁欲新教的基本

---

① 〔英〕阿利斯特·麦格拉思：《加尔文传——现代西方文化的塑造者》，甘霖译，中国社会科学出版社，2009，第221页。

② 〔英〕阿利斯特·麦格拉思：《宗教改革运动思潮》，蔡锦图、陈佐人译，中国社会科学出版社，2009，第259页。

教义。① 加尔文主义的正统化是以亚里士多德的逻辑方法来建构系统神学，重点发展了双重预定论和有限救赎论教义以及清教徒的契约神学。为了保证上帝绝对自由的决定权，加尔文主义扩大了上帝全能与人的无能间的鸿沟，双重预定论教义造成了个人的孤独感——对永恒救赎而言，牧师不能帮他，作为神的荣耀而制定的圣礼不能帮他，因可见和不可见的区分教会不能帮他，因基督的有限救赎神也不能帮他，"教会—圣礼的救赎之道就此断绝（路德教派从未推展到如此终极的境地）"②，排除巫术主义、仪式主义的现世祛魅过程的极限之处后，悲观主义的个人主义兴起。由此，救赎实现的根据——恩宠状态的救赎确证和选民标志问题在加尔文主义这里变得更重要了，疏导救赎焦虑的途径在于把现世的善行和职业劳动作为获得恩宠的记号，从而使预定论教义把善行和职业劳动的此世途径神圣化了。当然，人与神之间的遥远距离表明善功不可能成为救赎的手段，否则就又变成善行称义了，但善行作为被拣选的表征是不可或缺的，救赎的确信其实是自己创造的。

加尔文主义认为，信仰必须用客观作用来证明，信仰必须是"有效的信仰"，救赎的召命必须是"有效的召命"，因此只有选民才真正具备有效的信仰，只有选民才能重生和成圣，根据成果来识别真正的信仰成为加尔文主义的显著特征。因而，加尔文主义主张，现世生活注定是为了神的荣耀而存在的，被神拣选的基督徒的唯一使命是为了神的荣耀目的在现世遵守神的诫命而重建社会生活，因而职业劳动被赋予了宗教伦理功能。加尔文宗"为神不为人"的宗教动机及其伦理观塑造了理性主义和功利主义的风格，因而加尔文教的社会组织"全都奠基于

---

① 韦伯命题的最大问题在于对不同时期的新教理论进行比较，受不同时代精神影响的新教理论之间的可比性是不大的。17 世纪中叶是个分水岭——从信仰文化转变为理智文化的时代精神，加尔文主义的工作伦理和世俗行为主义与其预定论的神学根基已经发生了分离，18 世纪的卫理公会明显是对理性主义的时代精神的神学反动。

② 〔德〕马克斯·韦伯：《新教伦理与资本主义精神》，康乐、简惠美译，广西师范大学出版社，2007，第 84 页。

内在'个人主义的'、'目的理性'或'价值理性'的动机"①。因此，加尔文主义（清教徒运动）理性化和祛魅化的极致发展消解了人与神之间的神秘纽带，现世的彻底祛魅的加尔文主义把新教世俗化推向极致，新教的世俗化和理性化促成了西方世俗化的转向。同时，韦伯以加尔文主义现世的彻底祛魅为标准比较了几种入世禁欲的宗教类型。首先，与虔敬派相比。虔敬派通过神秘情感的被动性和内在性来追求与神灵"神秘的合一"的宗教体验，保持着信心的培育并将职业劳动作为确认手段的理论张力。路德派与加尔文派在称义的理解上教条化了彼此的差异——罪得赦免还是成圣，在有限与无限的关系上，救赎确定性也存有差异——"要不是感觉自己乃神力的容器，就是感觉自己为神力的工具。在前一种情形下，其宗教生活倾向于感情的陶冶，在后一种情形下，倾向于禁欲的行为"②。其次，与卫斯理派相比。卫斯理派是情感和禁欲的结合，认为救赎的确信基础在于"再生"概念（直接受圣灵感动的恩宠状态的情感）和"圣化"概念（以不断"再生"为基础形成的完美意识），并发展出一套理性生活样式的系统建构的方法。最后，与新教教派相比，教派类型强调期待圣灵的心理作用，基于自由意志加入有着严格的宗教—伦理资格限定的自愿性的宗教团体。因此，只有从预定论教义出发的清教徒道德才是理性化的伦理生活样式。

（三）亲和性：加尔文主义与资本主义的关系

韦伯是否提出了一般人所理解的"加尔文主义产生资本主义"这一命题呢？或者正如韦伯在辩解中反复解释的那样，这只是为了论证加尔文主义理性化的伦理生活样式和理性化的现代资本主义精神有着一定的亲和性和契合性，在此意义上加尔文主义孕育了现代资本主义精神。韦伯社会学论证了西方现代性的基本特征是理性化，不仅在《宗教社

---

① 〔德〕马克斯·韦伯：《新教伦理与资本主义精神》，康乐、简惠美译，广西师范大学出版社，2007，第87页。

② 〔德〕马克斯·韦伯：《新教伦理与资本主义精神》，康乐、简惠美译，广西师范大学出版社，2007，第95~96页。

会学》一书里论述了西方基督教理性化的彻底性隐含着现代性的起源问题，而且在《新教伦理与资本主义精神》一书里提出西方现代资本主义精神的独特性在于理性化，并以加尔文主义理性化为标准来区别其他入世禁欲的新教类型。韦伯在《新教伦理与资本主义精神》一书中意欲论证"近代的资本主义精神，不止如此，还有近代的文化，本质上的一个构成要素——立基于职业理念上的理性的生活样式，乃是由基督教的禁欲精神所孕生出来的"①。与传统的经济精神和风格不同，理性化经营、投资和生产的现代资本主义精神是西方的独特风格，指称着伦理的生活样式的意涵，职业义务的独特思想是资本主义社会伦理的特征和本质所在。正是入世禁欲的加尔文主义以灵魂救赎为目的的宗教动机发展了职业天职观和理性化禁欲的伦理生活样式，对资本主义发展有着十分重要的意义：通过禁欲的强制节约导致资本的形成并有助于资本主义的原始积累；职业劳动的天职观及救赎确信的维度有助于以劳动和营利为天职的市民职业风格的形成。因此，加尔文主义孕育了现代资本主义精神，两者具有一定的亲和性和契合性。一旦现代资本主义精神形成，职业观念就脱离了宗教—伦理意涵而转变为世俗的功利主义伦理观，"职业伦理"和"天职"观念已是"昔日宗教信仰的幽灵"。"获胜的资本主义，既已盘根在机械文明的基础上，便也不再需要这样的支柱。其开朗的继承者（启蒙运动），似乎已永远地褪尽了她玫瑰般的红颜。"②

新教（尤其是加尔文主义）与资本主义的内在关系是近代西方的一个独特现象。加尔文主义现世的彻底祛魅和理性化特征，使这种理性化的入世禁欲的新教孕育了理性化的现代资本主义精神，同时这种世俗化的新教在世俗化的文化社会转型中又进一步发展为适应资本主义精神

---

① 〔德〕马克斯·韦伯：《新教伦理与资本主义精神》，康乐、简惠美译，广西师范大学出版社，2007，第186页。
② 〔德〕马克斯·韦伯：《新教伦理与资本主义精神》，康乐、简惠美译，广西师范大学出版社，2007，第187页。

的世俗神学，具体表现为从神圣到世俗的天职观念的转变，以及呼召观念与其神学根基的脱离。天职不再被视为上帝的呼召，而是社会或者人内心的目的呼召人进入特定的行动领域；不再是为了来世的永恒幸福和天国救赎，而是为了现世的成功和富足。"加尔文主义工作伦理对北美文化影响深远。"① 加尔文主义间接地促进了成功神学的兴起和发展，成功神学强调个人的财富和成功以及国家的财富是承蒙上帝拣选的记号，"'成功神学'于20世纪70年代在美国诞生，可说是扭曲加尔文主义工作伦理的必然结果"②。加尔文主义和资本主义之间的微妙关系一直是韦伯命题问世以来西方学术界的热点议题，加尔文主义和资本主义之间的亲和性和适应性是一个不争的事实，争辩的分歧大多集中为论据是否充分、论证是否合理和论题是否全面等细节问题。因此，具有实践性倾向的加尔文主义，推动了西方现代资本主义经济及其精神的发展。

西方现代性总的趋势和基本特征是"世俗化"，即经济、政治、宗教、科学和哲学等纷纷从教会权威式的统一性文化类型中分离出来并开始建构各自独立自主的领域，宗教文化权逐渐衰落和退缩，相应的世俗文化权逐渐独立和兴起。"在时间之钟的摆动中，继一个主要受宗教观念主宰的时代之后，是一个主要受世俗观念主宰，因而宗教观念薄弱的时代。"③ "规模宏大的世俗化过程，构成现代化的一个基本组成部分，还在继续进行；现代社会的本质是非宗教性的。"④ 因此，新教在世俗化和非宗教性的现代社会里只是一种积极活跃的宗教势力和文化力量，其在这个以现代主义和现代思想为主宰的世俗社会里只是一种边缘的文

---

① 〔英〕阿利斯特·麦格拉思：《加尔文传——现代西方文化的塑造者》，甘霖译，中国社会科学出版社，2009，第252页。
② 〔英〕阿利斯特·麦格拉思：《加尔文传——现代西方文化的塑造者》，甘霖译，中国社会科学出版社，2009，第253页。
③ 〔德〕特洛尔奇：《基督教理论与现代》，刘小枫编，朱雁冰等译，华夏出版社，2004，第65页。
④ 〔美〕罗兰·斯特龙伯格：《西方现代思想史》，刘北城、赵国新译，中央编译出版社，2004，第616页。

化话语权。但是，正是在这个世俗化的西方现代社会，离开政治势力的专制控制和政治经济利益的倾轧争夺，新教以分裂为变革手段所造成的基督教分裂得以重新与天主教走到一起而实现了基督教世界的合一，20世纪 60 年代"梵二会议"标志着新教和天主教的再次联合，基督教在个人化、灵性化、教派化、运动化等多种现代化形式的发展中依旧是西方人信仰生活的主流和主体。"世俗化"并不等于"宗教的衰退"。"世俗化是人类社会变化的一个过程，在这个过程中，一方面社会逐渐摆脱宗教的约束，社会结构变得更合理，社会各组织机构变得更理智化和理性化；另一方面，宗教尤其是传统宗教，不断调整自身以适应社会的变化。世俗化具有自我限制的特征，即宗教复兴与宗教创新在世俗化过程中随之出现。"①

第二节　思想层面：理智文化与信仰文化的交锋

从文化逻辑和思想演变的角度来看，中世纪末期西方文化的基本特征是从统一性到分离性的文化类型转向、哲学与神学的分离、教会权威的他律与世俗的自律的二元性以及教会权威式的统一性文化类型。新教神学以神学自律的原则彻底摧毁了教会权威式的统一性文化类型并加剧了哲学与神学分离的现代性趋势，以新教为分水岭，西方文化不可逆转地卷入了世俗化的旋涡之中，新教文化由此成为西方文化从传统形态到现代形态的关节点。新教文化作为西方现代性的源头价值在于以下几点。一是作为过渡性近代文化的新教观念促进了近代科学和哲学的产生与发展，西方文化实现了从信仰主义到理性主义文化类型的转换和世俗化转向，哲学人本化的发展趋势成为近现代哲学的历史任务，理智文化与信仰文化之间的交锋和对抗构成了启蒙运动以来西方现代性文化的实质性基调，启蒙哲学造成了哲学与基督教相分离的现代性文化现象。二

---

① 参见任继愈主编《宗教大辞典》，上海辞书出版社，1998。

是哲学与宗教分离的基本情状成为西方现代性文化思考的新起点，在原有的哲学与宗教阵营分野下，双方大致有两种理论倾向——哲学与宗教的综合和统一抑或哲学与宗教的彻底分离。三是分离性的新教文化与西方现代性"无神论"的哲学观点以及"大众无神论"的文化现象之间存在理论渊源关系，"新教导致了异议，异议导致了相对主义，相对主义导致了自然神论，自然神论导致了无神论"①，路德神学与加尔文神学的思维方式在不同程度上得出了无神论的现代结论。四是路德神学为处于世俗化时代精神下的 20 世纪的宗教神学提供了一种神本主义的神学思维和基督教的理解范式，以此为基础，20 世纪西方宗教思想开辟了固守路德神学思维和理解范式的新正统主义及其与主体性原则和现代思想相互综合的两种神学思路。因此，一方面新教加速了世俗化进程并促成了世俗化转向，理性权威取代启示权威、哲学根基取代宗教根基以及此世性原则取代彼岸性原则构成了启蒙运动的基本特征，启蒙哲学表现为由上帝自然化和上帝人本化两条线索组成的哲学人本化的现代趋势；另一方面，现代性的基本特征是世俗化以及哲学与宗教相分离的文化境遇，西方现代性文化的新起点是思考哲学与宗教之间的关系问题，新教神学站在信仰立场上以积极开放的心态和兼收并蓄的方法进行了统一抑或分离的文化选择。

一　新教观念与西方近代哲学及科学

福音范式与律法范式的对立体现了新教与天主教两种文化类型的对立——相比于天主教的统一性文化类型，新教开创了去哲学化的分离性文化类型。分离性的新教文化有着双重的发展走向：要么走向宗教与哲学彻底分离的神本主义和信仰主义道路，20 世纪新正统主义的新教神学就体现了这种宗教思路；要么走向宗教和哲学相互调和的信仰理性化

---

① 〔美〕伯尔曼：《法律与革命——新教改革对西方法律传统的影响》，袁瑜珍、苗文龙译，法律出版社，2008，第 393 页。

道路，大多数新教神学都体现了这种宗教思路。相比于天主教教会权威式的统一性文化类型所具有的他律性、权威性、教条性和稳定性，新教分离性的文化类型所固有的双重性和二元性内在张力使新教文化既有助于哲学和科学等世俗学科和现世学问的产生和兴起，又可以在信仰基础上与哲学等现代思想自由结合而形成多元化、自由化和现代化的发展局面。新教的自律原则和分离性文化类型的基本特征具有决定性作用，决定了新教可以相对自由地处理宗教与哲学的关系，决定了新教能够适应不同的时代精神和文化观念。又由于新教以分裂为改革手段在缺乏统一性权威的前提下造成了无限的分裂，导致了宗教的自我否定，世俗化的转向和理性主义文化类型的转换是新教分裂的逻辑结果。

（一）新教正统主义的特点和意义

新教教派主要形成了两大权威性的神学根基——路德神学和加尔文神学，因而在新教地区新教文化的发展主要是指路德主义和加尔文主义的发展。16 世纪是西方从教会权威式的统一性文化中解放出来并获致独立和自律的时代，新教可以看作宗教文化自律和独立的表现，新的自然科学和哲学思想的萌芽与产生则可以看作世俗文化自律和独立的开端。17 世纪宗教战争的爆发进一步加剧了西方近代文化的分离及其世俗化转向，宗教文化一端是新教正统主义（新教经院哲学）时期及其对立面虔诚派的兴起，世俗文化一端则是以近代科学为方法论基础的近代哲学的产生直至启蒙运动的兴起。正统主义是 17 世纪西方宗教的基本方向，目的是在教会分裂之后实现教义的统一和明晰，无论是传统的天主教还是新教的路德主义和加尔文主义都以经院方法来建构神学体系。路德主义和加尔文主义非此即彼地划定了双方的界限，前者秉持因信称义教义，而后者固守预定论教义。新教正统主义成为西方文化的转折点：一方面，古典的新教正统主义体系是后来新教神学发展的基础，虔诚主义、自由主义神学等都是以某种方式依据正统主义发展起来的；另一方面，新教的正统化和经院化带来了新教神学的理性化和世俗化，宗教的彻底理性化导致了宗教文化的自我否定和自我解体，西方文化实现了从信仰主义到理性主义文化类型的转换。

新教正统主义主要发展了两个基本原理，一个是理性与启示的关系。经院方法的引入和以亚里士多德哲学为方法来建构新教神学的形而上学体系，因此"在神学中哲学的最后胜利是正统主义一切神学体系的前提"①。如格哈得区分了纯粹的条款与混合的条款——前者由启示而来，后者从理性看可能、从启示看也可能，由此恢复了阿奎那的自然神学，用理性去证明上帝的存在，尽管这种理性证明具有不确定性。于是所有经院哲学的知识结构都一样，新教经院哲学也存在两个结构——处于下层结构的理性和处于上层结构的启示。无论是天主教还是新教，17世纪基督教世界重新确立了理性与启示、哲学与宗教之间的双重性结构和统一性关系，这也决定了17世纪哲学的主要任务是从理性出发并以理性神学来摧毁这一双重知识结构。同样，基督教体系以亚里士多德哲学为基础和方法，这决定了17世纪的哲学类型以方法论革命为前提、依赖于近代科学的方法和世界观以及形而上学体系等基本特点。另一个是形式原则和质料原则。唯独圣经的新教原则通过亚里士多德的哲学范畴得到理性化建构而提出了圣经的起源和灵感理论。亚里士多德对形式与质料的划分被用来区分圣经的字面实质和称义形式，从而形成了圣经的形式原则和称义教义的实质原则，"这两个原则是相互并列的，其结果是《圣经》变成在权威的领域中的实在原则"②。而在路德那里，圣经与称义教义之间保持着相互依赖的关系。其中，路德主义正统化的对立面是虔诚派运动，双方以非此即彼的形而上学方法发展了路德神学：路德神学里上帝之道和圣灵的辩证关系被割裂了，正统主义只注重上帝之道，而虔诚派只注重圣灵；神秘和理智的融洽共存被分裂了，正

---

① 〔美〕保罗·蒂利希：《基督教思想史——从其犹太和希腊发端到存在主义》，尹大贻译，东方出版社，2008，第252页。

② 〔美〕保罗·蒂利希：《基督教思想史——从其犹太和希腊发端到存在主义》，尹大贻译，东方出版社，2008，第252页。

统主义把"在基督里"规定为称义教义的最后一步,"路德认为这是称义中的信仰的开始,在正统主义从教会传统接受与神的神秘结合作为必须达到的规定性状态时,信仰的概念就成为理智化的了"[1]。正统主义分裂了路德称义理论的信仰和神秘经验,"信仰成为对真实教义的理智的接受,而与神的结合则成为神秘经验的问题"[2]。虔诚派反对正统主义对神学的理智主义的做法,而发展了路德神学神秘经验的一面。为反对16～17世纪正统主义神学的客观主义和权威主义,虔诚派发展了神学的主观性、神秘性和实践性的一面,顺应了个人主义的时代趋势,而在18世纪发展为个人宗教虔诚的新觉醒时期,路德派内部的亲岑道夫和摩拉维亚派、加尔文派内部的卫斯理和卫理公会以及北美教派类型的爱德华兹和灵性大觉醒运动构成了18世纪新教主义的虔诚主义基调。

(二)新教观念与近代科学

在宗教文化盛行的背景下,科学的发展受制于宗教观念和宗教思想,相对开明的宗教观念则有利于自然科学的萌芽和兴起。基督教与现代科学的兴起经历了相当长的时间,如唯名论和经验科学精神的兴起,在这里仅探讨宗教改革对科学的影响和作用。宗教改革期间哥白尼理论的问世,引起了新教改教家们的关注:路德坚持圣经字面主义而驳斥哥白尼的日心说,认为其有违圣经上记载的地心说;而加尔文以俯就理论来理解圣经从而对哥白尼的日心说持支持态度并赞赏对自然的科学研究。因此,本文主要分析加尔文思想对近代科学的影响。第一,"上帝之荣耀"。加尔文认为,人类应尽其所能,不仅要用眼睛而且要靠智慧来履行荣耀上帝的职责。自然世界和人类身体见证了上帝的智慧和性情,应该通过天文学和医学来发现受造界的秩序以及创造者的智慧,并

---

[1] 〔美〕保罗·蒂利希:《基督教思想史——从其犹太和希腊发端到存在主义》,尹大贻译,东方出版社,2008,第255页。

[2] 〔美〕保罗·蒂利希:《基督教思想史——从其犹太和希腊发端到存在主义》,尹大贻译,东方出版社,2008,第255页。

通过这种研究途径来增强上帝存在的信念和对上帝的尊崇。加尔文派信条之一《比利时信条》（1561）"宣称自然界是'在我们眼前的一本佳作，在其中的一切受造之物，无论大小，都引导我们观摩上帝不可见的事'"[①]。加尔文有关世界是"上帝荣耀的剧院"的提法赋予了自然科学研究以新的宗教动机。第二，俯就理论。启示是上帝俯就的行为，为适应人类的理解能力，上帝跨越了自己与罪性和软弱的人类之间的鸿沟。加尔文以俯就原则来诠释圣经，从而扫清了自然科学发展道路上的障碍——圣经字面主义，消除了圣经叙述和自然科学之间的冲突。他还认为圣经主要是传讲耶稣基督的福音，而不是有关世界秩序的陈述。秉承着加尔文的理智旨趣，加尔文主义者一直对自然科学保持着研究热情，其内部还存在亚里士多德主义与哥白尼主义之争。"一般说来，在信仰新教的国度里，哥白尼主义和新哲学较为稳固的地位，由于罗马天主教徒本身的倾向而得到了强化。"[②] 因此，新教与近代科学的亲缘性在一定范围内是存在的，"社会学的研究才证实，在科学家中新教徒的人数要比人们预料的总数大得多。1885年，阿·德堪多在研究中发现，1666～1883年期间，巴黎国家科学院的外籍学者中，新教徒人数远远超过罗马天主教徒。在除法国以外的西欧人口中，罗马天主教徒与新教徒人数之比是6∶4，而在法国科学院内的外籍学者中，罗马天主教徒与新教徒人数之比却是6∶27。瑞士的罗马天主教徒与新教徒的人数比例是2∶3，但在上述这段时期中，法国科学院内计有14名瑞士籍新教徒，却没有一名罗马天主教徒"[③]。

与教会权威式的统一性文化类型的天主教相比，分离性文化类型的新教在相当程度上有利于世俗领域（哲学、科学和政治等）的发展，

---

① 〔英〕阿利斯特·麦格拉思：《宗教改革运动思潮》，蔡锦图、陈佐人译，中国社会科学出版社，2009，第266页。

② 〔荷〕R. 霍伊卡：《宗教与现代科学的兴起》，丘仲辉等译，四川人民出版社，1999，第167页。

③ 〔荷〕R. 霍伊卡：《宗教与现代科学的兴起》，丘仲辉等译，四川人民出版社，1999，第118页。

新教文化的自由氛围和批判精神有利于哲学和科学的解放与独立，新教观念促进了近代科学的产生和发展。基督教统一性文化形态已经吸纳了亚里士多德—托勒密体系的静止宇宙观，唯有宇宙观的变革和科学思维的范式转换才能超越以圣经创世为基础的基督教宇宙观，哥白尼体系以自然实验和归纳法及运动宇宙观为基本特征使自然科学从神学禁锢中解放出来并获得自主地位。从此，以近代科学的诞生为界，西方文化发生了历史性转折，哲学与科学联盟并与传统基督教形成对立，西方文化实现了从信仰主义到理性主义文化类型的转换。从欧洲中世纪到现代的过渡阶段，文艺复兴、宗教改革以及自然科学与哲学这三股文化力量是近代心智生活的组成要素，其历史意义在于破坏了中世纪的世界观，并提供了现代世界观。

二　启蒙理智文化对信仰文化的批判与改造

西方中世纪文化统一性的根基在于天主教统一性的范式，随着统一性范式的解体，这一根基转移到教会权威的他律上。宗教改革的意义在于把统一性根基建立在启示权威之上，"见证之链又重新回溯到信仰的启示本身"，"在此，它预设了基督的自我启示。信仰和启示这两个概念汇聚于同一个假定：基督相信他自己，他自己相信他是救世主"①。依赖于启示权威的新教文化设定了近代文化的发展方向。一是新教作为一种分离性的文化类型，实现了哲学与宗教的学科分离，哲学与宗教的分离是近代过渡文化的本质特征，近代哲学的自主性进一步加剧了西方文化的分离，现代性问题由此产生。二是新教作为世俗化的开端，在历经了新教的狂热化和正统化之后促成了西方文化的世俗化转向，哲学取代宗教成为文化统一性的根基又进一步推动了西方文化的世俗化，世俗化是西方现代性文化的基本特征，因而世俗化的现代性问题是哲学与宗

---

① 〔德〕卢曼：《宗教教义与社会演化》，刘锋、李秋零译，中国人民大学出版社，2003，第 109 页。

教的统一性问题抑或是分离性问题。三是依赖于启示权威的新教一方面把上帝的观念作为统一性根基，另一方面继续依靠教义的统一性和教会的建制化来实现宗教文化的统一性，这就决定了近代哲学的历史任务是"从现有的上帝观念出发，改变上帝观念的宗教性质，使上帝观念成为哲学观念"①，启蒙哲学就表现为由上帝自然化和上帝人本化两条线索所组成的哲学人本化的现代趋势，在哲学层面上实现了以理性权威来取代启示权威、以理性的宗教（泛神论和自然神论）和人性的宗教来取代启示的宗教，因而近代哲学对基督教的启蒙和批判主要集中在上帝、圣经、神迹以及教会上。四是近代哲学取代宗教来充当文化统一性的力量，外在表现为哲学对宗教的批判和改造，内在隐含着哲学形式与宗教形式的统一性关系，"世俗化"实际上表明了神圣世俗化和世俗神圣化的同步。19世纪，哲学以思辨的方法、科学以实证的方法所形成的无神论立场造成了西方现代性文化的进一步分化。从哲学的视角来看，"上帝之死导致了人之死"的价值虚无主义在现代更需要实现哲学与宗教的统一以克服现代性的分裂；而从宗教的视角来看，"大众无神论"的灵性贫瘠时代更需要关注基督教和现代思想的兼容性以及上帝信仰和现代无神论的对话关系。因此，"神是西方文化中最核心的观念，贯穿西方文化发展的始终，在西方人的精神中发挥决定性作用。神的观念作为文化的深层结构，代表着文化演变的主流"②。在宗教文化传统的前提下，西方近代哲学首先要思考的是哲学与宗教的关系问题以及神的观念。

（一）启蒙运动的基本特征

西方近代过渡性文化是分离性的，以分离为手段而展开的世俗化进程是西方近代文化的基本趋势。其中，新教在西方近代世俗化进程中起了极其关键的作用。新教既是西方世俗化的开端，新教正

---

① 高文新：《欧洲哲学史专题研究》，吉林人民出版社，1994，第162页。
② 高文新：《欧洲哲学史专题研究》，吉林人民出版社，1994，第165页。

统主义在消解宗教的意义上又成为世俗化转向的推手。西方现代性总的趋势和基本特征是"世俗化",即经济、政治、宗教、科学和哲学等纷纷从教会权威式的统一性文化类型中分离出来而建构各自独立的领域,西方现代是宗教文化权逐渐衰落和退缩以及相应的世俗文化权逐渐独立和兴起的时代。"'世俗化'意指一种进程,它曾导致对于世界及其专门领域(如政治、文化、经济、科学等等)的某种理解,也导致对它们的某种处理,这种处理至少要脱离它们的超验根据,并以一种纯然内在的方式去思考它们、处理它们。"[1] 对世俗化理论而言,关键在于世俗化转向时间的确定,后宗教改革是西方世俗化转向的开始,而后宗教战争标志着西方世俗化转向的完成。从 16 世纪末到 17 世纪中叶,西方出现了世俗化转向的时代精神,哲学正是在这一新的时代精神的影响下获得了独立自主的发展。世俗化转向意味着宗教文化此世和来世的神圣一元性的破灭以及"神的统一性"宗教图景的消亡,此世的自足性导致了自然世界和超自然世界、此在世界和彼岸世界以及尘世世界和天国世界的二元分裂。近代哲学取代宗教成为统一性的力量并实现了世俗化转向,从彼岸性文化转向此岸性文化、从启示权威转向理性权威、从信仰文化转向理性文化、从神性世界观转向理性世界观以及从悲观主义转向乐观主义的人性观等是近代哲学努力的方向。17 世纪中叶,也即后宗教战争时代,西方兴起了一种新的文化运动——启蒙运动,"'启蒙运动'这一概念,通常指的是在 17 世纪和 18 世纪的欧洲所发生的一场广泛而有力的思想运动,其宗旨是运用理性来破除宗教迷信和盲从,用科学知识来消除神学和幻想,使人摆脱其蒙昧状态,达到一种思想与政治上的自主性"[2]。启蒙哲学的冲动正在于以哲学的理性形而上学体系取代神学形而上学体系——"传统的超自然原则被自然

---

[1] 〔德〕卡斯培:《现代语境中的上帝观念》,罗选民译,华东师范大学出版社,2008,第 11 页。

[2] 陈嘉明:《现代性与后现代性十五讲》,北京大学出版社,2006,第 6 页。

的经验原则取代，统一的形而上学被分化且实证地专业化的人文—社会科学肢解，依赖超自然权威的独断信仰受到经验的、历史相对的宽容信仰的抵制"①。因此，"启蒙思潮所有的基本观念及其显著的新颖之点使之成为一种新宇宙观者，乃在于下一信念，此即相信人类全体皆能于此世间止于至善之境，而于此前的西方思想中，则此至善之境唯有基督教徒，叨沐神恩，且于死后始可能到达"②。作为现世取向的启蒙运动主要包括理性主义哲学、科学观念和自由主义的政治思想，启蒙运动的基本原理是自律原则、理性概念、自然概念与和谐概念，启蒙运动的宗教政策是政教分离、宗教自由和宗教宽容。启蒙运动是西方现代性的真正开端，现代性的基本观念和精神品质均来自启蒙运动，因而现代性的基本特征和构成要素是以理性权威来取代启示权威，以自由和自律原则来取代他律原则。

（二）哲学人本化的现代趋势

从基督教视角来看，新教认为人的此在世界和彼岸世界是连续和统一的、人与神之间是神秘统一的，天主教虽然一直存在自然世界和超自然世界、尘世和天国的二元结构，并发展出此在世界的神圣中介体结构，但是从近代哲学的视角来看，基督教在追求"神的统一性"过程中造成了世界的内在分裂和二元对立——此在世界和彼岸世界、自然世界和超自然世界以及尘世和天国。有着现世取向的近代哲学一开始面对和克服的正是这个分裂对立的二元世界，其努力的方向即是重新使之统一起来。世界分裂的根源在于异己和绝对的上帝观念，"近代哲学必须从改造西方文化中那根深蒂固的上帝观念开始，在上帝观念的改造中去发展新哲学"③。当然，哲学性质的上帝观念是对宗教性质的上帝观念

---

① 〔德〕特洛尔奇：《基督教理论与现代》，刘小枫编，朱雁冰等译，华夏出版社，2004，第43页。
② 〔美〕布林顿：《西方近代思想史》，王德昭译，华东师范大学出版社，2005，第131页。
③ 高文新：《欧洲哲学史专题研究》，吉林人民出版社，1994，第165页。

的一次改造。[①] 为改造上帝观念，近代哲学主要采取上帝自然化和上帝人本化的方式来促成哲学人本化的现代趋势。"上帝的自然化和人本化包括两个方面的内容：一个方面是把上帝的最高实体归结为自然物质实体，这个问题的实质就是要以物质实体去统一心灵实体；另一个方面是把从人身上异化出去的上帝实体的精神内容归还到人的意识中去，这个问题的实质是要以人的能动意识取代上帝的创造精神、以人的理性真理否定上帝的启示真理。"[②] 因此，近代哲学主要沿着相互交叉的两条线索发展："一条是沿着上帝自然化，主要解决实体上的统一问题，它表现为本体论的研究；一条是沿着上帝人本化，主要解决活动上的统一性问题，它主要表现为认识论的研究。"[③]

1. 上帝的自然化

面对近代文化的"双重真理观"，作为近代哲学代表人物的笛卡尔是从理性彻底怀疑一切知识（感性知识、传统理性知识和上帝知识）出发来建构真理体系的，把由理性直觉而来的自明性作为真理的逻辑标准，批判三段论并提出新的演绎方法，因而自明性的第一原理是"我思故我在"，不可怀疑的是作为精神实体的"我思"。从第一原理演绎出作为完全存在者的上帝存在的确定性，又以上帝为中介演绎出外在世界作为物质实体的存在。通过形而上学的演绎，笛卡尔认为精神实体、上帝存在和物质实体观念都是人与生俱来、不证自明的天赋观念，是永恒真理，真正的认识起源于以天赋观念为基础的理性思维能力。笛卡尔

---

① 从根本上说，哲学性质的上帝观念与宗教性质的上帝观念有着本质差异。在基督教中，上帝的位格性是根本的，上帝的其他属性"一部分属于形而上的概念：全能、全知、永恒、不变性等；也有一部分属于道德性的概念：圣洁、智慧、公义、爱、善、信实等。一般来说，形而上的属性比较强调上帝的超越性，道德性的属性则比较直接地描述上帝的临在性"。参见许志伟《基督教神学思想导论》，中国社会科学出版社，2001，第77页。而在哲学里，上帝的观念一般被看作绝对的精神实体，"这样的上帝不具有人格性，只具有实在性。上帝是人类理性思考的产物，而不是信仰的前提"。参见高文新《欧洲哲学史专题研究》，吉林人民出版社，1994，第171页。
② 《高清海哲学文存》第3卷，吉林人民出版社，1997，第119页。
③ 《高清海哲学文存》第3卷，吉林人民出版社，1997，第120页。

设定了近代哲学的主要议题。一是作为知识基点的"我思",从此近代哲学以我思和主体反思为起点,自我意识成为哲学的中心,思维对存在的关系问题构成了近代哲学的基本问题,近代哲学表现为经验论和唯理论的认识论分歧。二是对上帝观念的改造,上帝作为绝对实体是世界的统一本质,是自然界的根据和最高本质,笛卡尔开创了17世纪以本体论为主导形式的上帝自然化或自然的统一性的研究道路,要么从上帝实体的最高统一性出发开出唯理派本体论的泛神论形式(斯宾诺莎),要么从精神实体和物质实体的二元论出发开出经验派本体论的物质一元论形式(霍布斯和法国唯物主义)。我思以理性直觉来演绎上帝的存在,天赋观念是上帝所赋予的,笛卡尔唯理论的天赋观念和理性直觉将留给后世的认识论来克服。

霍布斯和18世纪的法国唯物主义发展了经验派本体论的唯物一元论。霍布斯的自然观是经验主义的,即感性世界是一切观念的源泉,因而是唯名论的。从机械论的思维方法出发,霍布斯提出了机械唯物论的世界观,世界是无数个体事物的总和,仅仅是物体的世界,物体的根本属性是广延,并把这一方法运用到认识论、政治思想和宗教思想中。霍布斯只认为有着广延属性的物体是存在,灵魂和天使都被斥为虚构和想象,否认非物质的精神实体的存在性而得出了无神论的结论。霍布斯从历史学和语言学的角度来研究圣经文本,视圣经为一门世俗著作而不是天启之作,由此开创了圣经历史学的世俗学科。他否认了圣经的启示性和上帝的实在性,终结了从唯名论到培根奉行的理性与信仰、哲学与神学分离的双重真理观而主张理性与信仰、哲学与神学的对立。18世纪的法国唯物主义完全继承了霍布斯的哲学观点并得出了彻底的唯物一元论。从霍布斯的"物质是思维的主体"出发,以唯物一元论解决了心物二元问题,得出了思维是人脑的机能和属性、人脑是思维的器官以及人脑是自然界长期发展的最高级物质等唯物观点而否定了心灵实体的存在。法国唯物主义形成了一套完整的唯物主义体系,在自然观上实现了世界的物质统一性,"第一,要否定心灵实体,只承认物质实体;第二，要否认第一推动者，主张物质是自己运动的，运动是物质的自身属性；第三，要否定目的论，坚持自然决定论，物质世界按照自身固有的必然规律运动"①；在认识论上实现了唯物主义的反映论，在宗教观上成为"战斗的无神论"，揭露了宗教的荒谬性以及教会在政治上的反动性和道德上的腐败性。因此，唯物一元论片面地发展了世界的物质统一性观点来解决自然世界和超自然世界的矛盾，这种实体本原的思维方式只能进一步造成人与自然的分裂。

　　另一条道路是从笛卡尔的唯理派本体论走向斯宾诺莎的泛神论形式。斯宾诺莎认为，哲学的出发点是最高的真观念，即实体的观念，是演绎推论知识体系的前提。从理解世界的本质出发，世界是一个实体，而实体是唯一的，实体作为世界的最高本质是世界的本原和创造主，实体是神。实体和神又是自本自因的，是自然。"实体、神、自然三个范畴在斯宾诺莎本体论中是同义的，是同一实在性的不同表达。而且，斯宾诺莎在著作中这三个范畴是可互换的。"② 实体和神有着无限的属性，但我们知道的仅有两种，即思维和广延。属性是实体表现为样式时的本质规定，实体表现为样式时有思维的样式和广延的样式，思维的样式是观念，而广延的样式是物体，所以观念和物体是同一实体的不同样式。在实体和样式的关系上，实体是通过样式来表现的，是实在性和肯定性的，而样式是否定性的。斯宾诺莎对实体和样式关系的理解包括在辩证思维的高度上论述统一性与多样性的关系以及本质与现象的关系，但对实体脱离样式而自身具有实在性的理解仍具有脱离个别事物而独立自存的传统实体的认知局限。实体自因说冲击了基督教传统教义中自有自存的上帝观念、上帝的创世以及上帝与世界的二元性，斯宾诺莎将神等同于自然的泛神论进而得出了世界的自足性和自然的自主性这一哲学理性认识。斯宾诺莎以科学的和历史的研究方法来研究圣经，否认了圣经的

---

① 高文新：《欧洲哲学史专题研究》，吉林人民出版社，1994，第181页。
② 《高清海哲学文存》第3卷，吉林人民出版社，1997，第175页。

天启性，得出旧约是由不同的希伯来人在不同时期撰写而成的。基于德国神学和路德神学的神秘主义性质，斯宾诺莎的泛神论主要在德国哲学中得到继承和发挥。因泛神论的双重性解释和歧义性——既可以被理解成某种形式的无宇宙论又可以被理解成隐藏的无神论，黑格尔承接了泛神论的神秘主义性质，而费尔巴哈和马克思指出泛神论的精神实质是不彻底的无神论。

传统的上帝观念是一个有着丰富内涵的概念，既有神学性质，也有哲学性质。近代哲学一开始从本体论出发改变的是上帝的实体概念，从"世界的统一性"或自然的统一性出发实现了上帝的自然化或物质化。从近代的"两重真理说"到近代哲学的自主性，"哲学排斥神学"、理性真理挑战启示真理成为近代哲学的发展趋势，哲学与神学的对立、知识与信仰的分裂成为近代哲学的普遍现象。而在真理观的对决中，真理观问题和认识论问题被摆了出来，成为近代哲学进一步反思的方向。这是因为凡是对人显现的事物，都是为人的意识所显现的意识，世界实际上是人的意识中的世界，所以近代哲学的中心从自然转向了人，从本体论转向了认识论。"认识论的转向"显示了上帝人本化的发展线索。费尔巴哈指出了近代哲学的发展实质："近代哲学的任务，是将上帝现实化和人化，就是说：将神学转变成人本学，将神学溶解为人本学。"①

2. 上帝的人本化

"认识论的转向"的出发点是将全部哲学问题归结为人的意识原理问题，归结为人的问题和主体的问题。一切知识都要在"理性的法庭上"得到审视和评断，理性的评判标准成为宣判知识合法的唯一评判标准。近代哲学的起点"我思"的主体地位得以确立，"我思"的合理内涵得以扩展。经验派的洛克在《人类理解论》开篇就点明自己的哲

---

① 〔德〕路德维希·费尔巴哈：《费尔巴哈哲学著作选集》上卷，荣震华、王太庆、刘磊译，商务印书馆，1984，第 122 页。

学任务是"探讨人类知识底起源、确度和范围，以及信仰的、意见和同意的各种根据和程度"①。由此实现了认识论的转向，哲学的研究中心从自然转向人，研究人类意识原理的认识论因而成为近代哲学体系的理论基石。"对象或自然界是什么和怎样的问题，可以全部归结为观念的起源及其真理性的问题，归结为思维以感官经验所呈现的对象为起点而如何规定对象及其发展的规律问题。……而知识的确定性就是对象本身作为观念和这些观念对象的观念的真理性。"② 洛克否认了唯理论的"天赋观念"而提出"白板说"，扭转了观念起源的方向。感性是直接性的，而思维是间接性的，客观存在是通过人的感性进入意识而成为思维把握的观念存在。知识源于经验，观念源于感性世界，洛克制定了经验主义认识论的基本原则。经验派的唯名论性质决定了其认识论停留于感性思维，理性只是对简单观念进行整合、比较并形成复杂观念的思维能力，作为实在性和本质的实体观念在洛克看来是不可知的但必须假设以作为观念产生的基础和支撑。知识论的不可知倾向形成了经验论的基本公式——"知识的范围小于观念的范围小于实在世界"③。因此，洛克从自然理性的根基出发划分了合乎理性、高于理性和违反理性三种命题，划定了理性与信仰的范围和界限，保持了理性真理与启示真理的独立性和二元性。"就如惟一上帝的存在是与理性相合的。两个以上的上帝的存在是反乎理性的；死者的复活是超乎理性的。"④ 洛克以理性基础主义的形式建构了从理性到启示的理性宗教的真理体系，颠倒了基督教哲学中从启示到理性的自然神学的真理体系。洛克以"理性的超自然主义"形式开创了一种合理化和简单化的理性宗教形式，试图以宗教宽容和宗教自由的理性精神来解决那个时代的宗教纷争。洛克的理性

---

① 〔英〕洛克：《人类理解论》上册，关文运译，商务印书馆，1959，第1页。
② 邹化政：《〈人类理解论〉研究——人类理智再探》，人民出版社，1987，第121页。
③ 高文新：《欧洲哲学史专题研究》，吉林人民出版社，1994，第229页。
④ 〔英〕洛克：《人类理解论》下册，关文运译，商务印书馆，1959，第686页。

宗教"是要把传统的护教学方法和他的经验主义的知识方法结合起来"①，通过解释应验的预言和神迹的超自然特征来为基督教真理提供神圣证明，以可证实的源头上的可信性为高于理性的启示命题提供理性基础，但是洛克站在调和、妥协的立场上最终导引出两种方向的理论努力。一是在神学领域兴起了一场更加彻底的理性宗教形式的自然神论运动。自然神论运动的意图在于"把宗教缩减为它的基本的、最被普遍接受的和最合理的组成部分"②，自然神论不再局限于基督教教义之内，而是为一般宗教知识提供共同的理性基础——一种普世的、理性的、自然的宗教形式，"它把人类理性的普遍原则，以及人类共有的宗教观念置于中心的地位，并且据此判断特殊启示的所有主张"③。自然神论推崇合理性的自然宗教，一切宗教都必须符合这种自然宗教，如果基督教与自然宗教相一致，则基督教是合理的和真实的。其先驱赫伯特勋爵就提出了有关自然宗教的五点看法：至上神的存在，礼拜上帝的义务，礼拜的道德性质，人的悔罪以及死后的赏罚。因而，自然神论对基督教的特殊启示、神迹持怀疑和否定态度，认为真宗教的功能在于社会与个人的道德，其世界观奠基于牛顿的物理学，上帝作为"第一因"按照理性原则创造了世界之后不再介入自然界，自然界和上帝是相互独立的两个世界。自然神论运动是 18 世纪启蒙运动的直接产物，"强调理性的权威，又渴望建立合乎理性的普世宗教，来克服宗派之争、迷信以及不合理的霸道权威，以便把基督教带入和平、启蒙和宽容的现在时代"④，19 世纪的自由主义神学是这种理性宗教的继续。

---

① 〔美〕科林·布朗：《基督教与西方思想》（卷一），查常平译，北京大学出版社，2005，第 192 页。

② 〔美〕冈察雷斯：《基督教思想史》第 3 卷，陈泽民等译，译林出版社，2008，第 362 页。

③ 〔美〕奥尔森：《基督教神学思想史》，吴瑞诚、徐成德译，北京大学出版社，2003，第 563 页。

④ 〔美〕奥尔森：《基督教神学思想史》，吴瑞诚、徐成德译，北京大学出版社，2003，第 561 页。

二是在经验派内部从贝克莱到休谟把经验主义认识论的逻辑原则推演到逻辑终局而瓦解了自然神论的哲学基础。贝克莱从"存在即是被感知"的感觉主义认识论出发既否定了物质的独立存在思想和物质实体观念，又论证了作为无所不在、永恒的感知心灵的上帝存在的必然性。休谟从彻底的经验主义原则出发，认为一切观念都来自感觉印象，以必然和或然的标准区分了"观念的关系"和"实际的事情"，经验知识是由习惯、联想和信念等心理主义原则对知觉综合而成的。因此，从心理主义的经验论出发，休谟哲学的怀疑主义一方面否定了上帝、心灵、物体这三个实体观念以及因果关系观念的理性基础，另一方面从自然法则出发批判了作为启示真理证明的神迹的可能性从而摧毁了传统护教学的证明方法。

"认识论的转向"所揭露的上帝人本化的发展线索在经验论和唯理论的认识论分歧上造成了感性与理性的对立和割裂以及观念世界与实在世界的对立，德国古典哲学从确立人的主体性原则和能动性原理的唯心主义立场出发去缓解两者的矛盾，进一步实现了上帝的精神化，并强化了哲学人本化的趋势。康德在晚年把一切哲学问题归结为人学问题，认为哲学是从人出发并以人为中心的真善美相统一的学问，进而把自身的哲学计划细分为我能知道什么（形而上学）、我应做什么（道德学）、我该希望什么（宗教学）以及人是什么（人类学）四大问题。康德哲学实现了从客体性、对象性思维方式到主体性思维方式的转向，哲学实质上是确立主体性原则和人的先验原理，并以人为中心、以主体为根据。从总体上说，康德哲学在主体自主性的基础上承接休谟的不可知论而表现出二元论特征。二元论首先表现为作为理智直观、智慧原型的上帝与作为派生理智的有限理性的人之间的划分，从而导致了现象与本体的区分、理论理性与实践理性的分离。康德认为，先天综合知识是由感性直观、知性概念以及两者的联结作用所构成的，人的知识有两个基本来源——感受表象的能力以及通过表象认识对象的能力。"无感性则不会有对象给予我们，无知性则没有对象被思维。思维无内容是空的，直观无概念是盲的。……只有从它们的互相结合中才能产生出知识来。"①
知识是源于经验并限于经验的，经验知识的普遍有效性在于构成知识的
诸多先验原则——先天直观形式、纯粹知性概念以及联结两者的先验图
型。知性思维作为综合感性表象的杂多又有着必然联系的科学知识的能
力，是依照自身的机能即固有的纯粹知性概念来发挥作用的，这种知性
思维能力是推论性的而不是直觉性的，是能动的而不是被动的。因此，
超越于唯理论的天赋观念与经验论的白板说，康德所提出的有关思维能
动性的先验论的合理内核正在于"在思维与感性的相互规定中提出了
不脱离意识内容的那种思维规律的客观实在性"②。康德通过"对象依
照知识"的理性批判原理确立并开创了人的主体性原则和能动性原理，
"康德的哥白尼式革命和人为自然界立法的学说，是认识论和形而上学
在历史上的转折点，它标志着古典哲学追求外部客观世界的绝对知识和
建立永恒形而上学真理的时代的结束，它标志着现代哲学'有意义'
的'经验世界的实证知识'时代的开始"③。知性只能运用于经验现象，
而不能运用于超验的自在之物，具有绝对统一能力的理性不满足于知性
有限的相对的现象知识，而总是追求无限的绝对的本体知识。理性知识
表现为世界、灵魂和上帝三个超验理念，相应地形成了理性宇宙论、理
性心理学和理性神学的形而上学体系。由于理性运用知性范畴对超验的
理念所指向的超验对象进行认识，知性范畴的僭越使用得到的只是一些
互相矛盾的理性知识。因而，康德认为人的理性既不能认识到这些超验
的理念的真理性，又不能确证相应实体的客观存在，尤其是无法认识作
为基督教基础信念的灵魂和上帝理念。康德对上帝存在的传统证明的批
判和拒绝，切断了人通达上帝的理性之途，决定了基督教神学未来发展
的方向。康德哲学的不可知论是为了限制理性，为信仰留下地盘，这样
理性与信仰就划清了彼此的界限并被归入不同的领域。康德哲学实现了

---

① 〔德〕康德：《纯粹理性批判》，邓晓芒译，人民出版社，2004，第52页。
② 邹化政：《〈人类理解论〉研究——人类理智再探》，人民出版社，1987，第10页。
③ 高文新：《欧洲哲学史专题研究》，吉林人民出版社，1994，第250页。

从理性神学到道德神学的转向，同时神学领域也实现了一次哥白尼革命——"这场革命的实质就是颠倒了信仰与道德的关系，即从以神学来说明道德转向了以道德来说明神学，从以神来说明人转向了以人来说明神"①。康德同样强调道德的先验性，纯粹理性具有与经验无关的先验道德法则，出于纯粹理性的先验道德法则具有必然性，是"普遍的立法原理"，无条件地适用于一切民族和时代，采取"绝对命令"的形式，即意志的"应当"。道德律有三条普遍的基本法则，即立法原理的普遍性和形式性、人是目的而不是手段以及个人意志的自律性。因此，康德从实践理性的自律性出发，认为符合普遍道德法则的意志是善良意志，遵守道德法则是出于履行道德义务，从而彻底地否定了道德实践的神学根据。康德进而把启示宗教与自然宗教区分开来，启示宗教将神的命令或律法作为道德义务的基础，而自然宗教把道德义务作为神圣命令的基础。站在自然宗教或道德宗教的立场上，康德从实践理性的最终目的出发重新引入了上帝存在和灵魂不朽的观念，作为实践理性的"悬设"。人既是理性的存在又是感性的存在，这样人既有遵守道德律的道德义务又有得到幸福的自然权利，德行与幸福的统一和结合就是至善。道德和幸福是实践理性的固有矛盾，两者在现世往往相分离而不能达到至善。所以，为了实现彼岸的至善理想，上帝存在和灵魂不朽的假定是必要的，上帝存在是至善的必要保证和基本依据，是主观上而不是客观上的存在。因此，康德的先验论和批判哲学是对启蒙哲学的继承与批判，其自然宗教在一定意义上代表了自然神论的成熟形态，其主体性、二元论和分离性特征成为西方现代性文化的典型形式。康德哲学和神学成为西方现代性文化的分水岭，揭示了西方现代性文化的几个发展方向。一是康德的先验哲学把全部哲学问题归结为人类先验的意识原理问题，"上帝是真善美统一的最高真理，是照耀人类认识能力的知识原理的全部精神内容，从理论认识到道德，从道德到审美，都以更富有内容

---

① 赵林：《黑格尔的宗教哲学》，武汉大学出版社，2005，第40页。

和合理意义的形式，向人类的精神复归了"①。沿着上帝人本化的发展线索，通过从知性思维到辩证理性的转变来克服现象与本体的二元对立，并最终在黑格尔那里实现了绝对精神的统一性和唯心主义一元论，从而以上帝精神化的方式继续推进上帝人本化的发展趋势。二是康德神学实现了从理性神学到道德神学的转向，这种自然宗教的道德倾向成为19世纪适应现代主义的自由主义神学的主流倾向，如里奇尔把宗教的根源建立在道德的价值观念上，又如施莱尔马赫把宗教的根源建立在主体的"情感"上。三是在理性与启示分离的情况下，神学根基回归启示，路德十字架神学所表明的上帝只有在启示中才能被认识的神学意义重新被提起，克尔凯郭尔和新正统主义的卡尔·巴特是这种信仰主义道路的开辟者。

总之，西方启蒙哲学一方面通过主体性原则和理性主义的确立来表明西方现代性文化的基本形态，从而呈现出哲学人本化的现代趋势。"在现代，宗教生活、国家和社会，以及科学、道德和艺术等都体现了主体性原则。它们在哲学中表现为这样一种结构，即笛卡尔'我思故我在'中的抽象主体性和康德哲学中绝对的自我意识。"② 这种主体哲学的基本精神就是建立理性权威，让一切有效的知识都在理性法庭上为自己辩护。康德哲学为这些相互分化的科学、道德和艺术等活动领域提供理性根基，把理性概念分解为不同的环节并使其保有形式上的同一性。理性内部的划分、文化形态的分化以及文化领域的分离意味着文化的分裂。另一方面，由于主体性原则的片面性，启蒙哲学已经造成了信仰与知识的分离和对立。主体性原则"尽管绝对能够塑造出自由的主体和进行反思，并削弱迄今为止宗教所发挥的绝对的一体化力量，但它并不能利用理性来复兴宗教的一体化力量"。③ "随着神学形而上学体系的坍塌，理性与信仰就公开地分道扬镳：理性转入自然的和感性的经验

---

① 邹化政：《〈人类理解论〉研究——人类理智再探》，人民出版社，1987，第16页。
② 〔德〕哈贝马斯：《现代性的哲学话语》，曹卫东译，译林出版社，2004，第22页。
③ 〔德〕哈贝马斯：《现代性的哲学话语》，曹卫东译，译林出版社，2004，第24页。

方面，经过自然神论和泛神论而最终发展为无神论和怀疑论；信仰则潜入另一种经验，即精神的内在经验领域，在所谓的直接知识或神秘主义的精神迷狂中自我陶醉。知性的抽象同一以知性的方式转向了它的反面——知性的抽象对立，于是我们就看到了近代意义上的理性与启示、知识与信仰之间壁垒森严的对立。"① 同时，近代哲学取代宗教来充当文化统一性的力量，外在表现为哲学对宗教的批判和改造，内在隐含着哲学形式与宗教形式的统一性关系。"在西方文化的背景下，社会观念的变迁和进展，主要通过宗教观念的演进来实现。哲学家们所创立的新观念，如果要对社会发生深远的影响，也往往通过宗教观念的环节，即把新观念输入宗教，再以新的宗教观念来影响社会。"② 启蒙哲学在保留宗教形式和宗教功能的前提下提出了与理性相一致的理性宗教、自然宗教或泛神论。因而，西方现代哲学自觉地将知识和信仰分离的现代性问题置于哲学反思的视域下，哲学与宗教的统一抑或分离成为哲学反思的动力。

（三）统一抑或分离

西方哲学正是把信仰与知识分离的现代性问题作为哲学的基本问题加以探讨来推动哲学人本化进程的。黑格尔认为哲学研究的前提是时代精神的分裂和异化，主体性原则造成了理性自身和生活系统的分裂以及知识的独断论与信仰的实证性的对峙。其哲学目标是"在主体哲学范围内克服主体性"③，从而"把哲学作为一种一体化的力量，克服由于反思本身所带来的一切实证性——进而克服现代的分裂现象"④。"宗教的社会一体化力量在启蒙过程中趋于衰竭。……在启蒙辩证法当中，理性作为宗教凝聚力的替代物而发挥作用。"⑤ "借助'绝对'概念，哲

① 赵林：《黑格尔的宗教哲学》，武汉大学出版社，2005，第19页。
② 叔贵峰：《马克思宗教批判的革命变革——从理性的批判到实践的批判》，人民出版社，2008，序言第1页。
③ 〔德〕哈贝马斯：《现代性的哲学话语》，曹卫东译，译林出版社，2004，第26页。
④ 〔德〕哈贝马斯：《现代性的哲学话语》，曹卫东译，译林出版社，2004，第42页。
⑤ 〔德〕哈贝马斯：《现代性的哲学话语》，曹卫东译，译林出版社，2004，第97页。

学才能真正证明理性是一体化的力量。"① 于是黑格尔以绝对精神的统一性来应对信仰与知识的二元对立、现象与本体的区分以及理论理性与实践理性的划分等，最终以上帝精神化的方式建立了唯心主义一元论的形而上学体系。黑格尔意识到康德哲学思维方式的片面性，即非此即彼的抽象的知性思维造成了思维与存在、本体与现象的分裂，所以思维方式的变革是黑格尔哲学发展的前提，用辩证思维来取代知性思维。知性思维是从差异性中寻求同一性的静态、抽象的形式逻辑，而辩证思维是从差异性和对立中走向统一的动态、具体的辩证思维；知性思维认为矛盾不可设想，二律背反是先验幻相，而辩证思维是以矛盾和否定性为基本原则的。为克服康德哲学现象与实体的二元区分和不可知论，在汲取了费希特以绝对自我的能动性行为及谢林以绝对同一概念对"统一性"所做的理论上的努力之后，黑格尔的辩证思维以绝对是精神、实体即主体的命题方式实现了思维与存在的同一、主体与客体的统一。黑格尔的唯心主义路线"坚持一元论的立场，把世界的统一性理解为一个普遍性的本质，并且揭示了这个普遍性的本质是一个内涵丰富的逻辑体系，实现了概念的辩证法"②。主体和客体是同一规定的两个方面，具有相同的规定性。这同一规定作为概念体系是逻辑学，作为客观的规定性，逻辑学是本体论；作为主观的规定性，逻辑学是认识论。因而，逻辑学、本体论与认识论是相统一的。绝对作为真理和本质是一个体系，绝对精神是本体论与认识论相统一的逻辑原理体系。哲学追求的是绝对真理，绝对作为实在是能动的实体，是具有丰富内容的具体实在性，是表现为概念形式的原理体系，是精神、思想或理性。绝对精神的辩证运动具体表现为：其纯粹形态是逻辑学，是自我构成的过程；其在自然界的异化是自然哲学，在人类精神各个领域的显现是道德哲学、历史哲学、艺术哲学和宗教哲学等具体内容，是自我应用的过程。基督教作为真正的宗教仅

---

① 〔德〕哈贝马斯：《现代性的哲学话语》，曹卫东译，译林出版社，2004，第 25 页。
② 〔德〕哈贝马斯：《现代性的哲学话语》，曹卫东译，译林出版社，2004，第 189 页。

仅是绝对精神自身发展的一个阶段和环节。上帝就是绝对，绝对就是上帝，辩证思维解决了普遍与特殊、一般与个别的辩证关系，所以上帝具有真实性和肯定性，上帝的真实性在否定性之中，上帝又是否定性的。因此，黑格尔的精神形而上学体系以上帝精神化的方式综合统一了哲学人本化的两条发展线索，以绝对精神和概念辩证法的哲学立场隐含了哲学人本化的最终结论。"虽然思辨哲学宣称人的精神是绝对精神的异化，但从实质上说，绝对精神正是人的精神的异化。"① 由此可见，黑格尔思辨哲学的秘密正是人本学。通过绝对精神的辩证体系的建构，黑格尔以辩证的思维方式实现了哲学一体化，并结束了信仰与知识分离的异化状态而实现了宗教与哲学、教会与国家的辩证统一，在哲学的发展环节达成了信仰与知识、基督教与国家的真正和解。"在基督教的绝对自由精神的原则中，包含着绝对的可能性和必然性，即'国家政权、宗教和哲学的原则汇合在一起——现实与精神、国家与宗教良知、宗教良知与哲学认知的和解实现了'。"② 艺术、宗教和哲学作为精神的三种绝对形式在内容上是一致的，都是把绝对精神作为自身的认识对象；区别在于形式的不同：艺术是以直观和形象的形式，宗教是以感情和表象的形式，哲学是以思想的形式。黑格尔站在绝对的立场上采取了宗教扬弃在哲学中的方式，通过对实证性的基督教进行哲学改造并在原则上批判和扬弃了基督教的实证形式，"在哲学中对宗教的这种扬弃的结果是黑格尔的宗教哲学"③。宗教哲学的最终成果表明宗教教义在概念化和合理化的改造中实现了宗教的哲学化，而哲学在神秘化和绝对化的提升中实现了哲学的宗教化。"在宗教哲学中，黑格尔一方面对种种神秘的宗教教义和表象进行了合理化阐释，完成了对神秘主义的

---

① 高文新：《欧洲哲学史专题研究》，吉林人民出版社，1994，第 188 页。
② 〔德〕卡尔·洛维特：《从黑格尔到尼采：19 世纪思维中的革命性决裂》，李秋零译，生活·读书·新知三联书店，2006，第 63 页。
③ 〔德〕卡尔·洛维特：《从黑格尔到尼采：19 世纪思维中的革命性决裂》，李秋零译，生活·读书·新知三联书店，2006，第 441～442 页。

理性化改造；另一方面又把概念、精神提升到绝对，使之成为真正意义上的上帝，从而实现了理性的神秘化历程。……神学由于获得了合理性而成为哲学，哲学则由于获得了神秘性而成为更为精致的神学。"① 黑格尔实际上是以思辨理性作为一体化的力量，表现为理性的神秘性与神秘的合理性。黑格尔的精神形而上学体系是建立在思辨理性的哲学立场之上的，无论是从真正的哲学和理性概念的解释出发，还是从真正的基督教和信仰立场出发，黑格尔绝对精神的统一性的哲学努力以及对两者的调和都无法满足其理论需要，因而哲学统一体的解体是从黑格尔的国家哲学和宗教哲学的解构开始的。黑格尔的对手和学生从否定现存的国家和基督教来进行哲学变革抑或宗教变革，导致在黑格尔哲学统一体的解体过程中，宗教与哲学彼此分离并发生了决裂，哲学以实现上帝人本化的方式通过理论和思辨的形式首先表明了"无神论"的宗教态度及其哲学立场。

黑格尔思辨哲学所强调的信仰与知识、基督教与国家的和解主要通过截然相反的两种哲学努力来实现哲学与基督教的决裂。一是哲学在对基督教的批判中最终以上帝人本化的方式得出了人本主义无神论的理论出发点。德国启蒙运动在莱辛那里提出了对历史上的耶稣进行追寻的目标和对启示宗教的怀疑态度，在这样的神学氛围和政治革命诉求下，黑格尔学派首先在宗教性质问题上产生了争议，青年黑格尔学派片面地发展了辩证法的否定性原则和批判、革命的一面。施特劳斯的《耶稣传》在奠定了对圣经的历史批判研究的基础上成为19世纪神学研究的转折点。针对福音书研究方法的超自然主义与理性主义的二元现状，即对耶稣基督是神或人的二元区分，施特劳斯和布鲁诺·鲍威尔片面地发展了黑格尔的"实体即主体"的哲学观点，"施特劳斯单方面地发展了实体的方面，鲍威尔则单方面地发展了主体的方面"②。"施特劳斯把黑格尔的

① 赵林：《黑格尔的宗教哲学》，武汉大学出版社，2005，第4页。
② 赵林：《黑格尔的宗教哲学》，武汉大学出版社，2005，第266页。

自在自为的绝对精神改造成集体性和客观性的'群众精神'，鲍威尔则把绝对精神改造成个体性和主观性的'自我意识'。"[1]　"两人之间的争论是在'自我意识'对'实体'的斗争这一哲学幌子下进行的。神奇的福音故事是在宗教团体内部通过不自觉的、传统的创作神话的途径形成的呢，还是福音书作者自己虚构的，——这个问题竟扩展为这样一个问题：在世界历史中起决定作用的力量是'实体'呢，还是'自我意识'。"[2]　因而，施特劳斯提出了针对福音书的神话学解释方法，并将之运用到对神迹的解释中，力图区分历史上的耶稣和信仰上的基督，把福音书中有关耶稣的生平和神迹的记载还原为弥赛亚观念的再现，解释为宗教团体的思想产物，是集体无意识的神话思维的结果，进而将这种神话思维客观化为实体精神的神。施特劳斯宗教批判的根本价值在于"瓦解福音叙事中的历史性，拒绝上帝的超验性以及位格性"[3]，在对基督教教义道成肉身的解释上以思辨的一元论以及上帝与人合一的观念去除了基督观念的中介环节，从根本上摧毁了作为基督教根基的基督性。鲍威尔将施特劳斯的圣经历史批判发展为基督教起源和信仰的历史批判，从自我意识层面解释基督教的起源，耶稣和福音故事是福音书作者自我意识的产物，是主观的虚构，宗教是意识的分裂，本质在于宗教是自我意识的异化。费尔巴哈在超出黑格尔思辨体系范围的前提下实现了哲学的变革——从绝对精神转向人类学、从思辨一元论变革为实践一元论，在超出基督教教义、起源和圣经的批判范围下转变为对宗教本质的批判，进而以感性人类学为出发点完成了上帝人本化的历史任务。随着哲学立场的改变，费尔巴哈指出黑格尔思辨体系的秘密是人类学，把人是自我异化的上帝的思辨命题变为上帝是自我异化的人的人本命题，把上帝的本质归结为人

---

① 赵林：《黑格尔的宗教哲学》，武汉大学出版社，2005，第266~267页。
② 《路德维希·费尔巴哈和德国古典哲学的终结》，载《马克思恩格斯选集》第4卷，人民出版社，1995，第221页。
③ 〔美〕威尔肯斯：《基督教与西方思想》（卷二），刘平译，北京大学出版社，2005，第75页。

的本质，上帝的本质是人的本质的异化。费尔巴哈得出了宗教是人的本质的异化的无神论结论，并从人本学角度揭示了宗教的全部奥秘和人性的本质："上帝并不就是人所是的，人也并不就是上帝所是的。上帝是无限的存在者，而人是有限的存在者；上帝是完善的，而人是非完善的；上帝是永恒的，而人是暂时的；上帝是全能的，而人是无能的；上帝是神圣的，而人是罪恶的。上帝与人是两个极端：上帝是完全的积极者，是一切实在性之总和，而人是完全的消极者，是一切虚无性之总和。"① 宗教的起点是上帝与人的对立和分裂，实质上是人与人本质的分裂，"人在宗教中将他自己的隐秘的本质对象化"②。"属自然的人沿着直线迅速地达到了欢乐这个目的，而宗教却迂回曲折地达到了这个目的。生活在影像之中，乃是宗教之本质。"③ "正像对上帝的信仰仅只是对人的抽象本质的信仰一样，对彼世的信仰，也仅只是对抽象的今世的信仰。"④ 当然，费尔巴哈无神论的意思是"保留基督教的谓词，祛除它的主词"，其哲学观仍提出了人性宗教的理论要求。因此，马克思直接运用了费尔巴哈宗教批判的无神论结论——"反宗教的批判的根据是：人创造了宗教，而不是宗教创造人"⑤，并认为"就德国来说，对宗教的批判基本上已经结束；而对宗教的批判是其他一切批判的前提"⑥。19 世纪中叶的德国以哲学和思辨的形式首先提出了无神论的宗教立场，造成了哲学与基督教的决裂，这些宗教批判理论和无神论观点是马克思哲学的重要理论来源。同时，宗教批判的视域是理解马克思哲学变革的一个重要方面，是推动其哲学观形成的一个重要环节。马克思正是在从宗教批判的结束到现实批判的开端之路上，从亲身参与到批判

---

① 〔德〕费尔巴哈：《基督教的本质》，荣震华译，商务印书馆，1984，第67页。
② 〔德〕费尔巴哈：《基督教的本质》，荣震华译，商务印书馆，1984，第67页。
③ 〔德〕费尔巴哈：《基督教的本质》，荣震华译，商务印书馆，1984，第243页。
④ 〔德〕费尔巴哈：《基督教的本质》，荣震华译，商务印书馆，1984，第245~246页。
⑤ 《〈黑格尔法哲学批判〉导言》，载《马克思恩格斯选集》第1卷，人民出版社，1995，第1页。
⑥ 《〈黑格尔法哲学批判〉导言》，载《马克思恩格斯选集》第1卷，人民出版社，1995，第1页。

青年黑格尔派的理论成长中，实现了从对天国的批判到对尘世的批判的思想跃迁，最终突破了德国理论界思辨抽象的理论领域而确定了对世俗领域、现实世界的研究方向。

二是哲学倒向基督教和神学并开创了存在主义的先河。克尔凯郭尔从路德"为我的"上帝引申出信仰的主体性意义和"实存性的命题"，"即上帝仅仅存在于主观性中，为了各自独特的'上帝关系'的主观性而存在"①。其反对黑格尔的客观逻辑体系，并从体系难以解决的生存、生命的存在问题出发提出了三阶段说——审美阶段、伦理阶段和宗教阶段，其中从低的阶段向高的阶段的发展被称为"飞跃"，需要有意识的抉择和生命的委身。他认为，审美阶段作为第一阶段以感官需要、欲求为唯一向导，是直接的、当下的选择和相对的目的；从审美阶段转向伦理阶段，道德律是客观和普遍的；出于罪性意识对伦理阶段的失望而转向永恒救赎的宗教阶段，上帝是主体和位格，是完全的他者，基督教真理是一个非理性的悖论，罪的对立面是信仰，信仰是个体性和主体性的，信仰上帝是一个非此即彼的抉择。克尔凯郭尔把制度教会与基督教区别开来，进而从存在出发强调救赎的个体性和主观性。克尔凯郭尔在知识和信仰二元的现代性境遇下"代表了对路德宗教改革主题的回归"——"新约（尤其是福音书）的基督教；个人在上帝面前的全然败坏；上帝的他性；信仰的核心地位；基督教与形而上学的分离"②，推动了19世纪末以来路德神学的研究。总之，这两种哲学发展方向促进了国家、哲学与基督教的决裂，共同解构了黑格尔试图实现哲学一体化力量的和解立场，也解构了"市民阶级的—基督教的世界"。最终尼采对基督教的道德和文化的批判造成基督教与现代世界的决裂而宣布了"上帝之死"。

---

① 〔德〕卡尔·洛维特：《从黑格尔到尼采：19世纪思维中的革命性决裂》，李秋零译，生活·读书·新知三联书店，2006，第484页。

② 〔美〕威尔肯斯：《基督教与西方思想》（卷二），刘平译，北京大学出版社，2005，第139页。

从某种意义上讲，新教促成了上帝的自然化和人本化，并最终进入了哲学无神论和大众无神论的文化时代，新教神学的哲学无神论是哲学无神论的理论渊薮。对基督教的哲学批判造成了西方现代世界与基督教的决裂，基督教世界由此被彻底摧毁了。但是，对基督教的否定并不意味着对宗教的否定，无论出于宗教形式的理论兴趣还是出于神性观念的理论旨趣，在这种决裂的现状下，西方现代性文化依旧面临着哲学与宗教统一抑或分离的抉择，不少哲学依旧沉迷于以理论性的语言言说超理性的神秘意境。在上帝隐匿或阙如的成熟世界中，哲学要想充当一体化的力量就必须摆脱这个统一抑或分离的抉择泥淖而坚决站在无神论立场上。

三　宗教思想对西方现代文化的适应与回应

19 世纪的西方通过两种途径最终达成了"无神论"的文化共识：一是德国哲学的宗教批判以哲学和思辨的形式得出了"无神论"结论；一是以科学和实证的形式并以达尔文的进化论为转折点得到了"无神论"成果。无神论使西方现代性文化成为哲学与宗教相分离的时代精神和文化类型，"上帝之死"是现代性文化的显性征兆，是现代社会的历史事实。世俗化的现代世界意味着什么呢？"世俗化的基本含义是，此世的事务不再由一种超世的意义理念来提供正当性，世俗知识获得了自主的正当性以及公民身份的非宗教化。从宗教方面来看，世俗化亦指宗教的社会化形式的位移，即不再以教会的组织形式为宗教的唯一样式。"① "世俗化因此最终并不等于彻底的非宗教化，而是划清宗教世界与尘世领域的界限，再求得两者之间的平衡和互动。这是基督教在世俗的现代社会中葆有宗教功能的前提。"② 世俗化首先导致了宗教自身的分化，从传统社会的综合性功能分解为现代社会的自足性功能；世俗化

---

① 刘小枫：《现代性社会理论绪论——现代性与现代中国》，上海三联书店，1998，第497 页。
② 刘小枫：《现代性社会理论绪论——现代性与现代中国》，上海三联书店，1998，第481 页。

还导致了宗教内部的分化，传统建制宗教、现代建制宗教以及非建制宗教都是世俗化社会的产物；世俗化从根本上来说意味着宗教现代性是一种宗教的私人化和多元化趋势。那么，在这个由世俗化和祛魅化的科学理性主宰的"无神论"时代，我们是否应该保留对上帝存在的信念以及这一传统信念的宗教内涵和世俗功能还剩下什么成为西方现代文化需要反思的关键性问题，其中宗教思想对西方现代性的回应和挑战有以下几个研究方向。

一是宗教学的研究方向。1870 年，穆勒在《宗教学导论》的学术讲座上第一次明确提出了宗教学概念，标志着宗教学作为一门独立的人文社会学科的正式诞生。宗教学作为一门学科是以理智的研究态度而不是信仰的宗教立场来对待某一宗教现象，从建立之初就力图破除宗派主义的干扰而采取科学的态度平等地对待世界上存在或曾经存在的各种宗教现象，主要使用比较方法来研究宗教的历史形态并形成了"比较宗教学"。宗教学在与各门学科的交叉和融合中逐渐形成了宗教史学、比较宗教学、宗教现象学、宗教社会学、宗教人类学、宗教心理学和宗教哲学等分支学科，在一百多年的学科建制中已经形成了丰富多样的宗教理论及方法。宗教学研究方向是基督教与现代世界分离的直接产物，是继对基督教的哲学批判之后进一步理智地研究宗教现象的方向，是世俗化社会宗教自由和宗教宽容的表现形式。

二是基督教神学的研究方向。西方现代世界的主流宗教仍是基督教，现代基督教的神学建设是基督教对现代性文化的回应和挑战。思想活跃和教派分化的新教首先正面应对现代性的挑战，使"新教出现了壁垒分明的两大阵营：一派认为以现代的角度改造教义是必须、无从避免的趋势；一派则针对此大力捍卫传统信仰体系，认为此举关乎信仰的存亡绝续"[①]，由此分化出自由主义、基要主义以及超越两者的新正统

---

① 〔美〕奥尔森：《基督教神学思想史》，吴瑞诚、徐成德译，北京大学出版社，2003，第 584 页。

主义的神学派别。面对现代主义，新教主要形成了两种基本的神学范式。一个是由施莱尔马赫实现的自由主义神学范式，其从现代性的主体性原则出发来实现范式转换，信仰根基从上帝的启示和教会权威转变为主体的宗教感情，即一种绝对依赖感的意识，自由主义神学由此从外在性的神学范式转换为内在性的神学范式。另一个是由卡尔·巴特实现的新正统主义神学方式。与里敕尔学派的路德思想复兴运动相关，卡尔·巴特是路德立场的现代继承人，而路德的立场指"真正的上帝知识只能通过信仰而获得，'因为这二者相依相存：信仰与上帝！'任何试图寻找上帝而抛弃信仰的人，只能找到魔鬼"①。卡尔·巴特从上帝的临在性转向对上帝自由和超越性的强调，上帝是完全的他者，上帝与人之间有着不连续性。其神学从启示出发，启示的第一种形式是上帝之道，"神的启示就是神以言词向人类阐述他自己"②，"神的启示就是神亲自沟通，而且只能借着耶稣基督，以及道成肉身前后的历史来沟通"③。耶稣基督是福音，是神的启示；启示的第二种形式是圣经，耶稣基督是优于和高于圣经的启示形式的，圣经作为上帝之道的一种形式是次要形式，圣经是上帝所钦定的为神所做的见证，上帝使人与耶稣基督的福音相会，圣经就是上帝之道，圣经是人性的，是人类见证耶稣基督的著作；教会的宣讲是启示的第三种形式，教会是神人相会之所在，借着教会的宣讲，上帝有时会发言来引导人与他相会，卡尔·巴特持有上帝在自我显示的行动里启示自身的实际论。因而，卡尔·巴特的辩证神学剔除了自然神学和一般启示，以悖论的方式思考神和建构神论，与古典基督教神学静态存在的上帝观相区别，并回到了路德所发现的动态存在的上帝观。借由卡尔·巴特对路德神学的回归，20世纪的现代基督教神

---

① 〔德〕卡斯培：《现代语境中的上帝观念》，罗选民译，华东师范大学出版社，2008，第104页。
② 〔美〕奥尔森：《基督教神学思想史》，吴瑞诚、徐成德译，北京大学出版社，2003，第624页。
③ 〔美〕奥尔森：《基督教神学思想史》，吴瑞诚、徐成德译，北京大学出版社，2003，第624页。

学在卡尔·巴特的范式转换下一直深受路德神学的影响，路德神学的神本思维和虚无根基成为现代基督教反思知识和信仰二元的西方现代性文化的神学源头。紧随其后，20世纪天主教神学面对现代性时也出现了两种不同的神学方向，一种是主张基督教与现代主义思想相结合的自由主义路线，另一种是传统托马斯主义的神学范式的现代复兴，新托马斯主义成为现代天主教神学的独特范式。

三是基督教的运动形式。基督教不单单是理论学科，更是实践学科；不只是有关上帝的真理性知识，更是有关救赎和生命的灵性生活。在世俗化的现代社会，分化的宗教是整个西方系统分化而又有着高度功能的现代结构的组成部分，宗教的个体性和私人化是现代宗教的基本特征。不分教会或教派，也不分教义或信条，现代基督教在宗教私人化的现代情境中主要采取体现灵性化、个人化和内在化的运动形式。与路德神学的实践性特征相一致，现代基督教的运动思潮主要汲取了路德神学的福音范式和上帝之国等思想。因而，基督教世界兴起了以福音派神学、末世神学等神学思想为基础的灵性觉醒运动、社会改革运动和普世基督教运动。

总之，对社会学、哲学、宗教学、文化学等相关研究而言，新教与现代性的关系问题既是一个让人津津乐道的话题，又是一个难以言尽的问题。路德神学作为西方现代性的理论源头，对西方现代性文化及其社会有着重要价值并产生了深远的现实影响。可以说，路德神学是西方现代性的一切奥秘所在。本书在综合新教理论研究成果的基础上，站在马克思的唯物史观立场上去阐释和论证新教对西方现代性每一个发展阶段的价值与意义。从历史视野出发探究现代性问题视域中的新教问题，实际上已经提出了新教视域中的现代性问题，即获得了一种纯粹理论的研究旨趣。现代性一词具有终结、危机和困境等意思，现代性本身即是西方危机的代名词，西方现代哲学在"上帝之死导致人之死"的逻辑怪圈中只能走向虚无主义、相对主义、历史主义和无政府主义等无序状态。从新教视域来寻找现代性的出路，路德以"信心的幽暗"来克服虚无主义的神学做法给出了虚无主义时代的现代启示。路德神学作为宗教的一体化力量适应于前科学的原初统一的文化世界，而如今西方世界已经进入了知性与信仰相分裂的科学时代，世俗化的基本特征是不可逆转的，哲学取代宗教成为一体化力量是大势所趋。基于西方的宗教文化传统，哲学和宗教的关系问题仍旧是受世俗化以及知识与信仰分裂的时代精神影响的西方现代哲学所要思考的首要问题，去宗教化的无神论是在宗教个人化的时代精神的影响下使西方现代哲学实现一体化的重要推动力量。

第四章 从理论的解放到现实的解放：马克思主义无神论的变革实质和理论内涵

在德国，路德神学和马克思主义哲学的关系问题是一个真实的理论问题。从历史的研究旨趣出发，路德神学在一定程度上直接塑造了德国哲学的发展特性。路德神学以虚无主义根基、神本主义取向、神秘主义性质和实证主义态度开启了德国"理论的解放"进程并塑造了哲学革命的现代性特征，推动马克思主义哲学在彻底的德国革命这一抱负下实现了从理论的解放到现实的解放的转向。而从理论的研究旨趣出发，路德神学和马克思主义哲学恰恰是知识与信仰决裂的西方现代性文化的两极，前者体现了神本主义的神学思维、去哲学化的神学类型和天国的救赎之途，后者体现了人本主义的哲学思维、去宗教化的哲学类型和尘世的解放道路。

第一节 "理论的解放"之宗教开端和哲学革命

仅就德国而言，路德神学和德国的宗教革命是德国现代性文化的源头，路德神学是德国现代性文化的一切奥秘所在。路德神学在十字架神学的教义突破、神本主义的思维转向和"因信称义"的范式转换下实现了全面的结构变革——宗教与哲学的文化分离、宗教与政治的职能分离以及具有现代性特征的观念体系的形成,并在德国取得了宗教革命的实践成果。马克思如何评定这场改变德国的宗教革命呢?其认为作为资产阶级革命的宗教改革运动在德国是一次"理论的解放"。"即使从历史的观点来看,理论的解放对德国也有特别实际的意义。德国的革命的过去就是理论性的,这就是宗教改革。正像当时的革命是从僧侣的头脑开始一样,现在的革命则从哲学家的头脑开始。"① 这是因为马克思从人本主义的哲学立场出发审视了路德神学的革命性意义:"的确,路德战胜了虔信造成的奴役制,是因为他用信念造成的奴役制代替了它。他破除了对权威的信仰,是因为他恢复了信仰的权威,他把僧侣变成了世俗人,是因为他把世俗人变成了僧侣。他把人从外在的宗教笃诚解放出来,是因为他把宗教笃诚变成了人的内在世界。他把肉体从锁链中解放出来,是因为他给人的心灵套上了锁链。"② 在理论上,路德神学实现了宗教的解放;在现实中,宗教革命实现了封建剥削阶级的解放。"新教的最后结果"是"从宗教改革中产生的哲学革命"③,德国的哲学革命延续了路德的宗教革命的基本特性——"理论的解放"。德国现代革命既不像英国的社会革命,也不像法国的政治革命,而是由路德神学所塑造的哲学革命。"我们德国人在思想中、在哲学中经历了自己的未来的历史。我们是当代的哲学同时代人,而不是当代的历史同时代人。德国的哲学是德国历史在观念上的延续。"④ 也就是说,路德开创了德国"理论的解放"之革命传统,从宗教革命到哲学革命之"理论的解放"是德国近代文化的本质特征。因此,本书通过分析路德神学的基本特

---

① 《〈黑格尔法哲学批判〉导言》,载《马克思恩格斯选集》第 1 卷,人民出版社,1995,第 10 页。

② 《〈黑格尔法哲学批判〉导言》,载《马克思恩格斯选集》第 1 卷,人民出版社,1995,第 10 页。

③ 〔德〕亨利希·海涅:《论德国宗教和哲学的历史》,海安译,商务印书馆,1974,第 55 页。

④ 《〈黑格尔法哲学批判〉导言》,载《马克思恩格斯选集》第 1 卷,人民出版社,1995,第 7 页。

征及其对德国近代哲学的实际影响，来理解从宗教革命到哲学革命之
"理论的解放"的德国近代历史。

（一）虚无主义的人性根基

路德十字架神学的教义突破开创了一种新的神学思维方式——
以神本主义的神学思维和虚无主义的人性根基为实质内涵。首先，
从人性观上讲，路德的十字架神学揭示了人在宗教生活中的无能性、
被动性和虚无性，指出了基督教神学从根本上要求的是一种悲观主
义基调的人性观。虚无主义的人性根基预设了德国哲学的几条理论
路径：一是在称义上人的被动性与上帝的主动性的划分，使德国哲
学克服神学人类学的理论途径是人与上帝关系的理论倒置，主体性
原则和能动性原理成为德国哲学在康德那里努力的方向；二是理性
从属于良知的路德神学排序使德国哲学形成了"实践优于理性"的
理论倾向；三是路德的神学人类学实现了从希腊文化到犹太文化的
转向，其统一性和整体性的人性观深刻地影响了德国哲学的人性观，
与英国的原子论相比，有机论和"多样性中的统一性"是德国哲学
的显著特点。

（二）神本主义的神学思维

从上帝观来看，路德的十字架神学以矛盾吊诡的方式来谈论上帝并形
成了有着丰富内涵的上帝观，表明基督教的神学思维应该是以上帝为中心
的神本主义。神本主义的神学思维同样预设了德国哲学的几条理论线索。
一是路德神学从特殊启示出发来强调上帝的位格性、基督性，这就决定了
德国哲学的宗教批判必须从对启示真理的批判开始，德国启蒙运动开辟了
历史上耶稣追寻的道路并展开了对圣经的世俗研究。二是路德神学以矛盾
吊诡的方式来阐释传统基督教的核心教义，即上帝的临在性和超越性。相
比受加尔文神学的理性视角影响的英国哲学及神学都偏好上帝超越性的一
面，受路德神学的神秘视角影响的德国哲学及神学大多数倾向于上帝临在
性的一面。三是路德神学中"为我性"的上帝观念被费尔巴哈予以宗教人
类学的解释，并被看作上帝人化的宗教方式。"费尔巴哈从路德对信仰的内

在化和实存化出发在作为人的终点上达到了对路德'属于上帝的'和'属于人的'东西的相互关系的巩固，并达到了这样一个命题，即上帝以人'为前提条件'，因为宗教的神学本质一般来说就是它的人类学本质。"① 路德神学的上帝人化是上帝人本化哲学的理论渊薮。另外，路德神学中"信仰创造神"的命题在费尔巴哈那里被引申为无神论，路德神学的哲学无神论是无神论哲学的理论渊薮。

（三）神秘主义一元论

路德的十字架神学提出了一种矛盾吊诡的辩证方法，从而以"神的统一性"为根本出发点形成了独特的神秘主义一元论。这种神秘主义一元论直接塑造了德国哲学的发展特性，从而使德国在哲学领域形成了浪漫主义流派和唯心主义流派以及在神学领域发展了神秘主义流派。第一，路德神学的辩证思维孕育了德国哲学的辩证思维。"在十字架神学中，路德以一种吊诡的方式表达了一些极其深刻的思想，并且把理性、自由等概念从一种平面的认识深化为一种辩证的理解，从而开创了德国近代思辨哲学的先河。"② "这种在矛盾或对立的事物中揭示真理——上帝在隐匿中彰显、在苦难的十字架上荣耀自身——的辩证法恰恰是一种德意志所独有的理性，它极大地拓展了人类理性思维的范围和深度，使理性从经验性的现象层面深入到奥秘的本质，从形式逻辑的同一性推理深入到矛盾和对立统一的思辨之中。"③ 第二，德国神学从中世纪开始就流行各种神秘主义的神学流派，路德神学在一定意义上具备了这种神秘主义的神学性质，并发展成路德宗中具有神秘主义精神的虔诚派，因而虔诚主义作为中介环节推动了浪漫主义和唯心主义哲学流派的产生及发展。第三，相比于加尔文神学的理智主义二元论，路德神学有着更为典型的神秘主义一元论，两者在方法论上的分歧进一步造成了英国哲学与德

---

① 〔德〕卡尔·洛维特：《从黑格尔到尼采：19世纪思维中的革命性决裂》，李秋零译，生活·读书·新知三联书店，2006，第456页。
② 赵林：《基督教思想文化的演进》，人民出版社，2007，第144页。
③ 赵林：《基督教思想文化的演进》，人民出版社，2007，第148页。

国哲学的显著差别。因而，英国启蒙运动盛行理智二元的自然神论的宗教形式，德国启蒙运动则盛行神秘一元的泛神论的宗教形式。

（四）实证主义的政治态度

理论上的基本特征内在地决定了路德神学在实践上的基本特征——实证主义的政治态度。"国家实证主义学说使路德的神学不可能接受革命的主张"①，从而以实证主义的政治态度抑制了德国人的革命意志以及德国革命。"哲学史告诉我们，带有神秘倾向的宗教意识，很可以与经验领域里显然是现实主义的实在意识相结合，甚至因其拒斥辩证性的教理而常成为这实在意识的直接支柱。"② 也就是说，有着虚无主义根基、神本主义取向和神秘主义性质的路德神学的薄弱环节是其实践领域（教会理论和政治神学），从而使路德神学集"丰盈的精神自由与贫乏的实践自由""理论上的深邃激越与行动上的庸俗怯懦"③ 等尖锐矛盾于一身。在路德神学的影响下，德国哲学以哲学革命的成果同路德神学一样走上了"理论解放"的道路。"德国启蒙思想在一开始就带有的内在性和私人宗教—伦理趋向，影响了德国的政治—社会状况：对政治改革和发展国民经济的冷漠，追求市民个体的精神贵族式的私人文化。"④德国启蒙哲学带来了思想文化层面的变革和"哲学革命"，但不是政治社会层面的变革。在二战结束后，德国文化界集体反思了纳粹主义的理论根源问题，其中就涉及路德的宗教意识形态与纳粹主义的意识形态的理论关联，主要指出了路德的宗教意识形态削弱了德国人民的革命意志。而早在法国大革命时期，呼唤政治革命的德国就已经把批判矛头指向了路德的宗教意识形态，一般的德国哲学家间接地制定了德国革命的发展

---

① 〔美〕保罗·蒂利希：《基督教思想史——从其犹太和希腊发端到存在主义》，尹大贻译，东方出版社，2008，第231页。
② 〔德〕马克斯·韦伯：《新教伦理与资本主义精神》，康乐、简惠美译，广西师范大学出版社，2007，第95页。
③ 赵林：《基督教思想文化的演进》，人民出版社，2007，第155页。
④ 刘小枫：《现代性社会理论绪论——现代性与现代中国》，上海三联书店，1998，第182页。

线路，强调从宗教革命到哲学革命再到政治革命的传承性和连续性，"我们这样一个有计划有步骤的民族是必定从宗教改革开始，然后再在这个基础上从事于哲学，并且只有在哲学完成之后才能过渡到政治革命的"①，而马克思直接指明了宗教改革的理论性特征并提出了一种实现彻底的德国革命的共产主义意识形态。

因此，"路德不仅是我国历史上最伟大的人物，同时也是一个最为德意志式的人物；在他的性格中，德国人所有的一切优点和缺点完完全全地统一在一起，因而他个人也就代表了这个不可思议的德国"②。路德神学以虚无主义根基、神本主义取向、神秘主义性质和实证主义态度促进了德国"理论的解放"，其作为近代德国哲学的神学根源进一步推动了德国的哲学革命。宗教革命和哲学革命的"理论的解放"既是马克思哲学的理论来源，又是马克思哲学变革的对象。

第二节　无神论的哲学立场与现实的
解放的革命转向

宗教批判的理论视域是理解马克思主义哲学变革的一个重要方面，是促成其哲学观的一个重要环节。"马克思对宗教的批判不仅是马克思哲学的起点、前提，同时贯穿马克思思想的始终，是理解马克思哲学发生伟大变革的线索之一、理论视角之一、思考方式之一，是马克思思想的重要来源之一。"③ 而从现代性的理论视域来看，马克思对哲学与宗教关系问题的"无神论"解答为西方现代性文化提供了一种去宗教化的哲学类型，从而满足了哲学取代宗教一体化力量的现代性理论要求。

---

① 〔德〕亨利希·海涅：《论德国宗教和哲学的历史》，海安译，商务印书馆，1974，第148~149页。

② 〔德〕亨利希·海涅：《论德国宗教和哲学的历史》，海安译，商务印书馆，1974，第37页。

③ 王志军：《论马克思的宗教批判》，中国社会科学出版社，2007，第24页。

从历史观点出发，马克思的人本主义原则促使哲学的批判指针从天国转向人间，从而实现了从路德所开创的"理论的解放"到现实的解放的革命性转向，并提供了一种有关全人类解放、现实解放和现世解放的共产主义理想。

（一）无神论的哲学立场

马克思在《〈黑格尔法哲学批判〉导言》一文中明确指出德国的宗教批判已经形成了"人创造了宗教"的"无神论"命题，德国宗教批判的理论任务基本上已经结束。具体来说，对马克思而言，宗教批判的结束有以下几层内涵。第一，马克思初步形成了"颠倒的世界意识"的宗教无神论思想。在费尔巴哈的"宗教是人的本质的异化"和"人创造了宗教"的无神论命题之基础上，马克思提出"人不是抽象的蛰居于世界之外的存在物。人就是人的世界，就是国家，社会"[①]。其从人是社会的规定和宗教是自我异化的意识出发，得出颠倒的世界（即这个国家和社会）产生颠倒的世界意识（即宗教）的结论，并指出了宗教的本质："宗教是这个世界的总理论，是它的包罗万象的纲要，它的具有通俗形式的逻辑，它的唯灵论的荣誉问题，它的狂热，它的道德约束，它的庄严补充，它借以求得慰藉和辩护的总根据。"[②] 第二，宗教批判的革命性。恩格斯说："而在当时的理论的德国，有实践意义的首先是两种东西：宗教和政治。"[③]"但是，政治在当时是一个荆棘丛生的领域，所以主要的斗争就转为反宗教的斗争；这一斗争，特别是从1840年起，间接地也是政治斗争。"[④] 即当时德国处于现实与思想的极大反差之中，一方面作为基督教国家，无论是天主教还是新教都成为其

---

① 《〈黑格尔法哲学批判〉导言》，载《马克思恩格斯选集》第1卷，人民出版社，1995，第1页。

② 《〈黑格尔法哲学批判〉导言》，载《马克思恩格斯选集》第1卷，人民出版社，1995，第1页。

③ 《路德维希·费尔巴哈和德国古典哲学的终结》，载《马克思恩格斯选集》第4卷，人民出版社，1995，第220页。

④ 《路德维希·费尔巴哈和德国古典哲学的终结》，载《马克思恩格斯选集》第4卷，人民出版社，1995，第221页。

官方的意识形态与主流的思想权威；另一方面从青年黑格尔派到费尔巴哈，宗教批判的彻底性领先于自由资本主义国家。费尔巴哈从人本视角提出了"宗教是人的本质的异化"，表明人的本质在宗教中不具有真正的现实性，宗教只是人的本质在幻想中的实现。"因此，反宗教的斗争间接地就是反对以宗教为精神抚慰的那个世界的斗争。""对宗教的批判就是对苦难尘世——宗教是它的神圣光环——的批判的胚芽。"① 在德国，宗教批判成为政治革命的思想先导。第三，宗教批判的局限性。德国哲学家从人本角度出发达到了宗教批判的最高理论程度，但局限于宗教批判的理论领域而只能以新宗教的形式提出应对现实的方法，或者以神学家的身份扩大宗教的实际效能与作用。马克思在《论犹太人问题》一文中驳斥布鲁诺·鲍威尔有关犹太人的问题时，就指明了鲍威尔把犹太人解放的问题变成了纯粹的宗教问题。"我们不是到犹太人的宗教里去寻找犹太人的秘密，而是到现实的犹太人里去寻找犹太教的秘密。"② "我们不把世俗问题化为神学问题。我们要把神学问题化为世俗问题。"③ 对马克思而言，宗教批判仅仅是其哲学批判的前提条件。

马克思进而在《〈黑格尔法哲学批判〉导言》一文中明确提出了哲学批判的转向和研究方向转变的必要性与现实性——"对天国的批判变成对尘世的批判"。那么，从宗教批判结束到哲学批判转向的过渡逻辑又是怎样的呢？费尔巴哈的宗教批判把宗教世界作为世俗基础，这只是理论上对宗教的批判和消解，进一步从世俗世界出发去解释宗教世界何以产生和出现才是马克思主义哲学宗教批判的方向。从宗教批判的逻辑出发，无神论的宗教态度不能仅仅停留于理论层面，否则仍旧是理论的解放，理论的实践化才是无神论的逻辑必然，最终要在实践上也就是

---

① 《〈黑格尔法哲学批判〉导言》，载《马克思恩格斯选集》第1卷，人民出版社，1995，第2页。
② 《论犹太人的问题》，载《马克思恩格斯全集》第1卷，人民出版社，1956，第446页。
③ 《论犹太人的问题》，载《马克思恩格斯全集》第1卷，人民出版社，1956，第425页。

在现实世界实现宗教的消亡。因此，哲学批判的转向和现实世界的批判是宗教批判逻辑演变的必然。"费尔巴哈是从宗教上的自我异化，从世界被二重化为宗教世界和世俗世界这一事实出发的。他做的工作是把宗教世界归结于它的世俗基础。但是，世俗基础使自己从自身中分离出去，并在云霄中固定为一个独立王国，这只能用这个世俗基础的自我分裂和自我矛盾来说明。因此，对于这个世俗基础本身应当在自身中、从它的矛盾中去理解，并在实践中使之革命化。因此，例如，自从发现神圣家族的秘密在于世俗家庭之后，世俗家庭本身就应当在理论上和实践中被消灭。"① 马克思通过变革费尔巴哈的人性观而得出了宗教的根源在于颠倒的世界的观点，因为人的本质作为类本质不具有真正的现实性。"因此，马克思的宗教批判的'积极方面'并不在于宗教的人道化（施特劳斯和费尔巴哈），也不在于对它的纯粹摒弃（鲍威尔），而是在于批判的要求：放弃一种在根本上还从自己产生宗教的状态。但这种状态是一种社会的普遍的状态。"② 为此，马克思确定了哲学批判和尘世批判的研究方向，从而使尘世的批判任务内在地包含着对天国的进一步批判。"因此，真理的彼岸世界消逝以后，历史的任务就是确立此岸世界的真理。人的自我异化的神圣形象被揭穿以后，揭露具有非神圣形象的自我异化，就成了为历史服务的哲学的迫切任务。于是，对天国的批判变成对尘世的批判，对宗教的批判变成对法的批判，对神学的批判变成对政治的批判。"③

因此，在马克思那里，无神论有着丰富的内涵：无神论是一种宗教态度，更是一种哲学立场，马克思主义哲学是一种去宗教化的哲学类型；无神论不仅是在理论上对宗教的消解，而且是在实践上对宗教的消

① 《关于费尔巴哈的提纲》，载《马克思恩格斯选集》第 1 卷，人民出版社，1995，第 55 页。
② 〔德〕卡尔·洛维特：《从黑格尔到尼采：19 世纪思维中的革命性决裂》，李秋零译，生活·读书·新知三联书店，2006，第 473 页。
③ 《〈黑格尔法哲学批判〉导言》，载《马克思恩格斯选集》第 1 卷，人民出版社，1995，第 2 页。

灭，马克思的共产主义是指消灭包括宗教在内的一切压迫人的意识形态的现实运动；作为对尘世的批判，人本主义无神论反对的不再是神灵，而是偶像，是资本主义社会的商品拜物教。"同样，'无神论'的意义也发生了变化。它由一件神学的事务成为一种真正无神论的事务，也就是说，它转化为对尘世实存的此岸塑造。"① 马克思哲学的无神论是建立在"人是人的最高本质"②的理论基点之上的，人本主义无神论的哲学任务就是揭露人的现实世界中各种神圣形象及非神圣形象对人的自我异化。

（二）从理论的解放到现实的解放

马克思在《〈黑格尔法哲学批判〉导言》一文中探讨了实现彻底的德国革命的问题。马克思通过德国宗教批判的例子来说明理论批判的彻底性是具有实践的革命能力的：马克思形成了颠倒的世界（国家和社会）产生颠倒的世界意识（宗教）的宗教无神论思想，宗教批判不仅是对宗教理论（颠倒的世界意识形态）的批判，而且是对国家和社会（颠倒的世界）的批判，彻底的宗教批判是两条战线上的共同批判——既是对理论的批判又是对现实的批判，因而宗教批判理论的彻底性正是从人是人的最高本质这一理论出发的，其实践革命就表现为积极废除宗教的宗教批判理论。"批判的武器当然不能代替武器的批判，物质力量只能用物质力量来摧毁；但是理论一经掌握群众，也会变成物质力量。理论只要说服人，就能掌握群众；而理论只要彻底，就能说服人。所谓彻底，就是抓住事物的根本。但是，人的根本就是人本身。"③ 也就是说，以人是人的最高本质为理论出发点的理论是具有彻底性的，是具有实现人是人的最高本质的实践革命能力的，马克思认为这是德国实现彻

① 〔德〕卡尔·洛维特：《从黑格尔到尼采：19世纪思维中的革命性决裂》，李秋零译，生活·读书·新知三联书店，2006，第474页。
② 《〈黑格尔法哲学批判〉导言》，载《马克思恩格斯选集》第1卷，人民出版社，1995，第16页。
③ 《〈黑格尔法哲学批判〉导言》，载《马克思恩格斯选集》第1卷，人民出版社，1995，第9页。

底革命的唯一办法。因为德国从路德的宗教革命到近代的哲学革命的基本性质是"理论的解放"，这导致了德国的时代错乱。"德国的法哲学和国家哲学是唯一与正式的当代现实保持在同等水平上的德国历史。"①彻底的德国革命"不仅批判这种现存制度，而且同时还要批判这种制度的抽象继续"②。不同于黑格尔在思辨的形式上批判两者，马克思是站在实践唯物论的人本主义立场上来批判两者的。洛维特分析了马克思的方法论："因为黑格尔的原则，即理性与现实的统一和自身作为本质与实存的统一的现实，也是马克思的原则。因此，马克思之所以被迫双刃地对待现实世界和现存的哲学，恰恰是因为他想把两者统一在理论与实践的一个广泛的整体性之中。但是，他的理论作为对现存事物的批判，作为对现实与观念、本质与实存的批判性区分是能够成为实践的。作为这样一种批判，理论为实践中的改变铺平了道路。"③马克思哲学正是在理论与实践的辩证法中找到了通过理论的批判和实践的革命来改变世界的方法。但彻底的德国革命的困难在于革命的被动因素，即物质基础的需要。马克思指出德国革命的实际可能性在于无产阶级，"形成这样一个领域，它表明人的完全丧失，并因而只有通过人的完全回复才能回复自己本身。社会解体的这个结果，就是无产阶级这个特殊等级"④。因此，马克思提出了实现彻底的德国革命的理论："德国唯一实际可能的解放是以宣布人是人的最高本质这个理论为立足点的解放。……彻底的德国不从根本上进行革命，就不可能完成革命。德国人的解放就是人的解放。这个解放的头脑是哲学，它的心脏是无产阶级。哲学不消灭无产阶级，就不能成为现实；无产阶级不把哲学变成现实，

---

① 《〈黑格尔法哲学批判〉导言》，载《马克思恩格斯选集》第 1 卷，人民出版社，1995，第 7 页。
② 《〈黑格尔法哲学批判〉导言》，载《马克思恩格斯选集》第 1 卷，人民出版社，1995，第 7 页。
③ 〔德〕卡尔·洛维特：《从黑格尔到尼采：19 世纪思维中的革命性决裂》，李秋零译，生活·读书·新知三联书店，2006，第 125 页。
④ 《〈黑格尔法哲学批判〉导言》，载《马克思恩格斯选集》第 1 卷，人民出版社，1995，第 15 页。

就不可能消灭自身。"①

因此，从人本主义无神论的理论基点出发，在哲学与无产阶级相结合的前提下，马克思主义哲学实现了从理论的解放到现实的解放、从解释世界到改变世界的革命性转向，最终在实践观点的哲学变革下引发了真正改变世界的共产主义运动。

---

① 《〈黑格尔法哲学批判〉导言》，载《马克思恩格斯选集》第 1 卷，人民出版社，1995，第 16 页。

结　语

现代性问题是以宗教及哲学作为精神内核和深层根基的西方文化在20世纪遇到的一个重要理论问题。从历史的理论视角和研究旨趣出发去探究西方现代性的初始渊源、发展脉络和生成机制既是现代性理论的重要组成部分，又是现代性理论的重要研究方向。其中，宗教与现代性的关系问题，尤其是新教与现代性的紧密关系一直是现代性理论的热点议题。众所周知，文艺复兴、宗教改革和启蒙哲学三大思潮及其运动构成了西方现代性的思想开端和文化源流。其研究难点在于合理、客观地分析论证三者各自的理论贡献、历史意义及相互关系。而宗教改革运动的复杂性和矛盾性进一步增加了这一研究的困难程度，单从宗教视角或世俗视角都无法全面合理地揭示宗教改革运动的宗教内涵、文化价值和历史意义。因此，本书旨在从马丁·路德的思想出发来揭示路德神学的范式转换、结构变革与观念革新，分析宗教改革运动的基本范式、多元思潮及历史意义，进而探究路德神学及其宗教改革运动作为西方现代性源头的意义、价值和影响。本书试图以历史视角厘清新教与现代性的关系问题，并从宗教视域回答西方现代性之困境所在。

首先，西方传统文化主要是一种宗教文化，基督教在西方中世纪占有绝对的文化统治地位，是西方社会支配性的意识形态。从思想层面来看，西方文化由古希腊哲学和基督教两种文化基因构成，宗教和哲学的关系问题构成了西方文化的思考起点，成为西方文化的变革动因。西方传统文化的二元性特征形成于希腊化时期：一方面，古希腊哲学从自然神到理性神的发展过程构成了西方文化从宗教神到理性神再到宗教神这一圆圈式发展过程的中介环节，古希腊哲学从理智主义到神秘主义、怀疑主义的发展理路是西方文化从理性主义转变为信仰主义文化类型的关键所在；另一方面，基督教神学利用和改造古希腊哲学，从而实现了哲学与宗教的合流与统一。基督教的理性化特征和逻各斯传统内在地决定了基督教神学的形而上学体系特征，在西方，中世纪基督教的统一性范式是从具有神秘主义倾向的奥古斯丁主义转变为具有理智主义倾向的托马斯主义。经院哲学的逻辑发展结束了这种统一性范式，哲学与宗教的分离趋向和分离性的文化类型成为近代过渡文化的本质特征，统一性根基退缩至教会权威和启示权威，自律原则成为世俗领域从宗教中解放出来并寻求独立的内在驱动力。从政治层面来看，中世纪基督教与蛮族统治者的历史性结合保留了宗教与世俗的内在张力，西方通过"教皇革命"形成了独特的政教二元的政治结构和多元的世俗格局，其中罗马教会以教阶体制、僧侣阶层和教皇至上为基础发展为集精神、政治、法律等于一身的普世性的组织形式。从观念体系来看，封建依附关系塑造了一种反映人与人之间的等级观念、体现人与神关系的神的观念以及维护封建统治秩序的专制观念的价值排序。从经济、政治的独立到世俗文化的兴起，中世纪末期世俗化趋势日益显著，现代性迹象日渐明朗，宗教变革直指作为统一性根基的罗马教会。因此，西方传统文化和社会的内在结构既决定了宗教改革运动的改革议题，又直接成为其变革的对象。

其次，马丁·路德通过十字架神学的教义突破、神本主义的思维转向和"因信称义"的范式转换而实现了西方基督教史上的神学突破——新教福音范式的基督教解释模式取代了传统天主教律法范式的基督教解释模式，这一神学突破成为西方转折性的文化突破——从天主教的统一性文化类型转变为新教的分离性文化类型。"因信称义"的福音范式的神学意义体现为上帝直接与个人所赐予的正确关系，在救赎之途上基督成为上帝与人之间唯一的中保；其社会意义在于这种对个人与上帝直接关系的见解否定了罗马教会和教皇作为信徒与上帝之间救赎中介的功用，路德神学获致了从神学理论推进至教会实践的变革动力——从历史性到功能性的教会定义变革、从七个到两个圣礼的教会实践简化、从"两个阶层"到"人人皆祭司"的组织形式变革以及从"两把剑"到"两个国度"的政治原则转向。因此，路德神学表征西方现代性的源头意义正在于全面的结构变革——在文化层面以神学与哲学学科分离的结构变革来取代天主教神学与哲学的联盟关系；在社会层面以宗教与政治的职能分离来对抗作为高于王权的教权和政治实体的罗马教廷对两者职能的混淆和僭越；在观念层面以个人主义、世俗主义和思想自由等具有现代性特征的价值革新来更新集体主义、信仰主义和思想专制等具有传统社会特性的价值理念。奠基于路德的福音范式，宗教改革运动思潮的基本特征是共同的范式基础和多元的宗教走向，路德神学在突破中世纪传统的意义上体现了神本主义取向，而新教主义在延续中世纪传统的意义上表现出人文主义、理性主义、律法主义和道德主义的综合性宗教走向。

再次，宗教改革运动从性质上看是一场意识形态的变革——从封建主义的传统天主教变革为资本主义的新教，是资产阶级的第一次革命。宗教改革运动在全面结构变革的意义上促成了西方文化和社会从传统形态到现代形态的转型，新教意识形态（路德主义和加尔文主义）是西方近代过渡性的政权基础和文化类型。新教文化对以世俗化为基本特征的西方现代性的源头意义和深远影响表现为以下几点。从政治层面来看，加尔文主义所提出的民众主权和革命反抗的激进政治思想为现代政治思想和革命意识形态奠定了基础，加尔文主义作为国际性运动在不同国家挑战了专制主义制度，成为封建专制政体过渡到现代民主政体的关键一环。从社会层面来看，路德的"天职"宗教观念及新教工作伦理，在加尔文主义的发展中形成了入世禁欲的新教伦理观，以一种理性化的生活样式和经济风格孕育了现代资本主义精神，加尔文主义是适应资本主义经济的过渡性文化形态。从文化层面来看，新教作为宗教与哲学相分离的文化类型促进了近代科学及哲学的产生与发展，西方文化实现了从信仰主义到理性主义文化类型的转换和世俗化转向，哲学人本化的发展趋势构成了近现代哲学的历史任务。哲学与宗教相分离的基本情状成为西方现代性文化思考的新起点，路德神学依凭神本主义的神学思维促进了现代基督教的理论建构，并凭借福音范式在"世俗化"的现代社会彰显了现代基督教的实践影响。总之，新教文化孕育了西方现代性的自由思想、民族国家、民主政治、经济伦理、科学理性精神和理性主义哲学等，从而使新教思想作为西方过渡性的宗教文化促进了西方现代性的生成和世俗化的转向。同时，新教作为西方现代文化之源头在世俗化和分离性的现代文化中，以积极开放的心态和兼收并蓄的方法做出了统一抑或分离的现代性文化选择。

最后，路德神学在一定程度上直接塑造了德国哲学的发展特性。路德神学以虚无主义根基、神本主义取向、神秘主义性质和实证主义态度的基本特征推动了德国"理论的解放"，直接塑造了德国哲学的神秘主义流派并推动了哲学革命的现代化进程，促使马克思主义哲学从无神论的哲学立场及人本主义的哲学基点出发，以实践观点的思维方式变革实现了从解释世界到改变世界、从理论的解放到现实的解放的转向，提出了共产主义的世俗理想和哲学目标。从路德神学的宗教视域来看，马克思主义哲学对于西方现代性文化的理论生长点和永恒生命力正在于从无神论的哲学立场出发。

总之，宗教改革运动迄今已有五百余年的历史，1517 年路德依凭质疑赎罪券效能和罗马教皇救赎权威的《九十五条论纲》，使西方步入了主张批判和否定权威的新时代。虽然路德本人主要是以福音权威来批判教会权威、以神的权威来对抗教皇权威，但路德神学仍然表征了一个贯彻以个人主义、批判权利和自由精神为基本内涵的主体性原则的现代世界。新教与现代性的关系在启蒙时代就已被提出，以新教改革宗教的合法性来论证这个时代革命的合法性和传统性，如卢梭就将加尔文的日内瓦理想化为共和政体的典范。西方现代性文化一旦形成，现代性本身就会被置于哲学反思的层面和社会理论的视域，有关新教与现代性关系问题的理论探讨便出现了两种不同的认知倾向：站在论证现代性自身合法性的立场上继续坚持新教与现代性的连续性立场，或者以区分前期新教与后起新教的方式来强调新教与现代性的断裂性关系。本书正是立足于这一分歧，从路德神学及其宗教改革运动的相关研究出发，在马克思唯物史观方法论的基础上合理、客观、全面地审视新教与现代性之间可能存在的关联。本书开始时是从现代性理论视域来看待新教和宗教改革运动，从历史视野出发探究西方中世纪文化和社会的内在结构、路德神学的神学—文化突破和全面的结构变革、宗教改革运动的多元走向和基本性质、新教文化对现代性文化的培植和孕育以及作为现代性之源的路德神学在世俗化形势下的现代影响。而反过来看，从宗教视域或者仅仅是新教视野出发来关注西方现代性问题便是本书的终点和结论。西方传统文化主要是一种宗教文化，哲学和宗教作为西方文化的精神内核和深层根基在中世纪主要表现为一种哲学和宗教合流的统一性文化类型，宗教理性化特征是天主教统一范式的基本特性。路德神学的文化意义就在于以虚无主义的人性根基和神本主义思维方式的福音范式开创了一种去哲学化的神学类型和分离性的文化类型，并以此作为西方现代性文化的主要源流和神学开端。新教的基本特性在推进世俗化意义上促进了西方世俗化的转向和西方现代性文化的兴起。从宗教视域来看，以世俗化和主体性为基本特征的现代性文化造成了哲学与宗教的学科分离、知识与信仰的内在割裂以及理性与信仰的人性分裂。西方现代性文化在根本上都需要做出哲学与宗教之间统一抑或分离的文化选择，在此意义上，西方现代性文化大致在寻求哲学与宗教统一性的过程中又陷入了西方文化的危机和困境之中。可以说，路德神学及其现代传人凭借信仰成为西方现代性文化的神本主义的一个极端，要想真正解决这个神学问题并克服西方现代性文化的理论困境，西方现代哲学就需要彻底地放弃与某种宗教形式相统一的理论方向，而自觉地站在无神论的哲学立场上实现世俗化转向。因为宗教与哲学的根本区别就在于宗教是来世性的，是讲神以及神与人关系的学问，而哲学仅仅是此世性的，是人的世界的理论反思。马克思主义哲学正是站在人本主义无神论的哲学立场上，实现了从理论的解放到现实的解放的哲学转向。因此，我们坚持发展和完善马克思主义，在某一层面上就是要自觉地以无神论的哲学立场为理论起点。

参考文献

北京大学哲学系外国哲学史教研室编《西方哲学原著选读》，商务印书馆，1981。

陈嘉明：《现代性与后现代性十五讲》，北京大学出版社，2006。

陈嘉映：《哲学·科学·常识》，东方出版社，2007。

大百科全书选编《基督教》，中国大百科全书出版社，1990。

《恩格斯论宗教》，人民出版社，2001。

高清海：《找回失去的"哲学自我"：哲学创新的生命本性》，北京师范大学出版社，2004。

高文新：《欧洲哲学史上神的观念的演变——兼论这种演变同两条哲学路线发展的联系》，《吉林大学社会科学学报》1985年第1期。

高文新：《欧洲哲学史专题研究》，吉林人民出版社，1994。

高文新主编《马克思理论基本范畴研究》，吉林大学出版社，2007。

郭振铎主编《宗教改革史纲》，河南大学出版社，1989。

何光沪：《宗教改革中的基督宗教与人文主义》，《复旦学报》（社会科学版）2006年第4期。

《加尔文文集：罗马书注释》，赵中辉译，华夏出版社，2011。

《卡尔·马克思历史学笔记》，中共编译局马列著作编译部译，中国人民大学出版社，2005。

雷雨田：《第八届路德研究国际代表大会综述》，《世界历史》1994年第3期。

李长林：《中国学界对马丁·路德的研究综述》，《世界宗教研究》1995年第4期。

李平晔：《人的发现——马丁·路德与宗教改革》，四川人民出版社，1983。

李平晔：《宗教改革与西方近代社会思潮》，今日中国出版社，1992。

刘林海：《加尔文思想研究》，中国人民大学出版社，2006。

刘林海：《西方史学界宗教改革研究中的新理论探究》，《山东师范大学学报》（人文社会科学版）2005年第3期。

刘明翰主编《欧洲文艺复兴史·宗教卷》，人民出版社，2008。

刘述先：《文化哲学》，黑龙江教育出版社，1988。

刘小枫：《现代性社会理论绪论——现代性与现代中国》，上海三联书店，1998。

《路德三檄文和宗教改革》，李勇译，上海人民出版社，2010。

《路德文集》第1～2卷，马丁·路德著作翻译小组译，上海三联书店，2005。

吕大吉：《西方宗教学说史》，中国社会科学出版社，1994。

吕大吉主编《宗教学通论》，中国社会科学出版社，1989。

《马丁·路德文选》，马丁·路德著作翻译小组译，中国社会科学出版社，2003。

《马丁·路德桌边谈话录》，林纯洁等译，经济科学出版社，2012。

《马克思恩格斯列宁论宗教》，宗教文化出版社，2007。

《马克思恩格斯选集》第1～4卷，人民出版社，1995。

马立臣：《德国宗教改革家马丁·路德》，商务印书馆，1983。

马林韬：《"第一周波"：西方自由主义的文化革命——从文艺复兴、宗教改革到对旧神学批判的经验主义和理性主义》，社会科学文献出版社，2005。

苗力田主编《古希腊哲学》，中国人民大学出版社，1989。

彭小瑜：《西方历史误读的东方背景：法律革命、宗教改革与修道生活》，《历史研究》2006年第1期。

叔贵峰：《马克思宗教批判的革命变革——从理性的批判到实践的批判》，人民出版社，2008。

孙亦平主编《西方宗教学名著提要》，江西人民出版社，2002。

孙正聿：《思想中的时代——当代哲学的理论自觉》，北京师范大学出版社，2004。

孙正聿：《哲学通论》，辽宁人民出版社，1998。

万斌、金利：《马克思恩格斯对资本主义兴起与宗教改革互动关系的基本论述》，《浙江社会科学》2006年第1期。

汪子嵩等：《希腊哲学史》第1卷，人民出版社，1997。

王艾明：《马丁·路德及新教伦理研究》，译林出版社，2011。

王晓朝：《宗教学基础十五讲》，北京大学出版社，2003。

王志军：《论马克思的宗教批判》，中国社会科学出版社，2007。

吴树博：《从马丁·路德到笛卡尔——论"因信称义"与近代主体性哲学兴起的关系》，《复旦学报》（社会科学版）2005年第4期。

徐龙飞：《法哲之路：论马丁·路德宗教改革作为法哲学》，商务印书馆，2019。

徐文俊：《近代西欧哲学及其宗教背景》，中山大学出版社，2004。

许志伟：《基督教神学思想导论》，中国社会科学出版社，2001。

叶秀山、王树人主编《西方哲学史》（学术版），江苏人民出版社，2005。

衣俊卿：《文化哲学十五讲》，北京大学出版社，2004。

于可主编《当代基督新教》，东方出版社，1993。

于可主编《世界三大宗教及其流派》，湖南人民出版社，2005。

张世英：《新哲学讲演录》，广西师范大学出版社，2004。

张仕颖：《论马丁·路德对德国文化的影响》，《武汉大学学报》（人文科学版）2003 年第 1 期。

张志刚：《宗教文化学导论》，东方出版社，1996。

张志刚主编《宗教研究指要》，北京大学出版社，2005。

赵敦华：《基督教哲学 1500 年》，人民出版社，1994。

赵林：《黑格尔的宗教哲学》，武汉大学出版社，2005。

赵林：《基督教思想文化的演进》，人民出版社，2007。

赵林：《论近代西方的文化起点问题》，《江海学刊》1994 年第 5 期。

赵林：《人文主义与宗教改革》，《学习与探索》1994 年第 5 期。

赵林：《西方两大宗教改革家——路德与加尔文》，《新东方》1996 年第 3 期。

赵林：《西方宗教文化》，武汉大学出版社，2005。

朱孝远：《宗教改革与德国近代化的道路》，人民出版社，2011。

邹化政：《〈人类理解论〉研究——人类理智再探》，人民出版社，1987。

〔德〕E. 卡西尔：《启蒙哲学》，顾伟铭等译，山东人民出版社，2007。

〔美〕G. F. 穆尔：《基督教简史》，福建师范大学外语系编译室译，商务印书馆，1981。

〔荷〕R. 霍伊卡：《宗教与现代科学的兴起》，丘仲辉等译，四川人民出版社，1999。

〔英〕T. S. 艾略特：《基督教与文化》，杨民生、陈常锦译，四川人民出版社，1989。

〔德〕阿尔弗雷德·韦伯：《文化社会学视域中的文化史》，姚燕译，上海人民出版社，2006。

〔英〕阿尔伯特·甘霖：《基督教与西方文化》，赵中辉译，北京大学出版社，2005。

〔英〕阿利斯特·麦格拉思：《加尔文传——现代西方文化的塑造者》，甘霖译，中国社会科学出版社，2009。

〔英〕阿利斯特·麦格拉思:《宗教改革运动思潮》,蔡锦图、陈佐人译,中国社会科学出版社,2009。

〔英〕阿利斯特·麦格拉斯:《基督教神学导论》,赵城艺、石衡潭译,北京联合出版公司,2017。

〔美〕奥尔森:《基督教神学思想史》,吴瑞诚、徐成德译,北京大学出版社,2003。

〔美〕包尔丹:《宗教的七种理论》,陶飞亚、刘义、钮圣妮译,上海古籍出版社,2005。

〔德〕保罗·阿尔托依兹:《马丁·路德的神学》,段琦、孙善玲译,译林出版社,1998。

〔美〕保罗·蒂利希:《基督教思想史——从其犹太和希腊发端到存在主义》,尹大贻译,东方出版社,2008。

〔澳〕彼得·哈里森:《圣经、新教与自然科学的兴起》,张卜天译,商务印书馆,2019。

〔美〕伯尔曼:《法律与革命——新教改革对西方法律传统的影响》,袁瑜琤、苗文龙译,法律出版社,2008。

〔美〕伯克富:《基督教教义史》,赵中辉译,宗教文化出版社,2000。

〔美〕布林顿:《西方近代思想史》,王德昭译,华东师范大学出版社,2005。

〔美〕大卫·霍尔、马文·帕吉特编《加尔文与文化》,赵刚译,团结出版社,2018。

〔美〕道格拉斯·F. 凯利:《自由的崛起:16～18世纪,加尔文主义和五个政府的形成》,王怡、李玉臻译,江西人民出版社,2008。

〔美〕蒂莫西·乔治:《改教家的神学思想》,王丽译,中国社会科学出版社,2009。

〔德〕恩斯特·卡西尔:《论人——人类文化哲学导论》,刘述先译,广西师范大学出版社,2006。

〔德〕费尔巴哈：《基督教的本质》，荣震华译，商务印书馆，1984。

〔法〕费弗尔：《马丁·路德的时运》，王永环、肖华锋译，上海三联书店，2014。

〔奥地利〕弗里德里希·希尔：《欧洲思想史》，赵复三译，广西师范大学出版社，2007。

〔德〕弗兰茨·梅林：《中世纪末期以来的德国史》，张才尧译，生活·读书·新知三联书店，1980。

〔美〕冈察雷斯：《基督教思想史》第1~3卷，陈泽民等译，译林出版社，2008。

〔美〕格兰特：《风暴》，阚春梅、杜霞译，北方文艺出版社，2010。

〔英〕格拉汉姆·汤姆凌：《真理的教师：马丁·路德和他的世界》，张之璐译，北京大学出版社，2004。

〔德〕哈贝马斯：《现代性的哲学话语》，曹卫东译，译林出版社，2004。

〔美〕哈罗德·J. 伯尔曼：《法律与革命——西方法律传统的形成》，贺卫方等译，中国大百科全书出版社，1993。

〔德〕汉斯·昆：《基督教大思想家》，包利民译，社会科学文献出版社，2001。

〔德〕黑格尔：《历史哲学》，王造时译，上海书店出版社，2006。

〔德〕黑格尔：《哲学史讲演录》第1~4卷，贺麟、王太庆译，商务印书馆，1959。

〔德〕亨利希·海涅：《论德国宗教和哲学的历史》，海安译，商务印书馆，1974。

〔法〕吉尔松：《中世纪哲学精神》，沈清松译，上海人民出版社，2008。

〔美〕吉莱斯皮：《现代性的神学起源》，张卜天译，湖南科学技术出版社，2012。

〔法〕加尔文:《基督教要义》,钱曜诚译,生活·读书·新知三联书店,2010。

〔德〕卡尔·洛维特:《从黑格尔到尼采:19 世纪思维中的革命性决裂》,李秋零译,生活·读书·新知三联书店,2006。

〔德〕卡斯培:《现代语境中的上帝观念》,罗选民译,华东师范大学出版社,2008。

〔英〕卡莱尔:《英雄与英雄崇拜》,何欣译,辽宁教育出版社,1998。

〔美〕科林·布朗:《基督教与西方思想》(卷一),查常平译,北京大学出版社,2005。

〔英〕克里斯托弗·道森:《宗教与西方文化的兴起》,长川某译,四川人民出版社,1989。

〔德〕里夏德·范迪尔门:《欧洲近代生活:宗教、巫术、启蒙运动》,王亚平译,东方出版社,2005。

〔德〕卢曼:《宗教教义与社会演化》,刘锋、李秋零译,中国人民大学出版社,2003。

〔德〕路德、〔法〕加尔文:《路德和加尔文论世俗权威》(影印本),中国政法大学出版社,2003。

〔美〕罗兰·斯特龙伯格:《西方现代思想史》,刘北城、赵国新译,中央编译出版社,2004。

〔美〕罗伦培登:《这是我的立场:马丁·路德传记》,陆中石、古乐人译,译林出版社,1993。

〔英〕罗素:《西方哲学史》,何兆武、李约瑟译,商务印书馆,1963。

〔英〕洛克:《论宗教宽容》,吴云贵译,商务印书馆,1982。

〔德〕马丁·路德、〔法〕约翰·加尔文:《论政府》,吴玲玲译,贵州人民出版社,2004。

〔德〕马克斯·韦伯:《新教伦理与资本主义精神》,康乐、简惠美译，广西师范大学出版社，2007。

〔德〕马克斯·韦伯：《宗教社会学》，康乐、简惠美译，广西师范大学出版社，2005。

〔英〕麦格拉思：《基督教概论》，马树林、孙毅译，北京大学出版社，2003。

〔英〕麦克法兰：《现代世界的诞生》，管可秾译，上海人民出版社，2013。

〔俄〕梅列日科夫斯基：《宗教精神：路德与加尔文》，杨德友译，学林出版社，1999。

〔英〕尼尼安·斯马特：《世界宗教》，高师宁、金泽、朱明忠等译，北京大学出版社，2004。

〔英〕乔纳森·希尔：《兴奋时代的欧洲：1600～1800年》，李红译，北京大学出版社，2007。

〔美〕斯塔夫里阿诺斯：《全球通史》，吴象婴、梁赤民译，上海社会科学院出版社，1999。

〔英〕斯金纳：《近代政治思想的基础》（下），奚瑞森、亚方译，商务印书馆，2002。

〔德〕特洛尔奇：《基督教理论与现代》，刘小枫编，朱雁冰等译，华夏出版社，2004。

〔英〕托马斯·马丁·林赛：《宗教改革史》，孔祥民等译，商务印书馆，1992。

〔美〕威尔·杜兰特：《世界文明史：宗教改革》，台湾幼狮文化公司译，东方出版社，1999。

〔美〕威尔肯斯：《基督教与西方思想》（卷二），刘平译，北京大学出版社，2005。

〔美〕威利斯顿·沃尔克：《基督教会史》，孙善玲等译，中国社会科学出版社，1991。

〔美〕维特：《法律与新教：路德改革的法律教导》，钟瑞华译，中国法制出版社，2013。

〔美〕维特：《权利的变革：早期加尔文教中的法律、宗教和人权》，苗文龙、袁瑜琤、刘莉译，中国法制出版社，2010。

〔德〕沃尔夫冈·兰德格拉夫：《马丁·路德》，周正安译，周美琪校，新华出版社，1988。

〔美〕沃格林：《政治观念史稿》第5卷，霍伟岸译，华东师范大学出版社，2009。

〔美〕沃格林：《政治观念史稿》第4卷，孔新峰译，华东师范大学出版社，2016。

〔加〕许志伟：《基督教神学思想导论》，中国社会科学出版社，2001。

〔古希腊〕亚里士多德：《形而上学》，吴寿彭译，商务印书馆，1959。

〔美〕约翰·卡洛尔：《西方文化的衰落：人文主义复探》，叶安宁译，新星出版社，2007。

〔美〕詹姆斯·基特尔森：《改教家路德》，李瑞萍、郑小梅译，中国社会科学出版社，2009。

〔美〕钟百恩：《加尔文论崇拜》，杨基译，四川人民出版社，2015。

E. Robert & S. J. McNally, "The Ninety-Five Theses of Martin Luther 1517–1967," *Theological Studies* 28（1967）.

John M. Todd, *Martin Luther*：*A Biographical Study*. Paulist Press, 1964.

R. W. Scribner, *The German Reformation*. Macmillan Publishers Ltd. , 1986.

图书在版编目（CIP）数据

西方现代性的文化起源/程波著 . −− 北京：社会
科学文献出版社，2020.7
ISBN 978 − 7 − 5201 − 6771 − 0

Ⅰ.①西⋯　　Ⅱ.①程⋯　　Ⅲ.①宗教文化 − 影响 − 西方
国家 − 现代主义 − 研究　Ⅳ.①B928

中国版本图书馆 CIP 数据核字（2020）第 100242 号

西方现代性的文化起源

著　　者／程　波

出 版 人／谢寿光
组稿编辑／恽　薇
责任编辑／关少华
文稿编辑／韩宜儒

出　　版／社会科学文献出版社（010）59367226
　　　　　　地址：北京市北三环中路甲 29 号院华龙大厦　邮编：100029
　　　　　　网址：www. ssap. com. cn
发　　行／市场营销中心（010）59367081　59367083
印　　装／三河市尚艺印装有限公司

规　　格／开本：787mm × 1092mm　1/16
　　　　　　印张：15　字数：216 千字
版　　次／2020 年 7 月第 1 版　2020 年 7 月第 1 次印刷
书　　号／ISBN 978 − 7 − 5201 − 6771 − 0
定　　价／98.00 元